KB004599

허승환 · 나승빈의

승승장구
학급경영

국내 최고의 멘토에게 배우는
학급경영의 모든 것

i-Scream

"교사에게 성장이란,
교실 속 문제를 해결하거나
해결할 수 있도록 도와주는 열쇠를
만들어가는 과정이다"

목 차

PART 2. 성장과 놀이

놀이로 키우는 소속감과 자존감

Special Q&A. 학급의 미래

어제보다 더 나은 학급경영을 꿈꾸다

프롤로그

교사는 무엇을 어떻게 가르쳐야 할까?

- 멘토 허승환, 멘티 나승빈 -

교사가 하는 일은 크게 두 가지로 나눌 수 있습니다. '학급경영'과 '수업'입니다. 그렇다면 질문을 거꾸로 드리겠습니다.

❶ 교직을 그만 두고 싶다는 생각이 들었다면, 수업을 할 때 입니까? 학급경영 때문입니까?

❷ 오랜만에 옛 제자들이 찾아왔습니다. 아이들과 어떤 이야기를 나누시겠습니까? 설마 제자들이 "선생님, 그때 가르쳐주셨던 분수의 덧셈 방법이 지금도 마음에 선명히 남아있어요. 어떻게 그리 가르치실 수가 있어요?"라고 질문할까요?

❸ 우리 사회에서 관심을 가지는 것은 여러분의 수업일까요? 학급경영일까요? 아이들에게 김치를 먹이려다 뉴스에 나오고, 수학여행지에서 줄서지 않는다고 혼을 내다가 신문 1면에 보도될 수 있는 직업이 바로 우리 교사들입니다.

**
교사에게 학급경영이 꼭 필요한 이유

핀란드에서는 6~9개월의 교생 실습제도를 통해 학급경영을 경험하지만 한국은 한 달 남짓, 그것도 '수업' 중심으로 실습이 진행됩니다. 그러다보니 발령이 나면 각자 스스로 학급경영을 해나가야 하는 것이 현실입니다.

사토 마나부 교수의 말을 인용하자면, 수업을 통해서 교사가 학생에게 미치는 영향은 전체의 20%정도 밖에 되지 않는다고 합니다. 나머지 80%는 친구들과 학급의 문화를 통해서 배우게 됩니다. 또한 교사가 영향을 미치는 20%도 교사와 학생의 관계가 우호적일 때 가능한 일입니다. 학급경영은 교사와 학생, 학생과 학생간의 따뜻하고 우호적인 관계를 형성하는 문화를 만드는 것에서부터 시작됩니다.

일관된 방향의 학급경영은 교사와 아이들에게 모두 안정감을 주고 이 과정을 통해 아이들은 실수나 실패를 해도 다시 일어날 수 있는 건강한 자존감을 형성하게 됩니다. 교사가 어떻게 학급경영을 하느냐에 따라 아이들에게 다른 변화를 가져올 수 있습니다.

**
교사의 1년이 학생들에게 미치는 영향력

'버츄 프로젝트'를 실천하시는 권영애 선생님은 아이의 자존감에 영향을 주는 3가지 요소가 부모와 가족, 친구들, 교사라고 말합니다. 그러나 부모와 가족은 늘 함께 지내기 때문에 변화가 쉽지 않습니다. 친구들은 모두 자신을 위해 노력하고 있어서 여유가 없습니다. 남은 것은 교사입니다. 교사는 아이의 자존감을 높여줄 수도 있고, 반대로 한 없이 작아지게 만들 수도 있습니다. 조세핀 킴 교수님의 책과 강연에서도 늘 빠지지 않고 소개되는 것이 『그 아이만의 단 한 사람』입니다. 교사가 믿음을 주고 안정감을 주면 아이들은 건강하게 성장할 수 있습니다.

　아이들은 말이 아니라 몸으로 배웁니다. 때문에 교사는 학생들에게 중요한 역할 모델이 됩니다. 1년 동안 교사가 어떻게 아이들을 대하느냐에 따라 학급 공동체의 가치가 만들어집니다. 그러므로 아이들을 변화시키기 위해서 가장 중요한 것은 교사 스스로가 성장해야 한다는 것입니다.

**

교사는 무엇을 어떻게 가르쳐야 할까?

　교사가 명심해야할 첫 번째는 '자기수용' 입니다. 이는 '전적인 받아들임'을 말합니다. 환경 탓, 남 탓 하지 않고 있는 그대로의 자기를 인정하고 감사하게 받아들이는 감정입니다. 두 번째는 '타인 신뢰' 입니다. 교실에서 만큼은 다른 친구들을 경쟁 상대가 아닌 친구로 바라볼 수 있도록 교사는 인지 시켜 주고 도와야 합니다.

　교육 선진국의 경우에는 학생 개인별 발달 카드를 작성해 개인별 목표를 학부모, 교사가 함께 정하고 성장을 지원하는 교육을 하고 있습니다. 우리도 아이들을 교육과정에 들어오게 하는 것을 넘어서 학생과 학부모, 교사의 요구와 개성을 담아서 아이들을 가르치고 학급을 만들어야 합니다.

**

이 책을 효과적으로 사용하는 방법

　이 책에 나오는 내용은 교사 개인의 경험을 정리한 것입니다. 지금은 저자 대 독자로 만났지만 우리 모두 학교에서는 똑같이 다양한 문제 상황에 부딪히는 동료입니다. 따라서 이 책을 적용하여 교실에 마법과 같은 변화를 불러오리라 확신할 수는 없습니다. 다만 누군가에게 도움을 줄 수 있다는 생각으로 교실 속 실천을 담백하게 정리했기 때문에 '나는 교실에서 이렇게 실천해 봐야지'라는 생각으로 보면 큰 도움이 될 것입니다.

이번 학급경영 도서의 경우, 실제 사례 중심으로 기록한 부분이 많습니다. 또 실패한 사례보다는 성공적이었던 사례를 선별하여 구성하였습니다. 만약 실천했는데 잘 되지 않는다면 본 활동이 기록되어 있는 블로그에 댓글로 피드백을 남겨서 서로의 생각을 공유해 보면 좋습니다.

교사를 성장시키는 힘은 '기록'과 '공유' 입니다. 이 과정을 통해 작년보다는 올해, 올해보다는 내년에 저는 좀 더 좋은 교사가 될 것이며 점차 큰 성장을 경험할 수 있을 것입니다.

이 책에는 두려움을 넘되 아이들이 함부로 대하지 않는 단호함과 친절함의 경계가 담겨있습니다. 경험이 없어서 어떻게 담임을 하면 좋을지 두려움이 가득한 예비 선생님, 처음 학급경영을 하며 마음의 상처를 얻고 평생 이렇게 아이들과 만나도 될까 고민하시는 선생님께 이 책을 권해드립니다.

'먼저 마음을 얻어라,
그 다음에 가르쳐라'

- 토드 휘태거 -

교사와 아이,
행복한 관계맺기

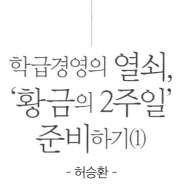

학급경영의 열쇠, '황금의 2주일' 준비하기(1)

- 허승환 -

1. '학급경영'이란 무엇인가?

◉ '수업'과 '학급경영'

2017년 5월, 일본 여행을 갔을 때 일입니다. 일본의 학급경영은 한국과 어떻게 다를까? 그 해답을 찾기 위해 일본에서 가장 크다는 동경의 키노쿠니아 서점을 방문했습니다.

우리나라와 달리 일본에서 가장 많이 사랑 받은 책은 놀랍게도 『세계 최고의 학급경영』이라는 도서입니다. '전 세계에서 400만 부 판매!'라고 큼지막하게 쓰여 있는 이 책은 많은 선생님들이 살 수 있도록 따로 전시되어 있었습니다.

<아마존 재팬, 도서 랭킹 페이지>

실제로 이 책은 현재 전 세계에서 선생님들이 가장 많이 산 책이기도 합니다. 사실 이 책은 일본의 선생님이 쓴 책이 아니라 전직 교육가이자 세계적인 베스트셀러 작가인 해리 왕(Harry K.wong)과 초등학교 교사인 그의 아내 로즈메리 왕(Rosemary T.Wong)이 함께 쓴『The First Days of School : How to be an effective teacher』의 번역본입니다.

전 세계적으로 5개 언어권 116개국에서 번역 출간되었고, 전 세계에서 400만 권 이상의 판매를 기록한 베스트셀러입니다. 현재 108개 국가, 2,000여 개가 넘는 대학에서 새로운 교사를 교육하는데 이 책이 활용되고 있으며, 전 세계 교육자들로부터 뜨거운 호응을 얻고 있습니다.

<도서, 『세계 최고의 학급경영』>

한국에서도 『좋은 교사 되기 : 어떻게 유능한 교사가 될 것인가?』라는 제목으로 출간되었습니다. 이 책을 통해 저자 해리 왕은 교사는 4단계를 통해 성장한다고 말합니다.

그는 교사의 발전 과정에는 4단계가 있지만, 많은 교사들이 교사로서 살아남기 위한 생존(Survival)단계를 넘어서지 못한다고 분석했습니다. 그 이유는 무엇일까요?

만약 아이들과 2단계 생존(Survival) 단계를 넘어서 3단계 좋은 관계로 접어드는 성장(Mastery) 단계가 되려면 어떻게 해야 할까요?

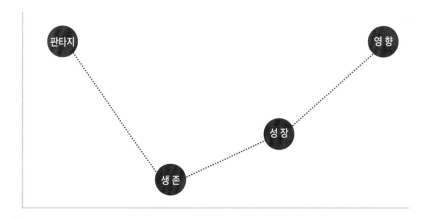

해리 왕은 3단계 교사의 특징을 이렇게 묘사하고 있습니다.

> 학생들이 성공하는 방법을 아는 교사들은 효과적인 활동을 한다.
> 이들은 공통적으로 학급을 경영하는 방법을 잘 알고 있다. 그들은 성장을 위해서 가르치며 학생들에게 높은 기대치를 갖고 있다. 또한 효과적인 교사들은 성장하기 위해 관련 문헌들을 읽고 전문적인 모임에 참석하고자 노력한다. 학생들의 배움은 그들의 임무이며, 학생들의 성취는 그들의 성장 목표이다.

3단계 교사들은 교육과 관련된 도서를 자비로 구입하고, 전문적인 지식을 위해 연수에 참석하는 등 학생들을 위해 많은 노력을 합니다. 아이들은 이런 선생님의 열정적인 태도를 보며 지식을 배우는 것뿐만 아니라 자신들을 존중하는 마음을 알고 선생님을 따르기 시작할 것입니다.

"우리 선생님 최고에요", "내년에도 선생님 반이 되고 싶어요."라는 고백을 받으며 선생님은 더욱 열심히 노력하는 선순환이 이루어지는 단계로 접어들게 됩니다. 그렇다면 본문 중에서 '학급을 잘 경영하는 방법'이란 무엇일까요?

교사들이 하는 일을 학자들은 크게 '수업'과 '학급경영'으로 나누고 있습니다. 학습 환경 조성 및 지원 관점에서 학급경영이란 '효과적인 교수학습이 가능하도록 긍정적인 학급 분위기를 만드는 학급담임의 제반 활동'을 의미합니다. 우리나라에서는 김영돈(1957), 윤형모(1965), 문낙진(1993), 박남기 등의 많은 교수님이 학급경영에 대해 '학습 환경 조성 및 지원적 관점'을 취하고 있습니다.

이 관점을 실제 상황에 대입해 보면 학급경영과 교수 활동이 밀접하게 관련되어 있습니다. 학급경영이란 '교사 활동 중에서 교수 활동을 위한 지원 활동'이라고 할 수 있습니다. "학급경영의 핵심은 긍정적 환경을 만들고 유지하며,

학생들과 관계를 맺고, 관련된 업무를 수행하기 위한 특별한 전략을 의미한다."고 말하는 스미스의 관점을 그 예로 들 수 있습니다.

이렇듯 학급경영의 정의는 교사의 핵심 역할이 통제에서 경영 – 시간, 공간, 자료, 보조인력, 그리고 학생 경영 – 으로 바뀌게 되었음을 보여줍니다.

⦿ '학급경영' 개념 정립하기

학교 교육법 제 20조(교직원의 임무) 4항에는 '교사는 법령에서 정하는 바에 따라 학생을 교육한다'라고 규정되어 있습니다. 초등학교 교사는 아동의 발달 상황에 따라 학급 단위로 담임을 맡고 있습니다. 담임은 학습뿐만 아니라 생활지도나 건강관리, 회계 등의 업무도 맡아 진행합니다. 결국 학급경영은 '학교 교육 목표를 달성하기 위해 학급을 단위로 하는 교육 활동의 계획, 실시, 평가 등 학급 담임의 모든 활동'이라고 할 수 있습니다.

점심을 다 먹고 식판을 쌓는 규칙을 예로 들어보겠습니다. 처음에 누군가가 첫 식판을 제대로 놓지 않으면 식판이 엉망으로 쌓일 확률이 매우 높겠지요.

가장 먼저 식판을 놓는 아이들은 대개 빨리 운동장에 나가 축구나 놀이를 하고 싶은 아이들입니다. 첫 식판을 제대로 놓았다고 해도 10번째 식판이 약간 어긋나게 쌓였다면 그 위로 계속 식판이 어긋나게 쌓여나갈 확률이 높습니다. 그러나 식판이 어긋나게 쌓였다고 바로 무너지진 않습니다. 아이들도 곧 '무너질 수 있겠구나!' 생각은 하면서 아무도 그 상황을 바꾸려 하지 않습니다. 마치 '산가지 놀이'를 할 때처럼, 내가 놓을 때 무너지지 않으면 된다는 생각으로 대충 식판을 던져 넣고 나가버립니다. 그러다 어느 순간, 식판은 와장창 무너지게 됩니다.

식판이 무너진 것은 누구의 잘못일까요? 서투른 교사는 마지막 무너뜨린 아이를 혼낼 것입니다. 하지만 노련한 교사라면 처음부터 제대로 지도하는 방법을 택할 것입니다. 바로 3월 '황금의 2주일 안에 첫 식판을 잘 놓도록' 지도하는 방법입니다. 처음부터 제대로 지도하면 아이들도 별로 힘들이지 않고 잘 따라올 수 있습니다.

그럼에도 불구하고 결국 식판 탑이 쓰러졌다면, 노련한 교사는 이 문제를 모두의 문제로 환원하여 지도합니다. 교실의 모든 학생이 잠시 급식 먹는 것을 멈추고, 모두 함께 식판을 정리하는 데 집중할 것입니다. 책임은 교사에게 있다고 할 것이고 그 자리에서 아이들을 혼내진 않습니다. 그래 봤자 소용없다는 것을 잘 알기 때문입니다.

학급경영은 '식판 쌓기'라고 할 수 있습니다. 학급경영의 문제 상황들은 예방이 최선입니다. 앞서 말한 2주 정도의 시간이라면, 어느 정도 기본적인 지도가 가능합니다.

3월 2일 아침, 교사들도 그렇겠지만 아이들도 기대와 불안으로 가득 차 있습니다. "어떤 선생님과 한 해를 보내게 될까?", "이번 선생님은 친절한 선생님일까?, 아니면 무서운 선생님일까?", "작년에 친했던 친구들 중 누구랑 같은 반이 될까?"등, 이때의 만남은 선택할 수도, 거부할 수도 없는 만남입니다. 그러면서 동시에 한 아이의 인생을 좌우할 수 있는 만남이 되기도 합니다. 그래서 『교사와 학생사이』의 저자 하임G.기너트는 이런 상황을 '젖은 시멘트(Wet cement)'라고 비유했습니다.

새내기 교사들은 대개 3월 첫 주부터 수업 진도를 나가느라 바쁩니다. 하지만 독일에서 가장 무능한 교사는 '교과서대로 가르치는 교사'라고 했습니다. 정말 중요한 게 무엇인지 아는 교사라면 시간이 조금 걸리더라도 절대 진도에 쫓기지 않습니다. 수업 진도 보다 중요한 것에 가치를 두고 생활하기 때문입니다.

'먼저 마음을 얻어라, 그 다음에 가르쳐라.'

도서 『훌륭한 교사는 무엇이 다른가』의 저자 '토드 휘태거'가 했던 말입니다. 3월 2일 아이들과의 첫 만남이 눈앞으로 다가왔을 때, 그동안 진도만 나가느라 바빴던 새학기 학급경영에 새로운 변화의 바람이 불기 시작했습니다. 바로 '진도 보다 아이들과의 관계 세우기'에 대한 높은 관심입니다.

다만 조심할 것은 자칫 괜찮아 보이는 활동의 나열만으로 끝나는 '첫 만남 프로젝트'가 아니라 1년 동안 아이들에게 어떤 영향을 주고 싶은지, 새로 만날 아이들과 어떤 교실을 만들어가고 싶은지 더 깊이 생각하고 그 가치와 철학을 꿰어나가는 활동으로 이어져야 한다는 점입니다. 때문에 좋은 활동이라고 꼭

다 해야 한다는 법도 없고, 학기 초에 꼭 해야 한다고 시간에 쫓길 필요도 없습니다.

　무엇보다 '황금의 2주일'을 아이들과 어떻게 만났는지 꼭 자신만의 언어로 기록해 놓는 것이 중요합니다. 아이들과 선생님의 운명적인 첫 만남, 한 해를 좌우할 수 있는 '황금의 2주일'을 어떻게 보내는지에 따라 우리 반의 일 년이 달라지기 때문입니다.

2. 학급경영의 3가지 주춧돌

자신의 교육 철학을 정확히 알기 위해서는 그냥 스스로 생각하는 것보다 글로 직접 써보는 것이 효과적입니다. A4용지 한 장 분량이면 충분합니다. 논문같이 길게 쓸 필요는 없습니다. 이 글은 어느 누구도 아닌 자신만을 위한 글입니다. 아이오와 대학의 '허겐' 교수는 다음 네 가지 내용을 적어보는 것이 좋다고 권합니다.

- 목 적 : 학생들에게 어떤 영향을 주려 하는가?
- 방 법 : 목적을 어떻게 달성하고자 하는가?
- 측 정 : 목적 성취도를 어떻게 측정하는가?
- '남을 가르치는 일'이 자기 자신에게 왜 중요한가?

◉ 성품과 사회적 기술 배우기

1) 학생들이 무엇을 배우기를 원하는가?

여러분은 학생들이 교실에서 어떤 성품과 사회적 기술을 배우길 원하나요? 나름대로 '나와 함께 1년 동안 공부한 아이들은 이런 성품을 가졌으면 좋겠다'는 생각이 있을 것입니다. 30년 이상 많은 나라에서 수백 개의 교사 집단이 이 목록을 작성했지만, 그 핵심은 늘 같았습니다.

2) 교실에서 바뀌기를 바라는 학생들의 행동은 무엇인가?

학생들이 고쳤으면 하는 행동에는 무엇이 있을까요? 이 목록도 교사의 출신 국가와 상관없이 전 세계적으로 매우 비슷했습니다.

그렇다면 학생이 고쳤으면 하는 단점들은 언제 가르칠 수 있을까요? 수업 시간일까요? 도덕 시간일까요? 아니면 창체(창의 체험) 시간일까요?

[ASKING & TELLING 활동]

교실에서 일어날 수 있는 상황에 대한 두 가지 교사의 태도에 학생들은 어떤 생각과 느낌을 가지게 될까요? 그리고 어떤 결심을 하게 될까요?

상황 설명하기

❶ 수업 시작하기 전에 숙제와 책을 준비해야지!

❷ 수업시간에 교과서에 정리를 다 못했으면, 수업 끝나고 남아서 하고 가야해

❸ 선영이처럼 조용히 할 수 없니?

❹ 알았어, 그런데 보드게임 누가 안 치우고 들어갔어?

❺ 투덜대면서 불평하는 것 좀 그만할 수 없니?

❻ 떠들었으니 벌점 스티커야!

❼ 책상 위 좀 치우고, 교과실로 가기 전에 의자 집어넣으라고 했지!

이번엔 완전히 같은 상황인데, 설명 대신 학생에게 질문을 던지면 어떤 생각과 느낌이 드는지 비교해 보겠습니다.

상황 질문하기

❶ 수업 시작 전에 무엇을 준비해야지?

❷ 수업이 끝나기 전에 교과서에 정리를 다 하려면 어떻게 해야 할까?

❸ 수업준비가 되었을 때 어떻게 앉아있어야 하는지 보여줄 수 있는 사람?

❹ 보드게임을 안 치우고 들어간 문제를 어떻게 해결할 수 있을까?

❺ 여러분이 말하는 것을 내가 잘 들을 수 있도록 또박또박 이야기해 줄 사람?

❻ 미술 시간에 친구를 괴롭히면 어떻게 하기로 했지?

❼ 교실을 나가기 전에 책상 정리와 무엇을 하고 나가야 할까?

학생의 입장에서 '상황 설명하기'와 '상황 질문하기' 역할을 통해 무엇을 느끼고 결심하게 되었을까요? 학급경영에서 가장 중요한 주춧돌은 바로 교실에서 선생님이 길러주고 싶은 성품과 사회적 기술은 결국 학생들이 '문제 행동'을 할 때라는 사실입니다. 그때 '설명하기'와 같은 잔소리 신공이 아니라 '질문'으로 다가가는 것이 중요합니다.

우리는 학생들이 지각했을 때만 '성실'을 가르칠 수 있는 기회를 얻습니다. 학생들이 친구들과 거칠게 다투었을 때 우리는 '존중'이 무엇인지 지도할 수 있습니다.

> "모든 가족에게는 문제가 있다.
> 문제없는 가족은 존재하지 않는다.
> 사실 가족 안에서 일어나는 문제들은
> 가족이 서로에게 줄 수 있는 가장 큰 선물이다.
> 그렇지 않다면, 어떻게 우리가 진정한 사랑과 진실한 연민,
> 완전한 수용을 배울 수 있을까?"
> - 닐 도널드 월쉬, <신과 나눈 이야기>

교실에서도 마찬가지입니다. 모든 교실에는 문제가 있습니다. 문제없는 교실은 없습니다. 사실 교실 안에서 일어나는 문제들은 친구들이 서로에게 줄 수 있는 가장 큰 선물입니다. 그렇지 않다면, 어떻게 우리가 진정한 사랑과 진실한 연민, 완전한 수용을 배울 수 있을까요? 닐 도널드 월쉬의 통찰은 교실에도 그대로 적용됩니다. 학생들의 문제행동 때문에 힘들기도 하지만, 문제야말로 교사가 아니라 우리를 한 인간으로서 진정한 사랑을 배울 수 있도록 성장시킵니다.

⊙ 학급 공동체의 성장 조건

개인의 꿈에 관심이 없는 공동체는 무의미합니다. 살아있는 학급공동체를 만들기 위해서는 학급공동체의 공유된 목표와 학급규칙을 세우는 일에 더 많은 시간과 관심, 에너지를 쏟아야 합니다. 학급공동체는 논리적인 설득보다는 개인의 정서적인 경험에 의해서 더 잘 작동되기 때문입니다. 학기 초에 학생들과 함께 '공동의 가치'를 선택해 집중할 때에 학급 공동체는 더욱 일체감을 느끼게 됩니다. 그럼 학급에서 어떻게 공동의 목표를 설정하면 좋을까요?

1) 학급 공동의 목표 세우기

학급경영이 잘 이루어지는 반의 선생님은 공통적으로 '만들고 싶은 이상적인 반의 이미지'가 있습니다. 막연히 잘 지내고 싶다는 게 아니라 우리 교실에서 구현하고 싶은 이상적이고 구체적인 상(像)이 있습니다.

그래서 3월 첫 주에는 꼭 학생들에게 만들고 싶은 이상적인 교실의 모습을 발표시키고, 투표를 통해 그중 가장 우리 반 아이들이 원하는 이상적인 모습을 그려 봅니다. 정해진 학급 공동의 목표는 보다 긍정적이고 보편적인 목표로 구체화하는 것이 좋습니다.

의외로 많은 학생들이 '매일 축구를 하는 반', '숙제가 적은 반' 등을 원합니다. 하지만 이런 경우에는 '매일 축구를 하는 반'은 '건강한 반'으로 공동목표를 구체화합니다. '숙제가 적은 반'은 공동 목표에는 넣지 않고 전체 앞에서 쓸데없는 숙제는 내지 않겠다고 전체 약속을 하고 지켜주면 됩니다.

2) 자신의 내면 들여다보기

아이들과의 일상은 너무나 바쁩니다. 당장 눈앞에 있는 업무와 수업을 처리하다 보면, 정작 교사는 자신을 들여다보고 학급의 아이들을 살펴볼 여유를 가지지 못할 수 있습니다. 학급경영이 어디서 문제가 생기는지, 나는 지금 왜 힘겨운지를 돌아보지 않은 채 하루하루 버텨가며 살아가기 쉽습니다. 특히 고학년 아이들은 본능적으로 경력이 많은 선생님과 적은 선생님을 구분하는 잣대 중의 하나를 '여유'로 꼽는 것 같습니다. 여유가 없는 선생님은 이 일도 하고 저 일도 하느라 바쁘고 그러다 보니 어딘가에서 빈틈이 생기기 마련입니다. 그리고 아이들은 그 빈틈을 놓치지 않습니다.

교사들은 무의미한 하루를 정신없이 반복할 것이 아니라 잠시 멈춰 서서 자신의 모습과 학생의 상황을 깊게 살필 수 있어야 합니다. 그리고 '학급에서 아이들과 관계를 잘 맺고 있는지?', '학생들은 의미 있는 배움을 얻고 있는지?' 등의 질문을 스스로 던지고 내 마음이 어디서 흔들리는지 내가 무엇을 두려워하는지 천천히 찾아보아야 합니다.

미국의 교육학자 파커J.파머는 교사들이 내면적인 두려움 때문에 세 가지 연기를 하고 있다고 했습니다.

> 수업에서 교사가 느끼는 두려움은 세 가지다.
>
> 첫째, 학생들에게 내가 얼마나 똑똑한 교사인지 보여주는 것,
>
> 둘째, 학생들에게 내가 얼마나 지식이 많은지 보여주는 것,
>
> 셋째, 학생들에게 얼마나 수업준비를 충실히 하는지 보여주는 것.
>
> 나는 이처럼 교실에서 세 가지 연기를 해왔는데 그 진정한 목적은 공부를 도와주는 것이 아니라, 학생들이 나를 훌륭하게 생각하도록 유도하려는 것이었다.

교사의 내면을 중심으로 학급경영을 본다는 것은 교사의 속마음을 서로 깊이 들여다보는 것입니다. 평소에 쉽게 말하지 못했던 교실에서의 아픔과 상처를 동료 교사들에게 쏟아내면서 동병상련의 마음을 나누는 것입니다.

"요즘 아이들이 자주 지각을 해서 너무 화가 나요"

"저도 그래요. 우리 반 아이는 지각은 기본에 숙제, 준비물도 전혀 안 해오는데 어떻게 해야 할지 모르겠어요. 화를 내도 소용이 없어요."

많은 선생님이 학급경영에 있어 스스로 서툰 모습을 공개하는 것을 두려워하고 어려움을 감추는 경향이 있습니다. 그러나 마음을 열고 서로의 힘든 점, 그리고 감정들을 이야기하다 보면 신기하게도 어느새 힘이 생깁니다. 특별한 처방을 받는 것도 아닌데 동료 교사가 내 아픔을 들어주고 이해해주고 있다는 사실만으로도 위로를 얻게 됩니다.

번아웃 현상은 주로 간호사와 교사에게 나타나는 과로 증후군이라고 합니다. 간호사나 교사들에게 번아웃 현상이 일어나기 쉬운 데는 까닭이 있습니다. 둘다 끊임없이 위기에 노출되어 있고, 무조건적인 헌신성을 요구받는데다 집단적인 업무이면서 고독한 작업을 강요받는 직업이기 때문입니다. 번아웃 현상에서 벗어나기 위해 해야 할 가장 중요한 일은 '훌륭한 교사'가 되려는 목표를 수정하는 데 있습니다.

<희망의 심리학>책을 쓴 김현수 교수님은 '최고가 되려는 목표를 수정하라'고 권합니다. 그저 자신이 잘하는 것을 주겠다는 생각으로 아이들을 도우면 마음에 여유가 생깁니다. 훨씬 더 자신에게 관대해지고 자유로워지면 더 진실하고 정직하게 아이들과 마음을 나눌 수 있게 될 것입니다.

❷

학급경영의 열쇠, '황금의 2주일' 준비하기(2)

- 허승환 -

1. 학급경영 '3.7.30의 법칙' 알아보기

한 해의 시작, 교사에게는 1월이 아니라 3월입니다. '2월은 새로 만날 아이들로 생각이 많지만, 이 두근거림이 봄보다 좋다.'라는 최서연 선생님의 말처럼 왠지 모를 긴장과 설렘이 함께 하는 계절이기도 합니다.

새 학기가 시작되면 교실 속 아이들에는 언제나 2:6:2의 법칙이 적용됩니다. 20%의 성실한 아이들은 늘 선생님 입장에서 따라주는 아이들입니다. 60%의 중간 층 아이들은 조용히 앉아 있습니다. 남은 20%의 학생들은 문제행동을 하는 아이들입니다. 보통 황금의 3일이 지나면, 이제 이 아이들은 슬슬 움직이며 자기 존재감을 드러내기 시작합니다.

한 해 동안 차분한 학급을 만들어가는 포인트는 문제 행동을 하는 20%가 아니라 60%에 달려 있습니다. 이 아이들이 학급의 주도권을 가지고 있습니다.

이 아이들이 성실한 20%의 아이들과 합류해 80%의 학급 분위기를 만들 수 있도록 분위기를 만들어 가야 합니다. 그러려면 80%의 아이들이 바라는 교실을 함께 이미지화하고 만들어가야 합니다. 선생님이 바라는 교실이 아니라 아이들이 가장 원하는 교실은 어떤 교실일까요?

바로 모두가 안전하고, 안심하고 다닐 수 있는 반입니다. '차분한 학급'의 전제 조건은 아침마다 안심하고 학교에 다니며 교실을 안전하고 아늑한 곳으로 만들 때 가능합니다. 그리고 이건 담임 선생님 밖에 할 수없는 일입니다.

> '새 학기 학급 만들기'는 한 달 안에 결정된다고 단언할 수 있습니다.
> 3월 2일, 학기 첫날부터 3월 한 달 사이에 한 해 동안의 80%가 결정되어 버리는 것입니다.

위 글은 '2016년 수업 능력 및 학급경영 능력(4월호)'에 실린 노나카 노부유키 선생님의 글에서 인용한 글입니다. 학급 만들기는 3월 2일부터 한 달 사이에 80 %가 결정됩니다. 경력이 쌓인 교사들은 모두 그렇게 생각합니다. 그래서 계획적, 의식적, 지속적으로 추진하지 않으면 실패할 확률이 높습니다. 그렇다면 우리는 한 달 동안 무엇을 어떻게 하면 좋을까요? 노나카 노부유키 교수의 '3.7.30의 법칙'을 통해 구조적으로 소개드리려 합니다.

◉ 3.7.30의 법칙 중 '3'의 법칙

새내기 교사는 종종 '빨리 아이들과 친해지고 싶다'는 생각에 아이들의 요구를 모두 들어주려고 합니다. 친구 대하듯 장난치는 아이들의 행동을 받아주고 이해하려고 노력하는데, 이런 행동이 반복되면 교사와 학생간의 거리감(어려움)의 상실이 오며 오히려 학급경영의 차질을 가져옵니다. 그 결과 '지시가 통하지 않는 교실'과 '시끄러운 교실'이 되기 마련입니다. 이런 상태에서 3월이 지나간다면, 3월의 혼란스러운 모습 그대로 1년이 흘러가며 돌이킬 수 없는 상태로까지 지속되어 버립니다. 그래서 더욱 계획적으로 '3.7.30의 학급경영'의 법칙을 떠올리며 노력해야 합니다.

3.7.30의 법칙 중에서 첫 번째 3은 '3의 법칙'입니다. 이 법칙은 처음 만난 3일 안에 학생들과의 심리적 거리를 단축시키는 게 핵심입니다. 새학기가 시작하고 3일 동안은 문제 행동을 일삼는 아이들도 천사처럼 앉아 있습니다. 이때야 말로 아이들의 마음을 얻을 절호의 기회입니다. 안전을 위협하거나 기본적인 규칙을 현저하게 어긴 경우가 아니라면, 엄격한 지도를 하지 말아야 합니다. 무엇보다 이번 선생님은 정말 재미있는 분이고, 앞으로 새로운 반과의 한 해는 즐거움을 느끼게 될 것 같다는 느낌을 주어야 합니다.

3월 첫 주 체크리스트

학생과의 친밀감 형성

☐ 교실에 환영 분위기가 조성되었는가?

☐ 어떻게 처음의 서먹함을 깰 것인지 결정했는가?

☐ 학생들의 이름을 외울 방법을 결정했는가?

학습규칙

☐ 교육청과 학교 방침을 따르는 학급규칙을 만들 방법을 생각했는가?

☐ 학급규칙은 학생과 학부모에게 쉽게 전달될 수 있는 것인가?

가장 중요한 것

☐ 학생들이 집에 돌아가 수업 첫날에 대해 긍정적으로 언급할 것인가?

☐ 학생들이 다음 날의 등교를 기다릴 것인가?

위의 자료는 엘렌(Ellen)의 '성공하는 교사의 첫걸음' 책에 소개되어 있는 3월 첫 주 체크리스트입니다. 가장 중요한 것은 '학생들이 집에 돌아가 수업 첫 날에 대해 긍정적으로 언급할 것인가?', 그리고 '학생들이 다음 날의 등교를 기다릴 것인가?' 입니다. 첫날만큼은 모든 학부모님들이 아이가 어떤 선생님을 만났을지 물어봅니다. 그때 아이가 밝은 표정과 목소리로 "우리 선생님, 정말 친절하고 좋아요.", "오늘 재미있었어요." 라고 말했다면 첫 날 학급경영은 성공입니다.

일본의 수업 명인 무꼬야마 요이치는 『가르침의 프로 무꼬야마 요이치 전집 (4권)』의 '첫 사흘 만에 학급을 편성한다' 편에서 이렇게 말합니다.

'학기 초 가장 중요한 것은 아이들과 만난 첫 만남에서부터 가능한 빠른 시기에 학급의 구조를 조직하는 것이다. 늦어도 일주일 이내에, 가능하면 3일 만에 조직해 버리는 것이다. 이것은 아무리 강조해도 지나치지 않다.'

처음 선생님을 만난 아이들은 긴장하고 조용합니다. 그래서 이때 반을 조직하는 것이 중요합니다. 학급의 기본적인 절차나 규칙이 정해져 있으므로 기분 좋은 교실의 흐름이 생겨날 수 있습니다. 무엇보다 황금의 3일 동안은 지시대로 따르지 않는 학생들보다 지시대로 따르는 아이들에게 집중해야 합니다. 황금의 3일, 기억해야 할 8개의 칭찬 포인트를 꼭 기억해 주세요.

<황금의 3일차 칭찬 포인트>

칭찬 포인트 1

인사는 기본적으로 선생님부터 웃으며 시작합니다. 특히 아이들 중에서 누가 먼저 인사를 했고, 누가 기분 좋게 웃으며 인사를 했는지 마음속에 체크해 둡니다. 그래야 나중에 따로 칭찬할 수 있습니다.

칭찬 포인트 2

3월 2일 첫 날 아침에는 교장 선생님이 방송조회를 통해 새로 학교에 오신 선생님들을 소개합니다. 텔레비전으로 진행되는 시업식 방송을 볼 때 태도가 좋았던 학생들을 따로 체크해 둡니다. 특히 교장 선생님 쪽을 보며 계속 말씀을 듣고 있던 아이, 방송을 듣는 자세가 바르고 좋았던 아이, 주변의 친구들과 이야기하지 않았던 아이를 체크하고 방송이 끝나면 아이를 칭찬하기보다 그러한 태도를 중심으로 칭찬합니다.

칭찬 포인트 3

알림장을 쓴 아이들부터 가져오도록 하되, 신속하게 확인해 줍니다. 바르고 예쁜 글씨는 A, 정상적으로 읽을 정도면 B, 읽고 알아볼 수 없다면 C , C의 경우에는 다시 써오도록 합니다. 첫 번째 알림장 평가는 엄격하지만 그만큼 중요합니다. 이때 대충 검사하게 되면 앞으로도 많은 아이들이 대충 써오거나 온갖 낙서를 하게 됩니다.

칭찬 포인트 4

아침 일찍 교실에서 기다립니다. 첫날 칭찬을 했기 때문에 아이들이 아침 인사를 밝고 씩씩하게 할 것입니다. 함께 웃으며 한마디씩 나누고 창문을 스스로 연 아이, 교실의 형광등을 켠 아이 등을 기억했다가 모든 아이들 앞에서 칭찬합니다.

예를들어 "스스로 새로운 우리 반에서 할 일을 찾아 하는 모습을 보니 정말 기뻤습니다. 우리 반이 더욱 스스로 우리 반을 위한 일들을 찾아 하는 좋은 반이었으면 좋겠습니다."처럼 기분 좋게 이야기 합니다.

칭찬 포인트 5

신발장에 신발 정리를 바르게 한 아이들을 따로 확인하고 칭찬합니다. 교실에 들어서기 전에 신발을 가지런하게 정리하는 아이는 그동안 기본적인 생활 태도가 갖추어진 아이로 보면 틀림없습니다.

둘째 날에는 바르게 정리하지 않은 아이들을 혼내기보다 한 모둠씩 불러내어 친구들의 신발 정리 상태를 살펴보고, 스스로 자신의 신발도 정리하게 하면 충분합니다.

칭찬 포인트 6

둘째 날 1교시가 시작되기 전에는 공부할 교과서를 책상 속에 바르게 정리했는지 확인하고 칭찬합니다. 책상 속에 들어있는 그대로 책상 위에 꺼내어 보도록 합니다. 교실에 들어서기 전에 신발장과 책상 속을 정리하는 습관은 학생의 몸에 자연스럽게 배어야할 기본적인 태도입니다. 아울러 수업이 끝난 교재(교과서, 공책)는 제일 하단에 넣도록 안내합니다.

칭찬 포인트 7

청소의 기본은 '가르치고 칭찬하기'입니다. 의외로 이런 기본을 지키지 않고 꾸중하는 경우가 많습니다. "깨끗이 청소하세요."라고만 말하면 안 됩니다. "모두 이리 모여 보세요."라고 청소 당번들을 불러 모은 후 "비와 쓰레받기를 준비하고, 이렇게 비를 쓸어 쓰레기를 모아야 합니다. 그런 다음에는 쓰레받기에 이렇게 담으세요. 그런 후에는 쓰레기통에 버립니다. 쓰레기통에 버릴 때는 흘리지 않도록 가까이 대고 넣습니다. 쓰레기가 다 차면 운동장 왼편 구석에 있는 쓰레기장에 버리고 옵니다." 제대로 가르쳐주고, 조금이라도 좋아지면 "잘 했습니다. 정말 교실이 깨끗해졌어요."라고 여러 번 칭찬해 주세요. 이게 바로 '가르치고 칭찬하기'의 기본입니다.

칭찬 포인트 8

교과전담실이나 체육관 등으로 이동할 때에는 '아깝습니다.' 전략을 활용합니다. 갑작스럽게 "하나! 하면 모두 일어나서 교실 뒤로 나갑니다."라고 말합니다. 이때 아이들은 '무슨 일이지?' 궁금한 기색으로 천천히 뒤로 나가게 될 것입니다. 1분 정도의 시간이 걸리면 아이들이 모두 뒤로 나가는데, 이때 선생님은 말없이 아이들이 어떻게 나가는지 관찰합니다.

"조용히 뒤로 나간 점은 정말 좋았지만, 아쉽게도 90점입니다. 조금 아깝습니다."라고 말합니다. 아이들이 의아해하는 표정을 지을 때 "왜 10점을 깎았을까요? 모두 자기 자리를 돌아보세요. 의자가 나와 있네요. 책상이 삐뚤어진 상태로 두고 나온 친구도 있군요. 그래도 ○○○와 □□□ 친구는 의자를 책상에 바르게 넣고 나왔습니다. 아쉽지만 다시 한번 해보겠습니다. 자기 자리로 돌아가 앉아 주세요."

아이들이 의자를 제대로 넣고 책상도 바로 맞추고 교실 뒤로 나가면 휴대전화 스톱워치로 잰 시간을 보여주며 "와! 이번엔 40초 만에 모두 모였습니다. 99점입니다!"라고 말합니다. 아이들은 '이번엔 무엇이 문제지? 1점이 깎였네?'라고 생각하며 아쉬운 표정으로 선생님을 바라봅니다. 그때 "모두들 정성 들여 의자를 넣고 책상 줄을 맞추고 나와 정말 기뻤습니다. 그런 중에도 ○○이는 뛰지 않고 천천히 걸어서 나왔습니다."라고 말합니다.

아이들이 좀 더 익숙해질수록 처음부터 절차를 내재화할 수 있는 하나의 형식을 만드는 것이 좋습니다. 이때 세분화된 각각의 단계에 번호를 붙이면 더욱 아이들이 쉽게 익힐 수 있습니다.

"선생님이 '하나'라고 말하면, 일어나서 의자를 책상 밑으로 밀어 넣으세요. '둘'이라고 하면, 문을 향해 돌아서세요. 마지막으로 '셋'이라고 하면, 맨 앞사람을 따라 줄 서는 자리로 가세요."라고 가르쳐주면 됩니다. 그런 다음에는 "하나, 둘, 셋!"만 불러도 학생들이 각각의 단계를 따르도록 연습시킵니다. 좀 더 나중에 학생들이 이 절차에 완전히 익숙해지면, 번호도 생략하고 "선생님이 '출발'이라고 하면 줄을 서세요."라고 간단하게 지시해도 됩니다.

◉ 3.7.30의 법칙 중 '7'의 법칙

'7'의 법칙, 첫 일주일은 학급의 규칙을 확립하는 시간입니다. 사실 새학기 시작 후 일주일은 아이들이 선생님의 반응을 지켜보는 기간입니다. 지각하거나 떠드는 아이들, 다투는 아이들, 큰 소리를 지르는 아이들에게 선생님이 어떻게 반응하는지 지켜보고 확인하는 기간인 셈입니다. 그래서 일주일동안 선생님은 아이들의 실수나 실패, 문제 행동에 대해 어떻게 반응해야 할지 스스로 의식하고 계획적으로 신중하게 행동해야 합니다.

일인 일역, 청소 당번, 급식 당번 활동 등을 어떻게 정하고 활동할 지도 정해야 합니다. 일인 일역을 할 때에는 칠판 지우는 방법과 우유를 나누어주고 확인하는 방법까지 구체적으로 정합니다. 당번 활동은 빗자루 보관하는 법, 쓰레기통에 쓰레기를 비우는 방법, 급식 당번의 배식 및 잔반 버리는 방법까지 일일이 세세하게 지도합니다. 그 때, 시범 보이기 → 시키기 → 칭찬의 과정에 유의

하여 반복해 지도해야 합니다. 이 기간 동안은 어떻게 하는 지 모범을 보여주는 취지로 교사가 함께 급식 당번 및 청소 당번을 하는 것이 좋습니다.

차분한 교실의 분위기를 잡으려면 무엇보다 ① 교실 이동시 정렬하기 ② 정리 정돈하기 ③ 수업 시간과 쉬는 시간 구별하기 ④ 지시 빠르게 따르기가 중요합니다. 특히 '지시 빠르게 따르기'는 가장 중요한 과정입니다. 복도에 줄을 서라고 했는데 좀처럼 나오지 않아 일찍 선 아이들이 3~4분 기다리게 된다면, 이미 차분한 교실은 물 건너 간 거라고 보면 됩니다. 시키는 대신 직접 시범을 보이고 긍정적인 행동을 격려해주는 것이 중요합니다. 선생님이 함께 급식당번 및 청소당번을 하는 모습을 보여줄 필요가 있습니다.

> ① 아침에 학교에 와서 집으로 돌아갈 때까지 '학교에서의 매일 하는 일과'(루틴)를 정합니다. '만약 선생님이 사흘 동안 학교에 오지 않는다면?' 아이들이 반복해야 할 일은 무엇일까 생각해 보세요. 교실 문을 여는 것부터 창문을 열고, 아침 자습을 하고, 점심을 먹고, 청소를 하는 모든 과정에서 선생님이 안 계셔도 아이들이 자율적으로 돌아가는 시스템을 구축해야 합니다.
>
> ② 아이들에게 지도할 때 중요한 부분은 스스로 궁리할 수 있도록 가르치기를 참는 것입니다. 자꾸만 가르치려 들면, 아이들은 스스로 하지 못합니다. 가르치고 싶어도 참는 것이 중요합니다. 대신 '질문'으로 아이들이 스스로 생각하도록 이끌어 주세요.

7의 법칙에서 포인트는 '자주 관리의 원칙'입니다. 우리는 교실에 교사가 없어도 아이들끼리 학급의 일을 스스로 해나갈 수 있도록 해야 합니다. 아침 교실 문을 열고, 창문을 열어 환기하고, 아침 자습을 하는 과정 등 매일 해야 할 일들을 아이들이 스스로 해보게 시키고 지켜봅니다. 『최고의 교사는 어떻게 가르치는가』의 36번째 기법은 '100% 따르도록 하라' 입니다. 과학실로 가기 위해 줄을 서라고 할 때, 학생들은 자리에서 조용히 일어나 책상에 의자를 집어넣고 문 쪽으로 가는 일련의 과정을 훈련해야 합니다. 의자를 집어넣는 것을 잊어버린 학생들에게는 즉시 자리로 돌아가 다시 앉은 후에 일어나 의자를 넣으라고 해야 합니다. 즉각 다시 시키는 것은 시간을 절약해 줄뿐 아니라 순간순간의 책임감도 강화시켜 줍니다.

◉ 3.7.30의 법칙 중 '30의 법칙'

'30의 법칙'에서 30일은 학급 규칙을 정착시켜 시스템화하는 시간입니다. 일인 일역, 급식 당번, 청소 당번 등의 활동에 대해 교사가 철저하게 체크하고 정착시켜야 합니다. 이 시기 동안에 담임교사는 급식을 배식하고 청소를 하느라 아이들이 어떻게 청소하고 행동하고 있는지 놓치지 말아야 합니다. '아이들과 함께 청소한다'는 멋진 원칙은 한 달이 지나고 보여주는 것도 늦지 않습니다. 학생들이 함께 정한 규칙대로 움직이고 있는지를 확인하기 위해 집중할 필요가 있습니다. 30일 동안 '7의 법칙'을 통해 만들어낸 1주일의 구조를 더욱 철저히 반복하고 지도해야 합니다.

2. 황금의 2주일 계획하기

◉ 황금의 2주일 계획 시 유의할 점

   황금의 2주일이 얼마나 중요한지 알았다면 이제 실제로 2주일의 계획을 짜보도록 합니다. 계획을 짜기 전에 유의할 점은 다음과 같습니다.

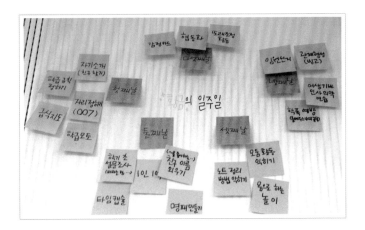

1) 선입견을 가지고 아이를 대하지 않는다.

   교사가 아이를 처음으로 대면하기 전, 학생에게 이미 가지고 있는 사전 정보를 '선입견'이라고 할 수 있습니다. 특히 문제 아동을 대할 때는 이전 학년 선생님과의 연락을 통해 부정적인 편견을 가질 수 있습니다. 더불어 공부를 잘하는 학생에겐 교과 성적의 '후광 효과'로 그 아이의 은밀한 따돌림을 오랜 시간 알아차리지 못하는 경우도 많습니다. 아이들은 지금도 쉬지 않고 변화해가는 존재입니다. 무엇보다 아이에 대한 선입견 없이 처음 아이들을 대하는 교사는 아이들에게 감동을 주고, 마음을 움직이기 시작합니다.

2) 첫 만남이 부담스러운 아이들의 마음을 배려한다.

관계가 친밀해지면 내성적인 아이들도 선생님과 친구들에게 마음을 열게 되어 있습니다. 학기 초, 아직 마음을 열기에는 짧은 시간인데, 첫 날부터 자기소개를 억지로 시킨다거나 키 순서대로 세워서 자리 배치를 한다면 아이들은 시작부터 부정적인 감정을 만들어갈 것입니다. 3월, 황금의 2주일만이라도 아이들에게 억지로 부담을 주는 활동은 없는지 되돌아봅시다.

3) 학습 진도보다 '예방'이 중요하다는 점을 인식한다.

오하이오 마이애미 대학의 더글러스 브룩스 교수는 교사들의 첫날을 비디오로 녹화해 모니터링하는 연구 과정을 통해 노련한 교사와 서툰 교사의 차이를 발견하였습니다.

초임 교사들은 첫날부터 해당 과목의 중요한 문제를 흥미 위주의 활동을 통해서 시작했고, 이 교사들은 일 년 내내 진도를 쫓아가며 아이들을 가르치는 데 시간을 보냈습니다. 이에 비해 노련한 교사들은 앞으로 어떤 공부를 하게 되고, 아이들과 어떤 약속들이 선행되어야 하는지를 이야기 나누는데 더 많은 시간을 보냈습니다.

뛰어난 나무꾼은 무작정 도끼로 나무를 자르지 않습니다. 도끼날을 갈아 더 많은 나무를 자를 수 있도록 준비하는 이치입니다.

4) '일관성'을 지킨다.

학생들은 새 학년에 무엇을 배우고 어떤 일이 일어날 것인지 정확하게 알고 싶어 합니다. 준비가 잘된 수업에서 학생들은 누구도 고함지르고 다투지 않으며, 진정한 배움을 만들어갈 수 있습니다. 그러려면 매일매일 학생들의 생활이 일관성이 있어야 하고, 아울러 안정되어야 합니다.

5) 일체감을 느끼기 위해서 '청유형' 언어를 쓰도록 한다.

"종쳤다. 자리에 앉아라, 책 꺼내라고 했지!, 이제 준비물을 꺼내라, 제발 자기 자리 아래 좀 정리하면 안 되겠니?, 벌써 몇 번째 말하는 거야!" 등 교사는 이런 말을 하루에도 수십 번씩 합니다. 이때 교사들은 본인이 기대하는 행동을 학생들이 하도록 분명히 전달할 수 있지만 다른 어떤 것도 함께 전달하게 됩니다. 언어가 연상을 유발한다면 우리는 무의식중에 무엇을 함께 전달하고 있을까요?

우리는 명령하는 말들이 '나 대 너'의 관계를 지속시킨다는 것에 주목해야 합니다. 이 말에 숨어있는 메시지는 "너희들은 내 통제 하에 있으므로 내가 시키는 대로 해야 해."입니다. 이런 상황에서 교사에 대해 부정적인 연상을 갖고 있는 학생들은 반항적이거나 비협조적으로 대응할 것입니다. 아이들과의 친밀한 관계를 위해서 평어체를 쓴다고 하는 분들이 계시지만, 가능하다면 교실에서는 청유형 언어를 쓰는 것이 좋습니다.

☑ 알아두기

❶ 같은 표현을 권유하는 말로 바꿔 봅니다.

❷ 그리고 존대어로 바꿔 봅시다.

"수업종이 울렸습니다. 자리에 앉읍시다.",

"책을 꺼내봅시다.",

"준비물을 책상 위에 올려놓읍시다."

❸ 여기에 '우리'라는 단어를 넣을 때 '퀀텀교수법'에서는 아이들이 더욱 일체감을 느끼며 모두를 초청하는 협력적인 관계가 조장된다고 했습니다.

"이제 우리 함께 자기 자리를 정리할 시간입니다."

"우리는 지금부터 분수의 나눗셈을 어떻게 하면 풀 수 있는지 공부하려고 합니다."

위 과정을 통해 선생님이 아이들과 함께 나눗셈을 직접적으로 공부하는 것은 아니지만, 아이들은 선생님이 우리와 함께 하고 있다는 일체감을 무의식중에 가지게 됩니다.

6) 시범과 행동 내레이션을 통해 지도한다.

시범, 역할극, 행동 내레이션은 처음에 교실에서 지도해야 할 내용을 가장 효과적으로 지도할 수 있는 방법입니다. 특히 규칙이 정해지면 역할극을 통해 가상의 상황을 실제로 재현하며, 훗날 체험 시 경험했던 행동을 실제 행동으로 실천하게 됩니다.

◉ 황금의 2주일 계획하기

학급 교육목표는 학교 교육목표의 하위목표로 진술하되 독립변인과 종속 변인을 함유하는 단일 개념으로 세우면 됩니다. 더불어 학급경영 목표는 학급 교육목표 별로 구체적인 하위목표로 서술하되, 교육목표별로 2~3개의 경영목 표를 설정하는 것이 바람직합니다.

3월, 황금의 2주일 프로젝트를 시작하기 전에 먼저 '나는 우리 반을 어떤 아이들로 키우고 싶은가?', '나와 함께 1년 동안 공부한 아이들은 이래야 한다'는 교사의 생각을 스스로 정리해보고 시작하면 좋습니다.

1. 심성이 고운 어린이(심력)
2. 건강한 어린이(체력)
3. 지혜로운 어린이(지력)
4. 자율적인 어린이(자기관리 능력)
5. 사이좋은 어린이(인간관계 능력)

다이아몬드형의 인간상

원동연 박사는 5차원 전면 교육을 통해서 학생들이 실력을 발휘할 수 없는 5가지 요인을 다음과 같이 정리했습니다.

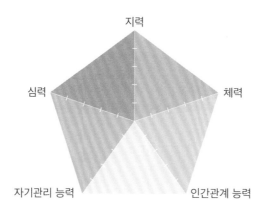

위의 그래프를 보고 직접 ●를 표시해 봅니다. 각각의 점을 선으로 연결하고 선생님 스스로 어느 정도 학생들의 능력을 키우기 위해 노력하고 있는지 평가해 보길 바랍니다. 이를 통해 자신의 학급경영에서 취약한 부분을 스스로 점검해 보면 훨씬 도움이 될 것입니다. 그 부족한 부분을 채우기 위해서는 어떤 노력을 기울여야 할까? 고민하고 자신의 학급경영에 반영해 봅시다.

학급경영 목표	학급경영 방침(활동)
• 예절바른 학생	• 인사하는 습관을 형성한다. • 기본예절을 익혀 생활화한다.
• 성실한 자세로 노력하는 학생	• 자기 주도적 학습능력을 기른다. • 1인1역 활동을 통해 책임감을 기른다.

<학급경영 세부 계획 세우기 예시>

새로 학급의 담임이 되었다고 생각하고, 학급에서 가장 중점적으로 관심을 기울이고 싶은 것이 무엇인지 깊이 생각해 봅시다. 학생들에게 필요한 것은 많지만 가장 중요한 것에 초점을 맞추어 간단히 3개의 학급경영 목표, 그리고 각

학급경영 목표마다 각 2개 정도의 학급경영 방침을 직접 작성해 보세요.

학급경영 목표	학급경영 방침(활동)
·	· · ·
·	· · ·
·	· · ·

◉ 3월, 황금의 2주일 프로젝트 계획 세우기

3월 첫 날에는 교사의 자기소개, 학생들 소개, 좌석배치, 기본적인 학습절차에 대한 안내가 이루어지게 됩니다. 2주일 동안에 들어가야 할 계획에는 다음과 같은 내용들이 들어가 있으면 좋습니다.

(1) 황금의 2주일 프로젝트 내용 정하기

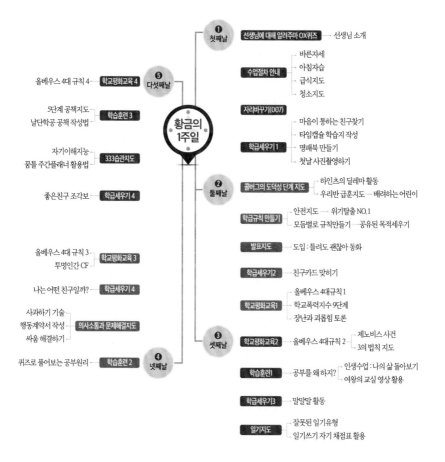

☑ 알아두기

❶ 학급 공동의 목표 및 규칙 세우기

❷ 학급절차 안내하기 : 수업을 위한 간단한 신호, 교수·학습 절차, 모둠활동 절차, 과제에 대한 절차 등을 지도한다.

❸ 모둠 구성하기, 모둠세우기 및 학급 세우기 활동

❹ 일인일역 정하기

❺ 콜버그의 도덕성 발달 6단계 지도하기 : 하인츠의 딜레마 수업을 통해 자신의 도덕성이 얼마나 발달했는지 돌아본다.

❻ 수업의 주인이 되는 '배움 덕목' 작성하기

❼ 의사소통 및 문제해결 방법 지도하기

❽ 수업태도 및 학습법 지도

❾ '올베우스 4대 규칙'을 통한 교실폭력 예방 지도

❿ 아침자습 두줄쓰기 공책 지도하기

⓫ 일기지도하기

⓬ 심성놀이를 통한 행복수업

⓭ 뗏목여행 활동을 통한 성품 기르기 지도

⓮ 타임캡슐 활동을 통한 목표 세우기

⓯ 플래너 작성을 통해 좋은 습관들이기

⓰ 아침독서 및 책 읽어주기를 통한 독서지도 안내하기

⓱ 발표지도하기

⓲ 서클 모임을 통한 학급평화회의하기

먼저 3월 첫 주, 5일 동안 하고 싶은 활동을 포스트잇에 써서 2절지에 붙여봅니다. 그런 후에 '1일, 2일, 3일, 4일, 5일' 등으로 유목화하여 활동들을 나눕니다. 다음에는 그 내용을 시간표에 정리해 보고 직접 새 학기 3월, '황금의 2주일' 마다 적용해 봅시다.

이 작업은 앞으로 해마다 스스로 버전업하며 아이들과의 일 년 설계도로 활용될 것입니다. 신중하게 작성하되, 다른 선생님들이 작업한 결과물을 참고하길 바랍니다.

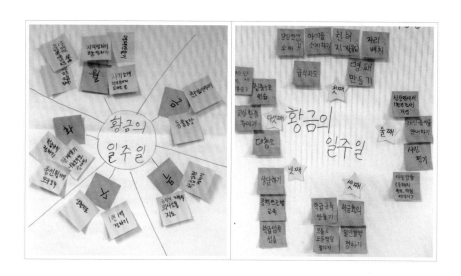

※ 3월, 황금의 2주일동안 1일차부터 10일차까지 어떤 내용으로 지도할지 고민하고 아래의 표에 직접 적어 봅시다.

1일	2일	3일	4일	5일

6일	7일	8일	9일	10일

　　자칫 괜찮아 보이는 활동의 나열만으로 그치는 '첫 만남 프로젝트'가 아니라 1년 동안 아이들에게 어떤 영향을 주고 싶은지, 새로 만날 아이들과 어떤 교실을 만들어가고 싶은지 더 깊이 생각하고 그 가치와 철학을 꿰어나가는 활동으로 이어져야 합니다. 그러려면 무엇보다 '황금의 2주'를 아이들과 어떻게 보냈는지 꼼꼼하게 기록으로 남겨놓으시길 권합니다.

3

문제행동의 시작
'칭찬 요구' 다루기

- 허승환 -

1. 아이들은 왜 문제행동을 일으킬까?

◉ 문제행동은 빙산의 일

혹시 반 아이들 모두가 지켜보는 상황에서 학생이 반항하거나 욕설을 한 경험이 있습니까? 그때 선생님은 어떻게 반응하셨나요? 수업 중에 떠드는 아이에게 조용히 하라고 했더니 아이가 욕설을 하고 반항하는 눈빛으로 선생님을 쏘아 봅니다. 이럴 때 선생님은 어떻게 하시겠습니까? 처음 이런 일을 겪은 분이라면, 대부분의 선생님들은 아이들이 지켜보는 상황에서 이대로 두면 안 되겠다는 위기감에 그 아이에게 위협적으로 고함을 치며 맞대응하기 쉽습니다. 하지만 좀 더 경험이 쌓인다면 우리는 아이의 문제행동 뒤에 있는 '보이지 않는 신념'까지 내다 볼 수 있습니다. 지금의 저라면 '아이가 혹시 가정학대로 상처가 있는 것은 아닐까?', '아마도 엄마 아빠의 이혼으로 불안이 가득한 아이일 수도 있겠다.'라고 생각하고 같이 맞대응하지 않을 것입니다.

◉ 행동 빙산 이론

　아들러의 수제자이자 동료인 '루돌프 드라이커스'는 어긋난 행동을 하는 학생을 '좌절한 학생'이라고 불렀습니다. 좌절한 학생 대부분은 스스로 소속되고자 하는 욕구가 좌절되었을 때, 소속감과 자존감을 가지려고 그릇된 방식으로 행동한다는 것입니다. 따라서 교사는 학생들이 문제행동을 할 때 '행동 아래 감춰진 신념' 빙산의 아랫부분에 초점을 맞추어야 합니다. 아이들은 자기 생각과 논리, 경험을 바탕으로 한 잠재의식에 기초해서 판단하곤 합니다.

예시

- 나는 좋은 사람인가 나쁜 사람인가?
- 능력이 있는 사람인가 없는 사람인가?
- 중요한 사람인가 중요하지 않는 사람인가?
- 다른 사람이 나를 격려하고 있는가? 좌절을 맛보게 하고 있는가?
- 나에게 도움이 되는 사람인가? 해가 되는 사람인가?
- 나를 좋아하는 사람인가 싫어하는 사람인가?
- 세상은 안전한 곳인가 무서운 곳인가?
- 나를 보호해 주는가 위협하는가?
- 내가 잘 성장할 수 있는 곳인가? 아니면 생존을 위해 노력해야 하는 곳인가?

　판단의 핵심은 의미 있는 존재들과 연결되어 있다는 소속감과 자신이 중요한 존재로 여겨지고 있다는 자존감입니다. 이 판단이 신념의 밑바탕이 되고 행동에도 큰 영향을 미칩니다.

2. 문제행동의 패턴 1단계 '칭찬 요구'

◉ 자존감과 소속감이란?

심리학자 아들러(Adler)는 문제행동의 원인을 '자존감'과 '소속감' 결여에 두었습니다. 따라서 문제행동을 예방하려면 학급운영, 수업운영, 생활교육 등 학교생활 전반에서 '자존감'과 '소속감' 향상을 화두로 삼아야 합니다. 학교폭력과 자살도 문제행동의 연속선상에 있습니다. 모든 교사가 자존감과 소속감 향상을 화두로 자신의 학급운영, 수업운영을 성찰하고 변화를 모색해야합니다.

교사에게 가장 중요한 임무는 학교에서 아이들이 좌절을 경험하지 않게 하는 것이며, 이미 좌절을 경험한 아이가 있다면 학교와 교사의 도움으로 자존감을 회복하게 하는 것입니다. 이를 위해서 교사는 사명감을 가지고 지속적으로 노력해야 하며, 학생들은 미래를 희망적이고 즐겁게 바라보아야 합니다.

◉ 1단계 '칭찬 요구'

독일의 학자 Tausch가 1967년 교사 44명을 51차시동안 관찰해 조사한 결과, 교사가 적용했던 문제행동 개입의 (   )%가 독재적이고 비효과적인 것으로 나타났습니다. 과연 몇 %일까요? 무려 94%였습니다 결국 아이가 무엇을 목표로 문제행동을 하는지 이해하지 못한다면 교사들의 교정 방법은 100건 중 6번만이 효과를 낼 수 있다는 것입니다.

◉ 칭찬과 격려 구별하기

"아들러 심리학에서는 '양육을 비롯한 타인과의 모든 커뮤니케이션에 있어서 ○○은 금물이다'라는 입장을 취한다네!"

도서 『미움받을 용기』에서 철학자가 젊은이에게 건네는 말입니다. ○○에 들어갈 말은 무엇일까요?

심리학자 아들러와 그 수제자 드라이커스는 아이들의 문제행동 뒤에는 숨은 '목적'이 있다고 말합니다. 그 5가지 문제행동의 패턴 중 첫 단계를 바로 '○○ 요구'라고 보았습니다. ○○에 들어갈 공통된 단어는 무엇일까요?

그것은 바로 '칭찬'입니다. '칭찬 요구'가 문제되는 까닭은 아이들이 '착한 행동'을 하는 게 아니라 누군가에게 '칭찬받는 일'을 할 뿐이라는 점입니다. 아이들은 '칭찬해주는 선생님'이 없으면 적절한 행동을 하지 않습니다. 심지어 벌을 주는 사람이 없으면 부적절한 일을 아무렇지 않게 할 수 있다는 생활 방식을 익히게 됩니다. 칭찬받기 위해서 아이들이 커닝을 하거나 거짓말을 하는 등의 부정행위를 하는 것도 이 단계의 특징입니다.

심리학자 아들러는 칭찬을 '능력이 우월한 자가 능력이 없는 자를 조종하기 위한 수단'이라고 이야기했습니다. 생각해 보겠습니다. 만약 교장 선생님이 "김 선생, 엑셀 잘 하네." 라고 말씀하셨을 때 선생님이라면 어떤 느낌이나 생각이 들까요? 마냥 기쁘기만 할까요?

그럼 교실에서 심부름한 아이에게 교사는 뭐라고 말해야 할까요? "넌 정말 심부름을 잘하는구나", "심부름은 ○○이가 최고야."라고 길들이는 대신, 아이를 수평적 관계라고 생각한다면 우리의 칭찬은 하나 밖에 없습니다.

"○○야, 심부름을 도와줘서 정말 고마워."

아내는 심리치료 연구소에서 근무합니다. 그 연구소 소장님의 조카는 미국에서 유치원, 초등학교 2학년까지 다니다 최근 한국으로 돌아왔습니다. 그런데 아이가 미국에선 한 번도 들어보지 못한 칭찬을 한국 선생님은 자주 해준다고 이야기했습니다. 바로 "넌 정말 예뻐, 넌 정말 똑똑해, 넌 정말 최고야!, 넌 정말 착하구나!"등의 칭찬이었습니다.

이런 칭찬의 문제는 칭찬이 아이 자체에 맞춰 있다는 것입니다. 맛있는 요리를 먹으며 "와, 역시 비싼 냄비가 좋아", "요리는 역시 일제 오븐이 최고야."라고 칭찬하지 않습니다. 멋진 사진을 보며 "역시 카메라가 좋아야 해", "비싼 카메라는 역시 다르구나."라고 칭찬하는 대신 "구도가 좋은데", "웃음을 잘 포착해 찍었네. 라고 할 때 사진을 찍은 사람은 기쁨을 느끼게 됩니다.

교사들은 특히 '네가 남들보다 낫다.'는 의미를 포함하는 말을 사용할 때 무척 조심해야 합니다. 많은 아이들은 이런 말이 남들보다 내가 더 나을 때에만 자신이 중요하다는 인상을 받게 됩니다. 결론적으로 제대로 된 칭찬, 격려는 아이가 해야 할 일에 초점을 맞추어야 합니다.

(1) 칭찬 : 성공했을 때, 아이 자체에 사용

(2) 격려 : 실패했을 때, 아이가 해야 할 일에 초점

칭찬(능력칭찬)	격려(노력칭찬)
"넌 정말 최고야"	"선생님 심부름을 도와줘서 정말 고마워"
"넌 항상 시간약속을 잘 지키는구나"	"네가 시간약속을 지키려고 노력하는 모습이 보여 기쁘구나."
"우리 반에서 또 일들을 했다니 넌 정말 똑똑해"	"네가 이번 시험을 위해 굉장히 노력했다는 게 보여 뿌듯하구나."
"네가 자랑스럽다."	"네가 공부를 진정으로 즐기는 것 같아 보기 좋단다."
"너만큼 도움이 되는 아이는 없을거야."	"네가 정리를 해서 그런지 책상이 굉장히 깨끗해졌구나. 고마워"

◉ 행동 내레이션으로 격려하기

교실에서 모둠 활동을 할 때 선생님의 칭찬 태도를 통해 선생님이 칭찬의 하수·중수·고수인지 구분할 수 있습니다. 예를 들어 선생님이 책상 위에 "수학 책을 꺼내 놓으세요."라고 했을 때, 선생님이 하수라면 지시대로 하지 않는 아이에게 집중할 것입니다. 책을 꺼내지 않은 아이들에게 찾아가 "책 꺼내라고 벌써 몇 번째 이야기했니?"라고 화를 내며 잔소리를 할 것입니다.

선생님이 중수라면, 지시대로 따른 모둠 아이들을 칭찬할 것입니다. "2모둠과 3모둠은 벌써 수학 책을 모두 꺼냈습니다. 2,3모둠에게 칭찬의 박수를 쳐 주세요." 그런데 이렇게 잘한 모둠에게 집중하며 사탕이라도 하나 건넬 경우, 칭

찬받지 못한 모둠에서는 "너 때문에 우리 모둠 사탕 못 받았잖아."라며 누군가를 질책하고 미워하는 모습을 보게 될 것입니다. 선생님이 의도하지 않았지만, 결과적으로 선생님의 칭찬 방법이 낳은 부작용이니 이러한 다툼은 선생님이 만들어낸 결과입니다.

선생님이 진짜 칭찬 고수가 되고 싶다면 '칭찬하되 칭찬하지 않는 특별한 방법'을 활용하시길 권합니다. 바로 '행동 내레이션'을 활용해 칭찬하는 것입니다. 행동 내레이션을 활용하려면, 다음 두 가지를 명심해야 합니다.

- **첫째**, **2초 규칙** : 지시를 전달한 후 2초 내에 지시대로 하는 학생의 행동을 내레이션합니다.
- **둘째**, **2~3명의 학생 행동 묘사하기** : 지시에 순응하는 2~3명의 학생 행동을 묘사해주는 것이 필요하다.

"수학 책을 꺼내세요."라고 지시했다면, 2초 안에 선생님의 지시를 따르는 아이의 행동을 관찰한 그대로 말하면 됩니다. "2모둠과 3모둠은 수학 책을 꺼냈습니다. 경철이와 선영이는 책을 꺼내고 있는 중입니다."

비폭력대화의 첫 부분에는 '평가가 들어가지 않은 관찰은 인간 지성의 최고 형태'라는 인도 작가 크리슈나무르티의 글이 나옵니다. 최고의 지성인이 되려면, 평가가 아닌 관찰로만 이야기할 수 있어야 합니다. 칭찬은 평가이기 때문입니다.

이 길이 비록 어렵고 힘들지만, 자꾸만 내 지시를 따르지 않는 아이들에게 비난과 질책을 멈추어야 합니다. "넌 맨날 지각할 거야?" 라고 이야기할 때 아이는 속으로 "내가 지난 주에 3번, 이번 주엔 2번으로 줄였는데… 그리고 학교

나오지 않는 주말에도 지각하나? 맨날 지각하게?"라고 반발하게 됩니다. "또 너야? 너는 심심하면 싸우는구나!" 아이는 속으로 '내가 심심하면 싸워? 열 받으니까 싸웠지.'라고 반항심만 키울 뿐입니다. 만약 책상 위가 지저분하다면, 어떻게 말해야 할까요? "책상 위가 왜이렇게 지저분해? 빨리 안 치워?"라고 말하기보다 관찰로 이야기해 봅시다. "사회 시간인데, 아직 미술 준비물이 그대로 놓여 있구나! 어떻게 해야 할까?" 이렇게 질문으로 받을 때 아이는 거절한 여지가 자신에게 주어지기 때문에 존중받는 느낌을 받습니다. 아이가 최선의 대답을 했을 때 "지금 말한 대로 해보겠니?"라고 말하고 지켜봐 주면 충분합니다.

『희망의 심리학』의 저자 김현수 교수는 교실 속 교사에게 이렇게 말을 건넵니다.

> "똑똑하다, 능력 있다, 다 잘한다는 식의 칭찬은 위험하다. 그렇기 때문에 교실에서 교사는 잘한다, 못한다는 크게 중요하지 않다는 태도를 유지하고, 잘하는 것과 못하는 것의 이유에 대해 함께 생각해 보도록 유도해야 한다. 노력하면 변할 수 있다는 믿음은 인생에서 가장 큰 자산이다."

부록) 격려 놀이 3종 세트

'격려(encouragement)'라는 단어 안에는 용기(courage)라는 의미가 담겨 있습니다. '격려'란 다른 사람 안에 용기를 불어 넣어주는 것입니다. 격려는 '아이를 신뢰하고 존중하며 실수나 실패를 해도 자존심을 훼손하지 않는다는 것을 보여주는 것'을 뜻합니다.

반에서 20점을 받은 아이가 있다고 할 때, 20점을 받아도 자존심을 훼손하지 않는 것이 '격려'입니다. 우리 반 아이들에게 '너희는 특별하지 않아도 가치가 있다'고 가르쳐 주어야 합니다. 그러려면 아이들이 어떤 '착한 행동'을 했을 때만 주목하는 것이 아니라 평소에 무슨 말을 하고, 어떤 행동을 하는지 사소한 것에 주목해야 합니다.

아래에 제시하는 격려 활동 3종 세트는 교실에서 자주 할 수 있는 활동입니다. 이 놀이가 교실에서 자주 활용되길 기대합니다.

(1) 격려 샤워 활동

수업 중 자투리 시간이 나는 대로 아이들 중 한 명씩 교실 앞으로 불러 칠판 앞 의자에 앉게 합니다. 이때 한 해 동안 그 친구와 함께 지내며 알게 된 좋은 점을 뒤에 있는 칠판에 적게 합니다. 칠판 앞 의자에 앉아있는 아이는 친구들이 자신에 대해 칠판에 무엇이라고 썼을지 생각해보라고 이야기합니다.

　　아이들이 모두 글을 쓰고 들어간 뒤에, 의자에 앉아있던 아이는 친구들이 한 학기동안 자신을 지켜보며 어떤 점을 좋게 생각했을지 퀴즈처럼 맞추게 됩니다. 이때 아이가 이야기한 장점이 칠판에 적혀있으면 그 장점에 분필로 동그라미를 그립니다. 도저히 더 모르겠다고 하면 돌아보고 친구들이 써준 자신의 장점에는 어떤 내용들이 적혀있는지 확인합니다.

　　자신이 스스로 장점이라고 생각했는데 적혀있지 않은 것은 무엇이었는지 확인합니다. 그리고 2학기에는 내게 주어진 장점을 살려 친구들을 도울 수 있도록 약속합니다. 또한 친구들이 찾아주었는데 미처 내가 장점이라고 생각 못했던 것들은 무엇이 있는지 칠판의 장점을 읽어봅니다. 친구들에게 고마운 마음을 가질 뿐만 아니라 그동안 미처 몰랐던 자신의 장점을 통해 더욱 긍정적인 마음을 가질 수 있습니다.

(2) 격려 애벌레 활동

등에 붙여진 종이에 칭찬을 써주다 보면 아이들이 애벌레처럼 길게 늘어서는 모양이 되는데 이 모양을 따서 붙인 이름이 '격려 애벌레 활동'입니다. 한 학기를 정리하며 서로에게 고마웠던 점 등을 등에 써줄 때, 마지막 순간까지 어떤 글이 내 등에 쓰여 있을지 기대감으로 기분 좋게 참여할 수 있습니다.

A4라벨지를 한 장씩 받고, 위의 그림처럼 친구와 서로의 등 뒤에 용지를 붙여 줍니다. 이때 머리가 긴 친구는 라벨지 종이가 머리에 붙지 않도록 조심해야 합니다. 이제 돌아다니며 네임펜이나 사인펜으로 친구의 등 뒤에 한 학기 동안 함께 보내며 알게 된 친구의 멋진 점을 적어줍니다. 또는 고마웠던 마음을 표현해 주어도 좋습니다. 활동 말미에는 자리로 돌아와 등 뒤의 라벨지를 떼어 보

며, 나를 가장 기쁘게 한 글을 발표합니다.

'격려 애벌레 활동'을 할 때 평소 따돌림을 받거나 조용한 학생들이 자칫 친구들이 글을 별로 써주지 않아 속상할 수도 있습니다. 선생님은 먼저 그런 학생들을 찾아가 글을 남겨주는 것이 좋습니다. 아울러 돌아다니며 몇 명의 아이들에게 칭찬의 글을 남겼는지 확인해주고 친구의 마음을 배려해 더 많이 글을 남겨준 친구들을 따로 칭찬해주도록 합니다. 잘 떨어지지 않는 마그네틱 페이퍼를 활용하면 더욱 재미있게 진행할 수 있습니다. 모둠별로 마그네틱 페이퍼에 격려의 글을 써서 돌아가며 모둠 친구들 등에 붙인 후, 그대로 패딩 등의 겉옷을 입고 집으로 돌아가 등 뒤의 글을 읽게 하는 것입니다. 가는 내내 기대감으로 가슴이 터질 듯 즐거워합니다.

(3) 격려 스티커 활동

교실에서 한 해 동안 가장 많이 강조하는 말은 무엇인가요? 아이들에게 필요한 기본 습관은 수없이 많겠지만, 저는 그중에 네 개만 싸가지라 부르며 집중적으로 지도하고 있습니다. 사전에 싸가지는 '싹수', '소갈머리'의 지방어라고 소개되어 있습니다. 차승민 선생님의 글에서 배워 일년 동안 제가 가장 강조하는 4가지는 '미.인.종.책'입니다. 카네기 처세술의 '미인대칭 비비불'(미소짓고 인사하고 대화하고 칭찬하기, 비난하지 말고 비판하지 말고 불평하지 않기)처럼 입에 쫙 달라붙지 않나요?

① 미안해, 고마워 말하기
② 인사하기
③ 종치면 자리에 앉기
④ 책상위, 사물함 정리하기

공교육이 가장 경쟁력 있는 분야는 바로 '기본습관 교육'입니다. 기본 습관 교육을 통해 자기를 관리할 줄 알고 타인과 관계 맺을 줄 알며, 자신의 감정을 관리하고 타인의 감정을 읽을 줄 아는 것입니다. 이렇게 자주 지도하게 되는 기본 습관들을 어떻게 길러줄 수 있을까요? '격려 스티커' 놀이는 그걸 가능하게 해줍니다. 선생님이 가장 강조하는 태도를 A4용지에 적고 아이들 등에 붙여줍니다. 그런 후에 개인당 4가지 색깔의 스티커를 20개씩 나누어 줍니다. 그런 후에 돌아다니면서 한 해 동안 지켜보니 가장 인사를 잘하는 아이 등 뒤에 최대 3개까지 스티커를 붙여 줍니다. 교실의 아이들을 변화시키는 건 선생님의 격려보다 '반 친구들의 지지'입니다. 다만 친한 친구들에게 몰아주거나 서로 교환하듯 붙여주는 태도에 대한 경계를 시작하기 전에 이야기를 나누어야 합니다.

4

가장 많은 문제행동 '관심 끌기' 대처하기

- 허승환 -

1. 문제행동의 패턴 2단계 '관심 끌기'

◉ 2단계 '관심 끌기'

'문제행동'은 다의적이고 그 경계를 분명히 설정하기 어려운 개념입니다. 그러나 일반적으로 아동·청소년의 문제행동에는 수업 중 문제행동, 교사와의 갈등, 생활규정 위반, 학교폭력, 성폭력, 우울증 및 자살, 미디어 중독, 약물 중독 등이 포함된다고 할 수 있습니다.

이런 문제행동을 예방하려면 우선 문제행동의 원인과 목적을 최대한 정확히 규명해야 합니다. 어떤 학생이 어떤 문제행동을 일으키는지 본질을 정확히 꿰뚫어 볼 수 있다면, 문제의 반은 해결된 것이나 마찬가지입니다.

학생이 문제행동을 일으키는 이유는 정상적인 방법으로 자신의 욕구를 충족시킬 수 없다고 판단했기 때문입니다. 아들러 학파의 드라이커스는 1930년대에 수업 중 문제행동의 목적을 네 가지 '잘못된 목적(Mistaken Goals)'으로 파악한 바 있습니다. 관심 끌기(Attention), 힘의 추구(Power), 복수(Revenge), 실패의 회피(Avoidance of Failure)가 그것입니다. 그중 초등학교에서 가장 많은 문제행동은 단연코 '관심 끌기'입니다. 지속적인 관심 요구하기, 교사 말에 끼어들기, 친구들의 웃음 유발하는 엉뚱한 말과 행동하기, 교사의 귀염둥이 되기, 수업에서 광대 되기 등의 반응을 보입니다.

존스(Jones)의 2000년 연구 결과에 따르면, 학급에서 벌어지는 문제행동의 80%가 학생의 '부적합한 언어적 행동'과 관련이 있습니다. 학급에서 벌어지는 문제행동의 15%는 학생의 '부적합한 이동'과 관련이 있습니다. 수업 중에 벌어지는 아이들의 수다나 욕설, 부적절한 이동을 어떻게 대처해야 할까요?

◉ '관심 끌기'의 원인

인간의 행동을 지나치게 단순화하는 것처럼 느껴지지만, 아동들이 왜 '관심 끌기'와 같은 문제행동을 반복 하는가에 대한 이유는 생각보다 아주 간단합니다. 아이의 속마음을 들여다보면 '나를 봐 주세요. 나도 함께 하고 싶어요.'라고 말하고 있습니다. 아이들은 관심을 받을 때에만 자신이 집단의 일부라는 신념을 가지고 있습니다. 비록 칭찬을 받을 만큼 무언가를 잘하진 못하지만, 아이는 존재를 무시당할 바에는 야단을 맞는 편이 훨씬 낫다고 생각한 것입니다. '관심 끌기'는 문제행동의 유형 중에서 '끼어들기'와 관련이 많습니다.

따라서 교사는 자신이 어떻게 하는가에 따라 학생이 반항적이지 않도록 할 수 있다는 점, 그리고 학생은 잡담하는 것으로 교사가 어떻게 반응하는지 시험해보려 한다는 것을 알아야 합니다.

아이의 문제행동에 대해 교사는 성가시고 짜증나고 걱정되며 죄책감을 느 낍니다. 의외로 '관심 끌기' 아동의 경우 교실에서 인기 학생인 경우가 많습니 다. 수업 중에는 웃기는 이야기로 친구들을 빵빵 터트려 주어 즐거운 분위기를 만들지만, 교사로서는 수업의 맥이 뚝뚝 끊기는 경험을 하게 되며 짜증이 납니 다. 그러다 아이가 결석이라도 하는 날에는 하루 종일 행복한 마음으로 '우리 반이 이렇게 평화로운 반이었나?', '앞으로도 아이가 학교에 안 왔으면 좋겠다.' 는 생각을 하며 문득 죄책감을 느끼는 단계라고도 합니다.

2. '관심 끌기'에 대처하는 4가지 방법

'관심 끌기' 문제행동에 대처하는 방법은 무엇이 있을까요? 정답은 의외로 간단합니다. 관심을 원하는 학생에게는 반대로 '무관심'하면 됩니다. '무관심'을 좀 더 수준 높게 표현하는 것입니다.

- 전반적으로 관심의 수준을 높여주어야 한다.
- 적절한 행동에 대해서만 관심을 보인다.
- 점진적으로 문제 행동에 대한 관심을 없애간다.
- 관심을 끌기 위한 적절한 행동을 가르친다.

(1) 의도적 무시(Planned Ignoring)

'관심 끌기'는 학생 문제행동의 80%가 추구하는 목표로, 때로는 긍정적인 행동으로 나타나기도 합니다. 이들은 긍정적인 행동으로 관심 끌기에 실패하면 부정적인 행동을 통해서라도 상대의 관심을 끌기 위해 노력합니다. 이들에게 무관심은 견디기 어려운 것입니다. 관심 끌기 행동에 대응하는 첫 번째 원칙은 바로 '의도적 무시'입니다.

교사들은 문제행동을 보면 반사적으로 반응하게 되는데, 이것이 교사들이 하고 있는 첫 번째 실수입니다. 단, 문제행동을 지적하고 싶은 욕구를 꾹 참고 철저히 무시하는 대신, 바람직한 행동을 하는 학생에게는 관심을 갖고 반응하고 인정해주어야 합니다.

또한 문제행동을 하던 학생이 그 행동을 그치고 긍정적인 행동으로 변화했을 때, 그 순간을 알아차리고 아이가 긍정적인 행동을 반복할 수 있도록 격려해주어야 합니다. 같은 '관심 끌기' 행동에도 좀 더 학생에 맞게 대처해 주어야 합니다. 예를 들어 수업 중에 휘파람을 부는 경우, 휘파람이 단순한 장난이라면 교사는 여유를 가지고 받아치면 됩니다. 단순한 관심 끌기 행동인 경우 먼저 의도적으로 이를 무시하고 다른 학생 모르게 해당 학생에게만 주의 신호를 보내는 것이 적절합니다.

그런데 평소 반항적인 학생이 '힘 과시형'으로 방해할 경우에는 다른 학생의 학습권을 침해하는 행위이며 심할 경우 학칙에 따라 처리될 수 있음을 명확히 공지해야 합니다. 교사는 방해 행위로 자신을 동요시킬 수 없다는 분위기를 연출하며 의연하게 수업을 진행하는 게 좋습니다. 이후 교사는 학생·학부모 면담을 통해 문제원인을 파악하고 수업 분위기를 주도할 수 있는 중장기 대책을 세울 방법을 찾아야 합니다.

(2) 근접 간섭(Proximity)

관심 끌기일 경우는 관심을 주지 않고 무시해 버리는 것이 첫 단계입니다. 이를 훈육에서는 '의도적 무시(Planned ignoring)'라고 합니다. 반응을 얻고 싶은데 이에 실패하면 그만둔다는 원리입니다.

그 다음에 취할 수 있는 방법은 '근접 간섭(Proximity)'입니다. 시치미 뚝 떼고 소리가 나는 곳 근처를 평소 수업 때처럼 순회합니다. 그러다가 아이와 눈이 마주칠 경우 다른 아이들이 눈치 못 채게 단호하게 고개를 가로저어 신호(Signal)를 보내주는 것입니다. 다른 아이들이 눈치를 챌 경우 아이는 검투사가 되어 교사와 저항하려고 할 수 있기 때문입니다.

(3) 질문으로 대응하기

수업 중 말끝마다 사족을 붙이는 아이들이 있습니다. 아이들은 재미있어 하지만 선생님은 수업에 방해를 받고 어떻게 대처해야 좋을지 모를 것 입니다. 만약 학습 분위기를 흐리는 아이가 있다면, 선생님이 가장 많이 하게 되는 이야기는 무엇일까요? 아마도 "조용히 해, 수업에 집중하라고 했지?"와 같은 지시와 명령일 것입니다. 수업 분위기에 방해가 되어 눈치를 줘도 아랑곳 않고 습관처럼 장난을 치거나 떠들거나 엉뚱한 행동을 하는 아이에게는 '질문으로 대응하기' 기법을 활용해 보세요.

교실에는 나쁘거나 악의적인 의도가 있는 것이 아니고 그렇다고 수업 분위기를 망치겠다는 고의성이 느껴지는 경우가 아닌데도, 단지 에너지가 넘치고 활동성이 넘쳐서 뭔가 움직임을 만드는 아이들이 있습니다. 이렇게 방치하다 보면 학급 전체의 분위기가 나쁜 영향을 받을 뿐만 아니라 학생에게도 바람직하지 않습니다. 달래도 보고 야단도 쳐 보았지만 그때마다 어물쩍 넘어가기 일쑤인 아이에게는 옆으로 다가가 단호하게 이렇게 질문해 보세요. "지금 꼭 그렇게 떠들어야 할 이유가 있니?" 아이의 변화를 유도하기 위해서 어투는 부드럽게, 단 자세와 태도는 단호하게 해야 합니다. 예를 들어 청소 시간에 청소를 하지 않고 장난치는 아이에게 다가가 "지금 굳이 그렇게 장난쳐야할 이유가 있니?", 큰 소리로 소란을 떨며 분위기를 흔드는 아이에게는 "지금 굳이 그런 큰 소리를 내야 할 특별한 이유가 있니?" 이렇게 상황에 맞춰 질문하시면 됩니다.

아이들은 혼내는 선생님보다 차근차근 따지는 선생님을 더 부담스러워 합니다. 대개 아이들은 이런 질문에 본인이 정당하다는 대답을 하지 못합니다. 그러면서 조금씩 자신의 행동에 변화를 보이게 됩니다. 이 질문은 아이를 당황하게 하기 위한 질문만은 아닙니다. 혹시 아이에게 사정이 있을 수도 있습니다. 그렇기에 교사가 확인을 해야 지도 과정에서 실수하지 않을 수 있습니다. 또한 아이에게 스스로 자신의 상황에 대해 변명할 기회를 제공하는 것도 아이에 대한 배려입니다.

(4) 비언어적 신호(Nonverbal signal) 정하기

관심 끌기 학생의 경우, 교실 외의 공간에서 따로 학생의 문제행동에 대해 훈육하고 관심을 가져주는 것이 더욱 효과적입니다. 문제행동을 했을 때가 아니라 쉬는 시간에 잠시 아이를 복도로 불러냅니다. 그리고 '마법의 아이스크림 어기바'로 대화를 진행합니다.

<'어.기.바'란?>
- **어**!사실 : 수업에 집중하지 않고 친구와 이야기하는 모습을 보니
- **기**분 : 선생님이 정말 속상하구나.
- **바**람 : 수업을 열심히 준비한 선생님에게 집중해주면 좋겠다.

상대방의 이름을 언급하면 상대방은 자신을 비난받는 느낌을 가질 수 있으니 "네가" 보다는 "다른 사람들이 ~할 때(어!사실), 나는 이래(기분), 이렇게 해줄 수 있어(바람)"라고 순화하여 말하면 아이는 비난받는 느낌을 덜 가질 수 있습니다.

그런 후에 아이에게 또 이런 문제행동이 발생할 경우에 선생님이 어떻게 신호를 보내면 좋겠냐고 물어봅니다. 때론 아이도 의식하지 못하고 그런 행동을 하는 경우도 있습니다. 선생님이 개인적으로 보내는 비언어적 신호를 보고 '아차'라고 생각해도 충분합니다. 이왕이면 아이가 정한 신호일수록 더욱 효과적

입니다. 대부분의 아이들은 어깨에 손을 살짝 올려놓거나 책상 위에 선생님이 손을 올려놓으면 좋다고 대답했습니다.

가장 효과가 좋은 방법 중 하나는 미국 토마스 펠런 박사님이 소개하신 '1-2-3매직'입니다. 아마존에서 500만 부가 팔린 이 책에서는 아이들이 문제행동을 할 때 간단한 원칙을 제공합니다. '화나면 ○○하고 행복하면 표현하기'. 여기에서 동그라미에 들어가는 정답은 '침묵'입니다. 아이가 친구랑 수다를 떨 때 다가가 "길동아, 하나야" 라고 말하고 5초 동안 눈을 바라보면 됩니다. 두 번째 또 반복되면 다시 다가가 "길동아, 둘이야" 세 번째로 반복되면 모래시계를 주고 5분 동안 타임아웃을 실시하면 됩니다.

1-2-3매직 코리아 대표인 박종근 선생님의 강의를 직접 듣기를 권합니다.

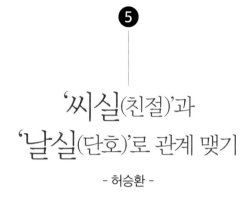

'씨실(친절)'과 '날실(단호)'로 관계 맺기

- 허승환 -

1. 문제행동의 패턴 3단계 '힘의 오용'

◉ 3단계 '힘의 오용'

아이가 수업 중에 친구들과 수다를 떨어서 하지 말라고 했더니 "저 아무 말도 안 했는데요?" 라고 반박하거나 "저 혼잣말 했는데요?"라고 거짓말하거나 "쟤도 떠들었는데요?" 라고 반응한다면, 선생님은 어떻게 대응하시겠습니까?

아들러 문제행동의 패턴 3단계는 '힘의 오용'입니다. 이 단계부터 아이는 누구의 말도 듣지 않고 끊임없이 도발하며 싸움을 걸어 '자신의 힘'을 과시하려고 합니다. 적극적인 아이들은 '반항'을 통해 교사에게 입에 담기 힘든 말을 퍼부으며 도발하고 태연히 규칙을 어깁니다. 소극적인 아이들은 불복종을 통해 아무리 험한 말이나 야단을 쳐도 공부하거나 배우기를 거절합니다. 특별히 공부하기가 싫다거나 공부가 필요 없다고 생각해서가 아니라 그저 불복종을 통해서 자신의 힘을 증명하고 싶어 합니다.

⊙ '힘의 오용'의 원인

관심 끌기를 넘어 '힘의 오용'에 들어선 아이들은 교사나 반 친구들을 지배할 때에만 자신이 집단의 일부라는 신념을 가지고 있습니다. 주로 반박하기, 거짓말하기, 짜증내기, 교사의 권위나 지식에 의문 제기하기, 지시 거부, 수업 중 이상한 소리 내기, 센 척하기 등의 유형을 관찰할 수 있습니다. 드라이커스는 반항이나 불복종을 통해 '힘의 오용'에 들어선 아이들의 속마음은 '도와줄게요. 선택권을 주세요'라고 했습니다.

교사는 '힘의 오용'을 드러내는 아이가 긍정적 힘을 사용하도록 도움 요청하기, 한정된 선택 제안, 싸우거나 포기하지 않기, 부드러우면서 단호하게 대하기, 말하지 않고 행동하기, 규칙과 일정표를 따르도록 하기, 자리에서 물러나 마음 진정시키기, 상호 존중 태도 단호하게 실천하기 등으로 대처할 수 있습니다.

2. '힘의 오용'에 대처하는 2가지 방법

아이는 '관심'을 끌지 못하면 좀 더 반항적인 모습으로 교사에게 주도권 싸움을 걸어오는 '도전적' 태도를 취합니다. 즉, 어른에게 싸움을 걸어오는 것입니다. 이때 교사가 알아야 할 가장 중요한 사실은 아이가 교사에게 도전해 올 때, 교사가 일방적으로 이겨서는 안 된다는 것입니다.

아이가 "수업이 재미없어요. 선생님, 나가서 체육해요."라고 도전해 올 때 "불평할 거면 네가 선생님 해!, 그렇게 옆 반 선생님이 좋으면 그 반으로 가!, 나도 너 같은 애 가르치고 싶지 않아, 수업하기 싫으면 나가!"등의 말을 통해 일방적으로 아이를 이겨서는 안 됩니다. 교사가 일방적으로 이기면, 아이는 다음 기회를 기다렸다가 또 도전해옵니다. 아이가 도전해 올 때 승부를 분명히 가리려고 하면 반드시 어느 한쪽이 상처를 입게 되어 있습니다.

인간관계는 비즈니스 협상이 아닙니다. 대화는 결코 승부가 아닙니다. 아이가 도전해올 때는 서로 타협하여 무승부로 끝내면 어느 한쪽도 상처를 입지 않습니다. 또한 감정이 지나치게 고조된 상태에서 이루어진 도전이라면 잠시 그 자리를 떠나는 것도 효과적입니다. 잠시 자리를 떠서 1분 만이라도 자신의 감정을 추스르고, '어떻게 무승부 작전을 펼칠 것인가?'를 생각해보는 것이 좋습니다.

(1) 친절하고 단호하게 대하기

선생님은 친절한 교사입니까? 아니면 무서운 교사입니까? 혹은 친절한 교사였다가 단호한 교사로 변신하며 하루에도 여러 번 친절과 단호를 오가고 있진 않는지요?

뮤지컬 영화 '사운드 오브 뮤직'에는 마리아 수녀가 'I will be firm but kind'라고 노래 부릅니다. 단호하면서도 동시에 친절한 선생님, 누구나 원하지만 과

연 가능한 일일까요?

왜 아이들은 친절하게 대하면 선생님을 만만해하고, 엄격하게 대하면 무서워하는 걸까요? 그 비밀은 바로 친절함과 단호함은 따로 따로 일어나지 않고 동시에 일어나기 때문입니다. '친절함'은 무조건적인 수용이 아니라 감정에 대한 '공감'입니다.

반면 '단호함'은 무섭게 대하는 것이 아니라 원칙을 지키는 것입니다. 한 명의 인간으로서 학생을 존중하면서 감정은 수용하며 공감해 주면서 행동은 공동체의 일원으로서 올바른 행동을 할 수 있도록 이끌어 주어야 합니다.

아들러가 말하길 어른은 아이를 대등하게 보지 않기에 아이를 야단치거나 모욕적인 말을 한다고 주장했습니다. 아이 입장에서 교사가 자신을 바라보는 것이 관심 끌기의 목적이라면, 교사가 야단을 칠 때 비로소 자신의 목적을 이루는 것입니다. 바로 교사가 자신을 주목했기 때문입니다. 그렇기 때문에 아무리 심하게 야단을 쳐도 문제행동을 멈추지 않습니다. 야단치는 데도 문제를 일으키는 게 아니라, 사실은 야단치니까 계속 문제를 일으키는 것입니다.

또 야단치지 말아야할 이유는 야단맞으며 자란 아이는 혼나는 게 무서워 소극적인 아이로 변하기 때문입니다. 이런 아이들은 자신의 행동이 옳은지 스스로 판단하지 못하고 남이 자신을 어떻게 볼 것인지만 생각하게 되는 그릇이 작은 아이가 될 수 있습니다. '힘의 오용'에 해당하는 아이를 야단치지 않고 가르치려면 어떻게 하면 좋을지 방법을 가르쳐주어야 합니다. 또 아이에게 원하는 바를 말할 때는 "~하면 좋겠어."라고 아이가 거절할 여지를 남겨주어야 합니다. 그럴 때 아이는 존중받는 느낌을 가집니다.

최근 교사들의 많은 관심을 받고 있는 『학급 긍정 훈육법』 책 뒤표지에는 PDC 교사의 10계명이 나와 있습니다. 그 첫 계명은 '감정에 친절하고 행동에 단호하라.' 입니다. 도서 『감정코칭』에서는 '감정은 받아주되 행동은 제한하라'라고 소개하고 있습니다.

아이가 우유를 엎질렀다면, 이미 아이는 충분히 놀랐을 것입니다. "괜찮아. 선생님도 그런 실수를 할 때가 있어" 라고 감정을 받아주지만, 감정만 받아주면 안 됩니다. 행동은 '원칙'대로 해야 합니다. 그리고 '책임'지도록 해야 합니다. 선생님이 우유를 닦는 행동을 보이지 말고 먼저 감정만 공감해 주어야 합니다. 존중하는 질문으로 "이럴 땐 어떻게 해야 하겠니?" 아이가 "휴지로 닦아야 돼요."라고 스스로 행동을 선택하면, "지금 네가 말한 대로 해보자"라고 말해주면 됩니다.

'힘의 오용'에 해당하는 아이를 대할 때는 학생과의 직접적인 대결을 피하고, 학생의 힘을 인지했음을 밝혀야 합니다. 그리고 결국은 교사의 뜻대로 관철할 수 있어야 합니다. '힘의 오용' 단계의 아이가 모든 아이들이 보는 단계에서 "선생님, 시험 끝났으니까 우리 반도 영화 봐요. 옆 반도 영화 본단 말이에요." 라고 말한다면 어떻게 할까요?

"시험 공부하느라 많이 피곤했지? 어떤 영화를 보고 싶니? 보스 베이비, 그 영화 재미있겠다. 그렇지만 교장, 교감 선생님께도, 부모님께도 안내드린 것처럼 11월까지는 교과서에 나온 프로젝트를 진행해야 한단다. 어떻게 하면 좋을까?" 그때 한 아이가 말했습니다. "선생님, 그럼 점심시간에 영화 보는 것도 안 돼요?" "그건 괜찮단다." 아이의 멋진 제안이 감정은 읽어주고 행동은 원칙대로 할 수 있는 해결책이 되었습니다. 어렵지만, 감정은 부드럽게 받아주고 행동은 원칙대로 일관성 있게 해나가는 것이 중요합니다.

(2) 씨실과 날실의 관계로 접근하기

일본의 전 요코하마시 초임자 지도교수였던 노나카 노부유키는 그의 저서 『초임교사의 학급 만들기 3원칙』에서 학생과 교사의 관계를 '직물'로 비유합니다. 교사로서 아이들과 어떻게 관계 만들기를 해 나가는가에 대해 '날실을 붙인다, 씨실을 댄다.'라고 설명했습니다.

'날실'은 세로로 이어진 실로 교사(가르치는 존재)와 학생(학습하는 존재)과의 관계 형성으로 볼 수 있습니다. 선생님과의 인사, 선생님을 존중하는 말투, 학급 내 규칙 등을 제대로 세워 교사와 학생들과의 수직 관계를 만들어내는 것입니다.

가로로 이어진 '씨실'은 교사와 아이들과 마음이 서로 통하는 관계를 말합니다. 대표적으로 아이들이 친구들과 서로 통하여 함께 노는 관계를 뜻합니다. 씨실이 이어지면, 아이들은 서로의 좋은 점을 알리고 칭찬하고 격려합니다. 아이들끼리 가르치고 서로 돕고 서로 배우는 모습이 자리 잡으면 자연스레 선생님과 아이들도 좋은 관계를 맺게 될 것입니다.

그런데 초임 교사들은 처음부터 아이들에게 단호함은 버리고, 친절함으로만 대하며 좋은 친구가 되려고 합니다. 이른바 '씨실'뿐인 관계입니다. 처음에는 아이들이 환영해 주지만 점점 친절함을 당연하게 생각하게 되고, 나중에는 학급 붕괴 상태가 되어 버립니다. 이게 대개 5월 즈음에 옵니다. 그중에는 '날실'의 관계만을 내세우며 아이들에게 무섭게 대하는 선생님도 종종 있습니다. 이런 유형의 관계는 결국 아이들로부터 반발을 사고, 관계가 손상되어 버립니다. 중요한 것은 날실(단호함)과 씨실(친절함)의 두 가지가 동시에 필요하다는 사실입니다. 이 두 가지가 있기 때문에 아이들로부터 신뢰받는 교사가 될 수 있습니다. 그런데 실제로 날실, 씨실을 치려고 하면 당황하게 됩니다. 모순되는 두 가지를 동시에 실시하지 않으면 안 될 것 같은 기분 때문입니다.

날실을 잇는 관계는 아이들과 거리감을 가지지 않으면 안됩니다. 씨실의 친절한 관계도 아이들과 지나치게 가깝게 다가가면 안 됩니다. 이 부분이 사실 가장 어려운 부분입니다. 노나카 노부유키 교수는 처음에는 '장소'를 의식해야 한다고 했습니다. 교실은 주로 '날실'을 붙이는 공간이고, 교실에서 떠나면 '씨실'을 붙인다고 했습니다.

제 생각에는 교실에서도 아침 자습시간, 쉬는 시간, 점심시간, 청소시간, 방과 후 등의 시간은 씨실(친절함)의 시간이라고 생각합니다. 아이들과 농담 따먹기를 해도 친구처럼 장난을 쳐도 됩니다. 하지만 유일하게 날실(단호함)의 시간이 있습니다. 언제일까요? 맞습니다. 바로 '수업시간'입니다.

수업시간은 단호함의 시간이고, 어려움의 시간이고 아이와 교사 간의 거리감이 보장되어야 하는 시간이어야 합니다. 수업시간이 아이들의 요구로 침해받기 시작할 때 교실에서의 단호함은 사라져 갑니다.

"선생님 옆 반 영화 봐요."

"오, 그래? 우리 반도 영화 보자",

"선생님, 옆 반은 컵라면 파티해요."

"그래? 그럼 우리 반도 내일 컵라면 파티 할까?"

이런 상황이 왔을 때, 3월~4월 아이들은 우리 선생님 최고라고 추켜세우고 고마워할 것입니다. 그리고 5월~6월이 되면 이런 시간을 점점 당연하게 생각할 것입니다. 7월이 지날 때 즈음에는 안 해주면 도리어 화를 내는 상황을 마주하게 될 것입니다. 교실에 예외가 많을수록 선생님의 지도력은 떨어질 수밖에 없기 때문입니다. 그래서 '원칙대로 끝까지 관철하기' 방법을 친절하고 단호하게 사용하는 연습을 많이 해야 합니다. 그러려면 원칙, 우리 반의 규칙을 아이들과의 협의를 통해 만들어야 하고, 교실에 게시되어 있어야 합니다. 힘의 오용에 빠진 아이가 반항할 때 선생님은 감정은 받아주되 "그게 우리 반의 규칙이니까" 라고 대답해주어야 합니다.

힘을 가진 아이에게 한정된 선택을 제안하는 것도 좋은 방법입니다. 자신에게 주어진 힘을 보스처럼 쓰며 행동하는 아이에게는 긍정적 힘을 사용할 수 있도록 도움(협력)을 요청합니다. 그리고 그 아이와는 마지막까지 싸우지도 그렇다고 포기하지도 않는 것이 중요합니다.

6

'검투사의
법칙'으로 대하기

- 허승환 -

1. 문제행동의 패턴 4단계 '복수'

수업 중에 아이가 떠들었습니다. "선생님이 수업 시간에는 친구랑 말하지 말랬지?" 그랬더니 아이가 무시하고 계속 떠듭니다. "너 안 되겠다. 앞으로 나와" 그랬더니 아이가 "싫은데요. 저 피곤한데요"라고 말대답을 합니다. 반 아이들은 모두 선생님과 아이의 다음 반응을 긴장하며 지켜봅니다. 그냥 지나치기에는 선생님의 자존심도 심하게 상처받았습니다. 이럴 때 어떻게 해야 할까요?

드라이커스는 이런 경우에 아이들의 행동 이면에 내재되어 있는 숨겨진 목표를 이해하여 잘못된 행동을 수정하고 책임 있는 아이를 양육해야 한다고 주장했습니다.

⦿ 4단계 '복수'(Revenge)

마음을 먹고 권력 투쟁에 나섰지만 패배하거나 싸움에 진 학생들은 일단 한 발짝 물러난 후에 선생님에게 '복수'를 시도합니다. '복수'(Revenge) 단계에 도달한 아이들은 증오라는 감정을 통해서라도 자신에게 주목하기를 원합니다. '복수'의 단계에 들어서면, 정면에서 싸우려고 하지 않고 오로지 '상대가 싫어하는 짓'을 하는 것이 목적이 됩니다. 아들러는 스토킹을 하거나 자해하기, 방 안에 틀어박히는 것도 자신의 가치를 훼손함으로써 '내가 이렇게 된 것은 다 당신 탓입니다.'라고 시위하는 것이라 보았습니다. 4단계부터는 이해관계가 전혀 없는 다른 교사나 전문가에게 맡겨야 합니다.

4단계 '복수' 단계에 이른 학생의 속마음을 들여다보면, 교사나 급우를 공격함으로써 내가 기존 질서로부터 열외 되어야 한다는 신념을 가지고 있습니다. 주로 공격적인 행동하기, 일진(bully)되기, 교사나 동료 학생 위협하기, 싫은 과목 거들떠보지 않기, 교사가 부적절한 대응 시 복수하기 등의 행동으로 반응이 나타납니다. 이러한 행동은 교사에게 상처를 주기 위한 의도가 깔려 있는 행동인데 심리적 상처를 받은 만큼 다른 사람에게 상처를 입혀야만 자기 스스로 중요한 인물로 인정받을 수 있다고 잘못 판단한 때문입니다.

4단계 학생들은 미운 행동을 의도적으로 함으로써 자신의 위치를 찾습니다. 이런 경우 교사들은 깊은 상처를 받게 되며, 앙갚음하려는 잠재의식을 갖게 되어 다시 학생에게 복수하게 됩니다.

학생이 행하는 보복은 적개심, 증오심 등의 나쁜 감정을 갖고 상대방에게 상처를 주려고 하는 행동입니다. 때문에 아이는 친구들에게 미움 받게 되고 인성에 상당히 나쁜 영향을 미치게 됩니다.

⊙ 검투사의 법칙으로 대하기

교사가 교실에서 학생 때문에 화를 내고, 일대일로 싸움을 벌일 때가 있습니다. 이를 '검투사의 법칙'이라고 합니다. 교사와 학생이 싸움을 시작하면 학생들은 '구경꾼'이 됩니다.

대다수 학생들이 응원하는 것은 동료 학생입니다. 감정적으로 화를 내며 학생을 다그치는 교사에게 공감하는 학생은 거의 없습니다. 학생들은 학생들끼리 뭉칩니다. 교사가 얻는 것은 '백전백패'입니다.

교실은 원형 경기장이 아닙니다. 교사는 교육자이지 영웅적인 검투사가 아닙니다. 교사는 학생들에게 검투사가 아니라 '최후의 안전기지'가 되어야 합니다.

교사 입장에서 학생을 훈계하고 있을 때, "왜 나한테만 그러세요?"라는 말을 들으면 순간 화부터 납니다. 아이가 이런 반응을 보이는 이유는 무엇일까요? 평소 가정과 학교에서 꾸중을 많이 들어 반항심이 생겼을 가능성이 많습니다. 처음 꾸중을 들었을 때, 아이는 자신의 잘못을 인정하고 다시 칭찬을 받기 위해 고치려고 노력합니다. 그러나 사랑 없는 꾸중이 계속 반복되면 점차 자신감과 자존감이 낮아지고 나중에는 그 감정이 분노로 발전하게 됩니다. 하지만 겉으로 거칠고 예의 없게 반항하더라도 마음 속 욕구는 여전히 사랑과 따뜻한 관심입니다. 정신적으로 미성숙한 학생에게는 잘못된 행동에 대한 꾸중보다는 잘한 행동에 대해 칭찬했을 때 교육적 효과가 훨씬 큽니다.

"선생님은 왜 저만 미워하세요"라고 말하는 아이에게는 무엇보다 학급 규칙에 의거하여 학생의 잘못을 알려주는 것이 좋습니다. 교사의 주관적인 판단에 의해서가 아니라 이미 정해진 규칙에 의해 훈계하는 것임을 학생이 이해하도록 설명합니다. 스스로 잘못을 이해하고 인정하도록 유도하는 것이 가장 중요합니다.

실제로 학생이 억울한 상황일 수도 있습니다. 그럴 때는 선생님도 진심으로 사과할 수 있어야 합니다. 교실에서 자주 친구들과 수다를 떠는 여학생이 4단계의 반응을 보인 적이 있었습니다. 눈물을 흘리며 억울해하는 아이를 복도로 불러 확인해 보니, 수업 중에 다른 아이가 말을 걸었는데 이번에도 혼났다는 이야기에 진심으로 미안하다고 사과했습니다. 학생에게 사과하는 것은 어려운 일이 아니며, 교사의 권위가 떨어지는 일도 아닙니다. 교사의 사과에 아이들은 이내 분노와 억울함을 풀어버리고 오히려 선생님을 신뢰하고 존경하게 됩니다.

학생의 보복 행동에 교사가 반격하는 모습은 교사나 학생 모두 상처를 입게 될 뿐입니다. 보복의 장기화는 학생이 자신을 부적절한 인간이라고 생각하게 만들고 좌절과 공격적 심리를 자극하게 만듭니다. 이럴 경우 교사는 선의를 보여 주면서 침착하게 교사-학생 관계를 개선해야 합니다. 아이가 아무도 믿을 수 없다고 확신할 때, 교사가 아이의 친구가 되기를 원한다고 설득하는 일은 용기와 인내를 필요로 합니다.

2. 문제행동의 패턴 5단계 '무기력'

◉ 5단계 '무기력'

5단계 '무기력'에 이른 학생들은 자신은 아무 것도 해결하지 못한다고 믿어 스스로를 마음 깊이 싫어하게 됩니다. 그리고 더 이상 절망을 경험하지 않기 위해 모든 과제를 회피하게 됩니다. 이 단계의 학생들은 자신이 얼마나 무능한지 온갖 수단을 동원해서 '증명'하려고 합니다. 누가 봐도 모자란 사람처럼 행동하고 모든 일에 무기력해져서 간단한 과제도 하려고 하지 않습니다. 머지않아 '모자란 나'가 '진정한 나'라고 믿게 됩니다. 주로 극도로 좌절한 아이에게서 나타납니다.

이런 행동을 보이는 아이는 다른 사람이 아무것도 자신에게 기대하지 않기를 바랍니다. 어떤 일을 해보라고 했을 때 아이는 해보지도 않고 포기부터 해버릴 것입니다. 아무리 달래고 구슬려서 시켜보려고 애써도 아이는 흐지부지하거나 아예 반응을 보이지 않기도 합니다.

이런 '무기력' 단계에 도달한 행동의 목표를 드라이커스는 '학교 공부가 무의미하거나 도전할 필요가 없다는 신념'을 가져서라고 봤고, 주로 교실에서는 잠자기, 몽상하기, 교육활동 회피 등으로 나타나게 됩니다.

◉ 죄책감과 수치심

학생이 숙제를 하지 않아서 걱정이 되거나 괴롭다면, 학생의 목표는 '관심 끌기'일 것입니다. 교사가 도전받고 있고 패배감을 느낀다면 학생의 목표는 '힘의 오용'입니다. 상처받고 실망한다면 학생의 목표는 '보복'입니다. 무기력하고 절망한다면 학생의 목표는 '무기력함'입니다.

흔히 말하는 아이들의 문제행동은 대개 3단계인 '권력투쟁'에서 그칩니다. 거기서 더 심해지지 않도록 아이들을 이끈다는 점에서 교사에게 맡겨진 역할은 큽니다.

오랜 기간 동안 심리학자들은 심리적 고통에 영향을 미치는 주요한 감정으로 죄책감(guilt)을 주목했습니다. 정신분석의 창시자 프로이드는 강력한 초자아 때문에 죄책감을 느끼고, 이는 곧 불안으로 연결되어서 정신장애로 발전한다고 주장했습니다.

하지만 시간이 지나면서 수치심(shame)을 주목하기 시작했고, 죄책감과 구별해야 한다는 주장이 있었습니다. 언뜻 생각하면 수치심과 비슷하게도 보이지만 말입니다. 그렇다면 수치심과 죄책감은 어떻게 다를까요?

먼저 이런 감정을 느끼게 되는 이유가 다릅니다. 죄책감은 자신의 행동에 대한 부정적 느낌(거짓말을 한 내 행동은 잘못됐어)이라면 수치심은 자기 존재 자체에 대한 부정적 느낌(거짓말을 한 나는 나쁜 사람이야)이라고 할 수 있습니다.

또 기준이 다릅니다. 수치심은 타인의 시선 때문에 갖는 느낌(사람들이 거짓말을 한 나를 이상하게 볼 것 같다)인 반면, 죄책감은 자신의 내적 기준 때문에 갖는 느낌(거짓말을 하니 내 마음이 불편해)입니다.

어떻게 해야 나를 괴롭히는 수치심에서 벗어날 수 있을까? 타인의 시선에서 나를 조금 더 편하게 놓아주려면 어떻게 해야 할까? 상처를 입었던 그곳에 답이 있습니다. 바로 관계로 돌아가야 합니다. 관계 속에서 타인과 어울리면서도, 자신의 목소리를 내고 지내는 사람은 우울하지 않습니다.

아이가 두 손을 들고 항복하듯이 아무 의욕 없이 포기할 때는 '무능함'을 보이기 위한 것임을 눈치 채야 합니다. 아이가 사소한 잘못을 할 때는 그냥 보아 넘기고 절대 비난하지 않아야 합니다. 아이의 기를 살려주는 것이 우선 목표가 되어야 합니다. 아이에게 실패로 끝날 일을 절대로 주지 말아야 합니다. 아울러 반 아이들이 이 아이에 대한 이해와 공감을 할 수 있도록 학급 전체의 도움을 요청해야 합니다.

　김현수 선생님의 『무기력의 비밀』 표지를 열면 '기적처럼 살아있는 아이들에게 기본이 안 되어 있다고 혼내지 않기'라고 적혀 있습니다. 아이들의 무기력 전에 교사인 우리들도 무기력을 매일 경험하고 있다는 사실을 떠올리셨으면 좋겠습니다. 아이들의 무기력이 좀 더 이해되기 시작할 것입니다.

학급경영의
하수·중수·고수
- 허승환 -

1. 학급경영, 가치 수직선 활동

◉ 학급경영이 무너진 3가지 징조

　교실에서 3월은 흔히 밀월기, 허니문 기라고 합니다. 이 시기에는 어느 아이들이든 낯설고 새로운 친구들과 선생님을 만나며 자기의 행동을 조심합니다. 그러다 4월이 되면, 아이들은 슬슬 본색을 드러내고 본격적으로 문제행동을 일으키기 시작합니다. 선생님은 배신감이 들겠지만, 사실 원래 아이들의 모습으로 돌아갔다고 보는 게 맞습니다. 선생님 입장에서도 새 학기에 새로운 마음으로 좋은 선생님이 되겠다고 다짐했는데, 이런 아이들의 모습에 지치기 시작합니다. 그래서 학급경영이 처음 무너지는 달을 학자들은 흔히 5월이라고 봅니다.

　일본의 전 요코하마시 초임자 지도교수 노나카 가부유키 교수는 학급이 무너지기 전에 나타나는 현상이 따로 있다며 '학급이 무너지는 3가지 조짐'을 이렇게 소개했습니다.

① 첫 번째 조짐은 '신발장'을 보면 알 수 있습니다.

아이가 교실에 들어서는 첫 마음가짐은 신발장을 통해 확인할 수 있습니다. 신발장에 신발을 벗어 던져놓고 교실에 들어가는 아이들이 많아진다면 제대로 된 지도가 필요합니다. 수업을 시작하기 전, 신발장을 확인하지 않은 아이들을 혼내지는 않되 이름을 불러 어떻게 신발장에 신발을 정리해야 할지 질문하고, 다시 정리하고 오도록 지도해야 합니다.

② 두 번째 조짐은 '월요일 아침방송 조회'에 집중하지 않는 모습에서 알 수 있습니다.

월요일 아침부터 아이들의 수다가 시작됩니다. 하지만 선생님이 계신 경우에도 시끄러운 상황이라면 조짐이 좋지 않습니다. 선생님이 안 계셔도 아이들 스스로 방송조회에 집중할 수 있어야 합니다. 학급의 자치가 이루어지는 증거는 월요일 방송조회에 집중하는 모습으로 알 수 있습니다.

③ 세 번째 조짐은 '아침자습'을 제대로 하는지 확인해보면 알 수 있습니다.

아이들이 교실에 들어와 처음 함께 하는 시간이 '아침자습'입니다. 이 시간에 떠들고만 있다면, 1교시 출발부터 차분하고 안정적인 배움이 이루어지기 어렵습니다.

가부유키 교수는 신발장, 방송조회, 아침자습의 3가지 조짐으로 학급이 리듬이 깨졌음을 찾아보았습니다. 그리고 개인적인 경험으로 여기에 두 가지 조짐을 더해 보겠습니다.

④ 네 번째 조짐은 교과전담실로 이동하는 아이들의 태도를 보면 알 수 있습니다.

복도에 선생님이 나와서 몇 번이고 교실에 있는 아이들에게 나오라고 외쳐도 아이들의 움직임이 없다면, 이미 선생님의 통제력은 힘을 잃었다고 봐도 틀리지 않습니다.

⑤ 마지막으로 수업이 시작되어도 아이들이 자리에 앉지 않고 학급이 좀처럼 조용
히 하지 않는다면, 선생님의 학급 만들기는 실패했다고 볼 수밖에 없습니다.

　　바로 '교실 공기'의 통솔에 실패한 것입니다. '공기'는 교실에 흐르는 분위기를
말합니다. 눈에 보이지 않지만 아이들은 학급 분위기를 예민하게 느끼고 있습
니다. '교실 공기'를 통솔해 가는 데에는 무엇보다 선생님의 리더십이 필요합니
다. 교사로서 아이들을 이끌어가지 않고 친구 같은 선생님이 되려 할 때, 아이
들은 이 선생님은 '우리 마음대로' 조종할 수 있다고 판단하고 제멋대로 행동하
게 됩니다.

⊙ 학급경영 가치수직선 활동으로 학급경영 되돌아보기

　　그동안 아이들과 함께했던 '학급경영'을 '학급경영 가치수직선 활동'을 통해
돌아봅시다. 먼저 파란색 포스트잇과 빨간색 포스트잇을 준비합니다. 파란색
포스트잇에는 한 해 동안 학급경영을 하며 스스로 잘했다고 생각하는 점을 쓰
고, 빨간색 포스트잇에는 이건 정말 후회된다고 생각되는 점을 써 봅시다. 작성
한 포스트잇을 보며 생각을 더 깊이 나눠 볼까요?

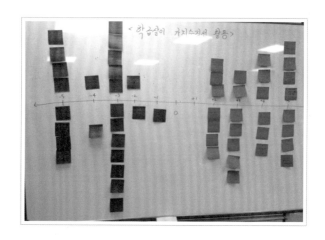

　우리는 어떻게 하면 학급경영을 좀 더 잘할 수 있을까. 자신을 들여다보며 스스로가 무엇을 잘하는 지, 무엇을 못하는 지 생각해보아야 합니다. 선생님마다 개개인이 가지고 있는 특별한 능력은 모두 다릅니다. 그걸 모두 '똑같은 교사'라는 획일적인 틀 안에 맞출 필요는 없습니다. 자신이 가진 장점을, 분명히 교사로서 나만이 가지는 능력으로 발휘하면 됩니다. 그러려면 교사가 먼저 자기 자신에 대해 더 잘 알아야 합니다. 개인적으로 MBTI 와 에니어그램 등을 통해서 도움을 받을 수 있습니다.

• 교사로서 자신의 장점은?

_____

_____

_____

_____

_____

• 교사로서 자신의 단점은?

_____

_____

_____

_____

_____

• 교사로서 자신의 장점과 단점을 통해 들여다본 자신의 특성은?

_____

_____

_____

_____

_____

2. 명지강 대화법과 인격질 대화법

⊙ 명지강 대화법

최근 사회적으로 분노와 슬픔이 가득 차 있습니다. 어른들이 아이들을 지켜주지 못한다는 분위기 또한 팽배합니다. 어른에게 상처받은 아이들은 마음의 문을 닫기 마련입니다. 사회는 마음의 문이 닫힌 아이들을 '문제 아이'라고 규정짓지만 태어날 때부터 문제 아이는 없습니다. 매순간 어른의 문제 있는 말과 행동이 문제 아이를 만들고 있는 것입니다.

어른들이 아이를 이해하려 하지 않고 권위만 내세우며 혼내려고 한다면 아이는 반항하는 기술만 발달하게 됩니다. 자연히 소통은 끊어지고 관계는 단절되기 마련입니다.

『스위치 대화의 힘』에서 한영진 선생님이 소개하신 '명지강 대화법'은 아이에게 해서는 안 되는 말들을 수록하고 있습니다. 거의 대부분 억지로 시키는 어투의 말들입니다. 대표적으로 명령, 지시, 강요 등이 이에 해당합니다. "당장 자리에 앉아!", "종치면 교과서 펴 놓으랬지!", "하루에 한 번도 발표 안 한 아이는 청소야"등 강압적인 말을 하면 할수록 아이들은 반대로 행동합니다. 상처받고, 마음의 문이 닫힌 아이들에게 권위 있는 어른이 명령하고 지시하는 말로는 절대 아이들과의 관계를 회복시킬 수 없습니다.

⊙ 인격질 대화법

그렇다면 아이들에게는 어떻게 말하는 것이 좋을까요? 뇌가 반항하게 하는 '명지강 대화법'과 달리 '뇌가 따르게 하는 따뜻한 대화법'에는 어떤 것들이 있을까요? 바로 인정, 격려, 질문이 이에 해당합니다. 이 말들을 모아 '인격질 대화법'이라고 합니다.

아이와 대화할 때 이런 말을 할수록 아이의 마음을 움직일 확률도 높아집니다. '인격질 대화법'은 먼저 욕구를 인정한 다음 질문을 통해 당위성을 이끌어내는 대화입니다. 예를 들어, 체육 수업을 못하게 되어 수업 시간에 방해를 하는 학생이 있다면 보통 지시, 명령으로 조용히 시키거나 다른 보상책을 마련했을 것입니다. 하지만, 그 학생에게 먼저 다가가 "체육 수업을 못해 속상하구나. 하지만 어쩌지? 철수는 그럼 어떻게 했으면 좋겠니?" 이런 식의 대화입니다. 아이의 방식을 인정하고 자신의 방식을 제안합니다.

우리는 모두 대우받기를 원합니다. 하지만 아이들에게는 종종 반대의 방식으로 이야기합니다. 교실에서 '인격질 대화법'으로 이야기를 이끌어 보면 어떨까요? 꾸준히 지속한다면 아이가 스스로 자신이 할 일을 하게 될 것입니다.

3. 학급경영의 하수·중수·고수

일본 최대의 교사 공유사이트 '토스랜드'를 만든 교사 무꼬야마 요이치는 오랜 경험을 통해 『아이들이 열중하는 수업에는 법칙이 있다』라는 저서에서 수업의 원칙 제1조로 '취지 설명의 법칙'을 소개합니다.

❶ '아마추어 교사'는 하게 될 일만을 말합니다. "쓰레기를 주우세요."

❷ '좀 더 나은 교사(검은 띠 수준의 교사)'는 취지와 하게 될 일을 말합니다.
"교실을 깨끗하게 하겠습니다. 쓰레기를 주우세요. 시간은 5분간 입니다."

❸ '프로 교사'는 취지를 말하고, 할 일은 학생에게 맡깁니다.
"교실을 깨끗하게 하겠습니다. 자기가 하고 싶은 일을 해 보세요.
시간은 5분간 입니다."

많은 선생님들은 아이들에게 무언가를 맡기면 스스로 잘할 수 있을까 걱정합니다. 그렇게 지시와 잔소리를 반복합니다. 만약 잔소리가 효과적이었다면 아이들은 바람직한 방향으로 변화했어야 합니다. 하지만 아이들은 긍정적으로 변화했나요? 교사의 잔소리는 점차 줄어들었나요? 도리어 잔소리 시간만 점점 늘어가진 않았나 생각해 봅니다.

수업을 보는 '취지 설명의 법칙'을 좀 더 발전시켜 학급경영을 바라볼 때도 하수와 중수, 고수로 나눌 수 있다고 생각했습니다. 예를 들어 복도를 바람처럼 달려가는 아이가 있습니다. 선생님이라면 이 아이를 어떻게 지도하겠습니까?

선생님이 '학급경영의 하수'라면, 아이가 하게 될 일만을 말할 것입니다. "누가 복도에서 뛰라고 그랬어. 너 이리와. 몇 반이야." 선생님께 혼나면서 아이는 반성하고 이제부터는 복도에서 뛰지 말아야겠다고 다짐할까요? 명령하는 말들이 '나 대 너의 관계'를 지속시킨다는 것에 주목해야 합니다. 이 말 뒤에 숨어 있는 메시지는 "너희들은 내 통제 하에 있으므로 내가 시키는 대로 해야 해." 입니다. 이제 교사에 대해 부정적인 연상을 갖고 있는 학생들은 어떻게 반응할까요? 아마도 반항적이거나 비협조적일 것입니다. 이러한 부정적인 연상은 학습과 행동에 극적인 영향력을 갖습니다. 복도에서 걸린 아이들은 대부분 '이제 다시는 들키지 말아야지' 다짐할 것입니다. 아이들은 교사가 고함을 지르고 화를 내면 이미 처벌을 받았다고 생각합니다. 굳이 행동을 바꾸려고 결심할 필요가 없게 됩니다.

선생님이 '학급경영의 중수'라면, '취지와 함께 하게 될 일'을 말할 것입니다. "복도에서 뛰면 다칠 수 있습니다. 천천히 걸어가세요." 선생님도 화가 나 있는 상황에서 이렇게 말하기는 쉽지 않습니다. 학급경영의 중수가 되려면, 무엇보다 아이에게 모욕을 주지 않고 '분노를 표현하는 방법'을 익혀야 합니다. 하임.G.기너트의 '교실을 구하는 열쇠'를 보면 좋은 교사가 될 수 있는 비밀 열쇠가 있습니다.

> "여러분 중에 화를 내지 않는 사람이 몇 명이나 될까요? 하루에 한 번도 화를 내지 않는 사람이 있을까요?"
>
> 아무도 손을 들지 않았다. 많은 교사들은 화를 냈던 것에 대해서 죄책감을 느낀다고 고백했다. 어떤 교사들은 자기는 교직이 적성에 맞지 않는다고 생각한다면서, 아이들이 화를 부추기기 때문이라고 했다.
>
> "교단의 현실, 예컨대 과밀 학급, 학생들의 끊임없는 요구, 갑작스럽게 발생하는 위기를 생각하면 교사들이 화를 내는 것은 불가피한 일입니다." 교사들은 분노의 감정에 대해서 사과할 필요가 없다. 유능한 교사라고 해서 자학을 하거나 순교자가 될 필요는 없다.

교사는 화를 내더라도 아이들에게 손해를 입히지 않고 분노를 표현하는 방법을 터득해야 합니다. SBS 이경원 취재 기자가 핀란드에 유학 갔을 때 겪었던 일을 쓴 기사(2014.7.14.)는 큰 시사점을 줍니다.

> 대학 시절, 한 수업시간에 있었던 일입니다. 교수가 영국 출신이었는데, 꽤나 보수적이고 꼬장꼬장했습니다. 유럽 교수는 민주적일거란 생각과는 달리 규율을 꽤 강조해서 학생들이 별로 좋아하지 않았습니다. 프랑스 친구로 기억합니다. 이 친구가 수업시간에 모자를 쓰고 있었습니다. 이를 본 교수가 갑자기 화를 내기 시작합니다.
>
> 교수 : 자네. 모자 당장 벗지?
>
> 그런데, 이 프랑스 친구, 그걸 못하겠답니다.
>
> 학생 : 나는 모자를 쓰고 싶습니다. 교수님이 상관할 바 아니죠.
>
> 10년 전 기억 때문인지, 제가 다 긴장했습니다.
>
> 반항할 게 없어서 수업 시간에 모자 쓰고 싶다고 저러나, 그냥 벗지 왜 분란을 만드나 이해를 못했습니다. 역시 버릇없는 녀석은 세계 어디에나 있구나 싶었습니다. 그런데 그 꼬장꼬장한 교수의 반응은 예상과는 달랐습니다.
>
> 교수 : "나는 수업할 때 학생들의 눈을 보는 걸 매우 중요하게 여긴다네. 눈을 보고 수업을 제대로 이해하고 있는지 느끼고, 그걸 통해 피드백을 하는데, 모자를 쓰면 그걸 느끼지 못하지 않는가. 결과적으로 자네가 모자쓰길 고집하는 건 나의 수업을 방해하는 행동으로, 다른 학생들에게도 피해를 줄 수 있네. 만일, 모자를 벗을 수 없다면 다른 학생들의 수업권을 위해서라도 교실에서 나가주게나."

> 결국 그 프랑스 친구는 모자를 벗었고, 교수는 별 말 없이 곧바로 수업을 진행됐습니다.

혹시 크게 화가 났더라도 취지를 설명하면서 아이들을 설득할 수 있다면, 선생님은 이미 학급경영의 중수에 올라와 있는 셈입니다.

선생님이 '학급경영의 고수'라면, '취지를 묻고 할 일은 학생이 선택하게' 할 것입니다. 비록 잘못했더라도 아이들은 뭔가 인정을 받으면 마음이 변하기 시작합니다. 잘 했을 때는 칭찬이나 인정을 받고, 잘못했을 때는 격려받기를 원합니다. 복도를 바람처럼 달려가는 아이를 만났을 때 고함치는 건 아무나 할 수 있습니다. 대신 "복도에서 이렇게 뛰면 어떻게 되겠니?"라고 질문하는 것은 다른 차원의 이야기입니다.

아이들은 질문을 받으면, 거절할 여지가 자신에게 주어지기 때문에 '존중받는 느낌'을 받게 됩니다. 아이는 최선을 다해 자기 나름의 대답을 내놓을 것입니다. "뛰면 다칠 수 있어요, 혹은 넘어질 수 있어요." 이때 아이의 행동을 선택하게 하는 질문을 이어 던지면 됩니다. "그럼 어떻게 해야 하겠니?"

아이가 몰라서 복도에서 뛰었을까요? 아이들도 이미 알고 있습니다. 꾸중하고 질책하지 않고 아이가 천천히 걸어가는 뒷모습을 지켜봐주시면 그것으로 충분합니다. 다음 편지는 경북 지역에서 강의를 들었던 3년차 1학년 선생님이 강의를 듣고 보내준 글입니다.

어떻게 하면 나의 교육이 아이들의 삶에 스며들 수 있을까? 이런 고민들로 가득 차 있던 그때 저는 선생님의 연수를 듣게 됩니다. 그리고 아주 중요한 것을 깨닫게 되었습니다.

아이들이 잘못된 행동을 했을 때, 저는 항상 왜 그러면 안 되는지 설명을 하고 그러지 말라고 명령을 했지, 무엇이 잘못되었는지 질문하고, 그럼 어떻게 해야 할지 아이들 스스로 선택할 수 있는 기회를 주지 않았다는 것을요.

아이들을 스스로 무엇을 잘못했는지 반성하고 행동을 고쳐나갈 수 있는 한 인간으로 존중하지 않고, 하나부터 열까지 다 가르치고 지시해야하는 인형으로 보고 있었던 것입니다.

선생님은 아이들이 하루아침에 바뀌어서 바르게 행동하는 것은 아니었지만, 교사가 존중하는 만큼 노력하는 모습을 보여주었고 하루 10번의 잘못이 3번으로 줄어드는 모습을 보며 짧은 교직 경력 중 가장 행복했던 2달을 보낼 수 있었다고 고백했습니다. 아들러 심리학의 가장 중요한 메시지중 하나가 바로 이것입니다.

'야단치는 데도 문제를 일으키는 것이 아니라 사실은 야단치니까 계속 문제를 일으키는 것입니다.'

지치기 쉬운 아이들과의 생활 속에서 '지시하고 명령하기'보다 '질문하고, 스스로 행동을 선택할 기회주기'를 응원합니다. 실망하지 않고 꾸준히 하는 것이 중요합니다.

8

교사와 아이가
함께 꿈꾸고
다짐하는 학급 만들기
- 나승빈 -

1. 함께 있어 행복한 학급 살이 이야기

◉ '함.행.우' 란?

노벨 평화상을 수상한 넬슨 만델라가 말해서 널리 알려진 아프리카 반투 어인 '우툰부(Ubuntu)'라는 말이 있습니다. '네가 있기에 내가 있고, 우리가 있기에 내가 있다.'는 의미입니다. 함행우는 이와 비슷한 의미로 만들어졌습니다. <함께 있어 행복한 우리>를 줄여서 만든 말로 '행복을 함께 만들자'는 의미를 가지고 있습니다.

함께 있어 행복한 교실을 만들기 위해 크게 5가지 원칙을 적용하고 있습니다. 소속감, 자존감, 책임감, 학습 효능감, 사회적 기술을 배우는 교실을 만드는 것입니다.

학급경영의 시작은 행복한 교실을 만들기 위해 지향점을 정하고 함께 노력하는 것에서부터 시작됩니다. 행복한 학급을 만들기 위해서는 아이들을 만나기 전에 큰 그림이 필요합니다. 큰 그림을 그리는 방법에는 어떤 것이 있을까요? 또한 행복한 교실을 지속하기 위해서는 어떤 노력과 장치가 필요할까요?

◉ 건강한 자존감의 3가지 인식 능력과 4가지 인식

교사는 흔들리지 않을 기준점을 마련할 필요가 있습니다. 보통 이런 기준을 '철학'이라고도 합니다. 방향을 정했지만 그것을 지속적으로 실천하기 위해서는 기술이 필요합니다. 다양한 기술 중에서 자신의 성향에 맞고 상황에 적합한 것을 선택할 수 있어야 합니다. 먼저 흔들리지 않는 기준점을 만드는 데 도움이 되는 것부터 알아보겠습니다.

제인 넬슨 박사가 스티븐 글렌 박사와 함께 쓴 『독립심이 강한 아이로 키우는 부모의 지혜』라는 책에는 '훌륭한 삶을 영위하는 사람들의 7가지 중요 능력'을 아래와 같이 제시합니다. 『학급 긍정 훈육법』에서는 이 7가지 능력을 키워주는 것을 목표로 하기도 합니다.

훌륭한 삶을 영위하는 사람들의 7가지 중요 능력
(The Significant Seven)

❶ 자신에 대한 긍정적인 인식 능력 : '나는 능력이 있다.'
❷ 자기존재의 중요성에 대한 인식능력 : '나는 의미 있는 도움을 주며 꼭 필요한 사람이다.'
❸ 자기 삶에 영향을 주는 긍정적 영향에 대한 인식 : '내 결정은 나와 학급에 일어나는 문제에 긍정적인 영향을 미친다.'

❹ **자기 통제 능력** : '내 감정을 스스로 이해하고 다스릴 수 있다'

❺ **대인관계 능력** : '나는 다른 친구들과 의사소통, 협력, 타협, 공유, 공감, 경청을 통해 친밀감을 형성할 수 있다'

❻ **상황대처 능력** : '나는 책임감, 적응력, 유연성, 성실성으로 일상생활의 한계를 설정하고 그 결과에 대처할 수 있다'

❼ **판단 능력** : '나는 도덕적 기준에 따라 상황을 지혜롭게 판단할 수 있다'

Golden Circle - Simon Sinek

사이먼 시넥이 TED 강의에서 사람의 마음을 움직이는 비밀로 소개한 골든 서클입니다. WHY, HOW, WHAT 중에서 보통 사람들은 가장 먼저 WHAT을 생각한다고 합니다. 하지만 이 과정에서 본질인 WHY가 크게 고려되지 않는 경향이 있습니다. 심지어는 전에 했던 활동과 지금의 활동이 전혀 다른 목적이나 방향으로 이루어지기도 합니다.

흔히 교사들은 커뮤니티에서 좋은 자료를 찾아 교실에서 단편적으로 적용합니다. 이런 모습을 백화점식 학급경영이라고 부릅니다. 혹시 운 좋게 좋은 자료를 발견했지만 원하는 모습과 다른 방향으로 수업이 흘러갈 수도 있습니다. 그래서 WHY에 대해 고민해보는 시간이 꼭 필요합니다. '이 활동을 왜 하지?' 먼저 자신의 언어로 정리한 후 신념을 구현하기 위해 어떤 방법과 형태로 할 것인지 고민해야 합니다. 그 후에 적합한 활동을 찾는 과정이 필요합니다.

- **WHY** 목적, 동기, 신념, 취지와 관련된 것으로 우리의 두뇌 중 변연계(감정, 신뢰, 충성심, 인간의 모든 행동과 의사결정을 관장)를 자극합니다. 일관성을 가지고 지속하려면 이 부분을 지속적으로 고민하는 것이 좋습니다.

- **HOW** 어떻게, 절차와 관련된 것으로 우리의 두뇌 중 변연계를 자극합니다. WHY에서 떠올린 직관적인 목적을 실행에 옮길 방법을 찾는 것입니다. 목적에 따라 방법도 달라지지만 개인별로 선호하는 방법이나 절차가 달라집니다.

- **WHAT** 무엇, 결과와 관련된 것으로 우리의 두뇌 중 신피질(이성, 분석적 사고, 언어를 관장)과 관련된 것입니다. WHY에서 목적을 떠올리고, HOW에서 방법을 구상했다면 WHAT에서는 구체적으로 무엇을 할지 정하는 것입니다.

아들러와 그의 제자이자 동료인 드레이커스가 정립한 '어긋난 목표 행동'에 대해서 공부해 보면 이 부분이 잘 나타나 있습니다. 많은 부모와 교사가 아이가 보이는 말과 행동에 주목합니다. 이 부분은 WHAT에 해당합니다. 사실 그 뒤에 감춰져 있는 어긋난 신념인 WHY에 대해서 더 관심을 보이고 그 부분을 함께 해결해 나가야 되는데 말입니다.

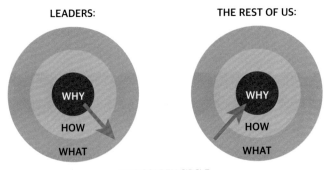

THE GOLDEN CIRCLE

2. 꿈꾸는 교실 만들기

그럼 골든 서클에 꿈꾸는 교실 만들기를 적용해 보겠습니다. 먼저 '우리반은 모두 함께 행복했으면 좋겠다'는 목표를 대입합니다. WHY는 행복함을 느끼고, 교육의 최종 목적인 자립을 돕는 것을 신념으로 적었습니다. 다음은 그것을 이루는 방법인 HOW입니다. 더 잘하기 위해 주기적으로 회의를 진행하고, 일관된 실천을 위해 지속적으로 피드백을 주고받으며 현실화 해나갈 것입니다. WHAT은 최종 목표의 구체적인 모습입니다. 5가지 구체적인 활동으로 소속감과 자존감을 키우고 책임감 및 효능감, 사회적 기술을 배우는 활동으로 1년을 가득 채우면 됩니다.

이렇게 WHY-HOW-WHAT의 순서대로 점차 목표를 현실화하면 할 수 있는 방법과 활동이 눈에 더 잘 그려질 것입니다. 또한 적합하지 않은 것들도 줄이거나 없앨 수 있습니다.

신념을 세우는 데 도움이 되는 방법을 하나 더 소개합니다. 먼저 1년 후 우리반의 최종 모습을 상상해서 적어봅니다. 다음으로 그 속에 교사는 어떤 모습이어야 하고, 아이들은 어떤 모습이어야 되는 지 적어봅니다. 여기까지는 기분 좋은 상상일 것입니다. 이것을 현실화하기 위해서 교실의 상황이나 여건을 냉정하게 분석할 필요도 있습니다.

먼저 우리 반과 교사 자신이 가지고 있는 강점과 약점을 적어봅니다. 강점은 키울 수 있는 방안을 찾아보고, 약점이 신념을 방해하지 않도록 적절하게 관리하는 방법을 생각해 보는 것이 좋습니다.

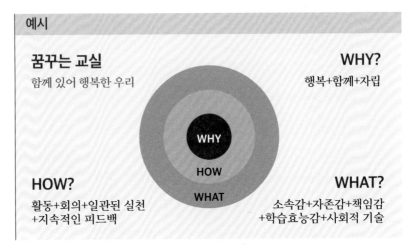

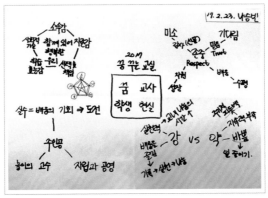

    꿈꾸는 교실은 아이들을 만나기 전에 작성하고 가장 잘 보이는 곳에 걸어 두는 것이 좋습니다. 날짜를 적어두고 매일 보면서 신념, 교사관, 학생관이 어떻게 변화하는지 체크할 수 있습니다. 처음에는 잘 작성하기 어려울 수 있지만 조금 시간이 걸리더라도 꼭 작성하고 잘 보이는 곳에 게시하는 것이 좋습니다.

    더 좋은 것은 비슷한 생각을 가지고 있는 동료 교사들과 함께 작성하고 격려해주는 것입니다. 작성 후 꼭 이야기를 나누고 서로 응원해주는 과정을 통해서 오래도록 실천할 수 있는 힘을 얻는 것이 좋습니다. 공적으로 약속했기 때문에 최종적으로 더 잘 지킬 수 있을 것입니다. 내가 1년 동안 흔들리지 않기 위해 지도처럼 다시 볼 수 있는 큰 그림을 그렸다고 생각하면 좋습니다.

　그럼 아래의 표에 선생님이 꿈꾸는 교실에 대해 적어보세요.

꿈꾸는 교실	교사의 삶
학생의 삶	현실

◉ 손바닥 다짐 만들기

　작은 실천이 삶을 변화시킵니다. 이번에는 교사와 아이들이 함께 자신의 목표에 조금씩 다가갈 수 있는 '손바닥 다짐' 만들기 활동을 소개합니다.

　이 활동은 손바닥을 그린 후 손가락 마디를 색칠하면서 성공의 경험을 기록할 수 있는 활동입니다. 먼저 손가락 5개를 각각 삼 등분 하여 총 15칸을 만드는 것부터 시작합니다. 15칸의 다짐을 매일 실천하면 3주 만에 목표한 바를 이룰 수 있습니다.

다짐을 실천하기 위해서는 아이들이 직접 외울 수 있어야 합니다. 기억하기 쉽게 3~5개 정도로 만들고 실천해 나가는 것을 추천합니다. 아침 시간에 함께 다짐을 읽고 잘 지켰다면 집으로 돌아가기 전에 한 칸씩 색칠해 나가면 좋습니다. 속도의 차이는 있겠지만 모두가 손가락을 색칠해서 손바닥이 완성되면, 그때 학급 전체 축하 파티를 열어 함께 기뻐하고 격려하는 활동으로 전개할 수도 있습니다.

모든 손가락을 다 색칠했다면 아이들이 다짐을 지키면서 든 생각, 느낌, 결심 등을 적고 학급 전체에게 발표해 보는 시간을 가지면 좋습니다. 아이들 스스로가 자신만의 노하우를 발표하면서 느끼는 바도 클 것입니다.

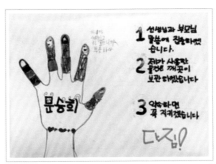

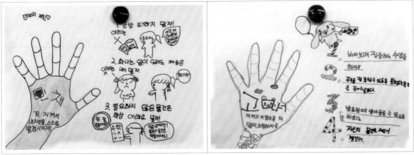

활동지 : 손바닥 다짐 만들기

　　　　　　　　　　　　　　의 다짐 (　　　년　　월　　일)

❶ ....
　...
　...

❷ ....
　...
　...

❸ ....
　...
　...

9

교사와 학생이 함께 성장하는 비법

- 나승빈 -

1. 학생들과 함께 만드는 학급문화

◉ 학급 평화회의

학급 평화회의란 '우리 반의 문제는 우리가 해결'한다는 목표로 학급회의를 진행하는 활동입니다. 행복교실 정유진 선생님께 학급 평화회의를 배우고 학급의 실태에 맞게 변형해 적용해 보았습니다. 학생들이 직접 주최하여 해결점을 찾으려 노력해보고, 어려운 문제가 생겼을 시에 교사가 돕는 형태로 진행합니다.

회의에서 가장 중요한 것은 서로를 존중하는 것입니다. '우리를 존중하자, 나를 존중하자'는 2가지 원칙을 중심으로 학급 평화회의를 진행하면 좋습니다.

자리 배치

자리는 바닥에 원으로 앉거나 의자를 활용해 원으로 앉는 것이 좋습니다. 가능하면 책상도 없는 형태로 만듭니다. 아이들이 서로를 바라보고 대화할 수 있는 형태일 때 소통이 원활해집니다. 만약 교실 책상이 'ㄷ자 대형'으로 배치된 상태라면 그냥 해도 좋습니다.

회의원칙

1. 자리배치 원으로 만들기

2. 실수는 배움의 기회, 문제는 성장의 기회로 여기기

3. 더 나은 질문과 더 나은 해결책에 집중하기

4. 과정에서 의미를 찾기

5. 함께 정한 것을 존중하기

6. 회의 자체를 소중하게 여기기

학급평화회의 일반적인 절차

1. 서로 연결되고 즐거움을 나누기 : 칭찬과 감사, 서로 좋았던 것 나누기

2. 우리 반을 돌아보기 : 우리 문제는 우리가 해결하기

3. 개선할 점 나누기 : 제안사항 등을 협의하기

『초등 따뜻한 교실 토론』의 저자 이영근 선생님은 토론과 함께 학급 회의를 매우 중요하게 생각하여 '좋아바'라는 이름으로 회의를 합니다. 회의 시간에 좋았던 것, 아쉬웠던 것, 바라거나 바꾸고 싶은 것을 주제로 3가지를 나누고 아쉬웠던 것 중에 1가지, 바라거나 바꾸고 싶은 것 중에 1가지를 정해 구체적인 실천

방법을 정합니다. 절차는 각각의 학급에 적합한 형태를 만들어 진행하면 됩니다. 중요한 것은 지속적으로 하는 것입니다.

아이들과 활동을 지속하는 방법

회의한 과정과 결과를 기록하여 게시판에 잘 보이게 붙여둡니다. 혹은 회의록을 써서 언제든지 볼 수 있도록 배치해 두는 것도 좋습니다. 게시판과 회의록은 돌아가면서 기록합니다. 이런 과정을 통해 존중의 학급 문화를 만들 수 있습니다. 잘하는 아이, 잘 못하는 아이의 속도와 정도 차이를 인정하고 서로 채워주는 문화를 만들 때 조금 더 의미 있는 활동이 될 수 있습니다.

해외에서도 학급회의는 의미 있는 활동으로 여깁니다. 도서『학급 긍정 훈육법』에서는 학급회의를 잘하기 위해 아래와 같이 8가지 기술을 배우고 연습하는 것을 강조하고 있습니다.

학급회의를 통해 하나하나의 의견을 소중하게 여기는 과정에서 더 많은 것을 배우고 느낄 수 있습니다. 조금 미흡하고 답답하더라도 학급에서 꾸준히 하나씩 문제를 해결해 나간다면 조금씩 개선되는 모습을 볼 수 있을 것입니다.

◉ 수업 성장 회의

학교에서는 매년 공개수업을 진행 합니다. 공개 수업을 하는 이유는 다양합니다. 교사의 수업 기술, 교사와 학생의 관계, 참관자의 수업 되돌아보기 등 공개수업에서 얻을 수 있는 것들은 많습니다. 하지만 많은 교사들은 부담스러운 감정이 앞섭니다. 공개수업을 망설이게 되는 이유는 수업을 마치고 난 후에 하는 '수업 협의회' 때문입니다.

개인적으로 '수업 협의회'의 목적은 학생들에게 배움이 일어났는지를 알아보는 것이라고 생각합니다. 공개수업의 경우에 수업이 끝나면 학생들은 집에 가고, 참관한 교사들과 수업을 한 수업자가 협의회를 진행 합니다. 그러나 수업의 주인공인 학생들에게 직접 물어보면 더 많은 것을 알 수 있을 것입니다.

그래서 생각하게 된 방법이 '수업 성장 회의'입니다. 학생들에게 수업이 의미가 있는지 물어보면 좋겠다는 생각으로 주기적으로 수업 성장회의를 하기 시작했습니다. 아이들과 수업에 대해 이야기를 할 수 있는 공식적인 장치가 바로 '수업 성장 회의'입니다.

수업 성장 회의 방향

가르침과 배움에는 간격이 존재합니다. 배움이 있는 교실을 만들기 위해서
는 학생들과 함께 수업에 대해 이야기하는 시간이 필요합니다. 교사, 학생, 학
부모가 의미 있는 수업을 만들기 위해 함께 노력할 방법을 정하고 함께 실천
합니다. 과목별 수업 방법과 내용에 대해서도 이야기 나눌 수 있습니다.

수업 성장 회의 절차

제   회 수업 성장 회의

진행자 :   기록자 :

칭찬-감사 나누기<좋았던 것>

_____

_____

_____

_____

주요 내용

1. 수업과 관련하여 '불편 했던 점' 나누기 <아쉬웠던 것>
2. 과목별 ~한 수업을 꿈꾸다. <바라는 것>
3. 가르침과 배움이 있는 수업 꿈꾸기

제안 및 건의 사항

1. 회의 진행과 관련하여 이야기 나누기
2. 회의와 관련하여 칭찬 감사 나누기

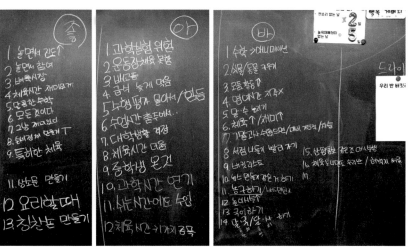

⊙ 놀이 성장 회의

놀이는 즐거운 활동입니다. 그러나 즐거운 놀이 과정에 누군가는 불편함을 느끼고 활동 자체에 어려움을 겪는다면 이는 꼭 개선이 필요한 부분입니다. 하여 놀이를 더 즐겁게 하고, 성장하기 위해서 '놀이 성장 회의'를 제안합니다.

몇 가지 체험을 통해 아래와 같은 방법으로 놀이 성장 회의를 진행할 수 있습니다. 더불어 새롭게 놀이를 제안할 수도 있습니다.

놀이 성장 회의의 전제

놀이를 하며 웃고 즐기는 아이도 있지만 오히려 상처받는 아이도 있다는 사실을 놀이 성장 회의를 통해 알 수 있습니다. 그렇다면 놀이도 모두가 즐거울 수 있도록 함께 노력해야 합니다. 그러기 위해서는 규칙도 바꾸고, 놀이에 대한 생각, 느낌 등을 나누는 자리가 되도록 해야 합니다.

놀이 성장 회의의 기본 과정

1. 자리배치 원으로 만들기 (안전하고 조용하고 빠르게 만들기)
2. 각자 놀이에 대한 소감을 나누기
3. 놀이하면서 좋았던 점을 찾고 발전시켜나갈 부분 논의하기
4. 놀이를 하면서 불편했던 점을 말하고 개선할 부분을 찾기
5. 회의를 통해 느낀 점을 나누고 바꾼 규칙을 적용해서 놀이 해보기

놀이를 준비할 때 꼭 생각해야 하는 부분이 있습니다. '나는 왜 이 놀이를 하려고 하는가?', '아이들은 이 놀이를 통해서 무엇을 배우고, 느낄 수 있을까?' 등을 생각하면서 놀이를 준비합니다.

'우리는 모두
특별한 사람입니다'

- 허승환 -

놀이로 키우는
소속감과 자존감

장점 수용으로
자존감을
키워주는 놀이

- 허승환 -

1. 자존감을 키우려면?

◉ 자존감이란?

'루돌프 드라이커스'는 어긋난 행동을 하는 학생을 '좌절한 학생'이라고 부릅니다. 이들은 스스로 소속되고자 하는 욕구가 좌절되었을 때, 소속감과 자존감을 느끼고자 그릇된 방식으로 행동하는 것이 특징입니다. 따라서 교사는 학생들이 문제행동을 할 때 '행동 아래 감춰진 신념' 즉 빙산의 아랫부분에 초점을 맞추어야 합니다.

여기서 중요한 것은 소속감과 자신이 중요한 존재로 여겨지고 있다는 자존감입니다. 아이들은 자신의 생각과 논리, 경험을 바탕으로 한 잠재의식에 기초해서 판단합니다. 이 판단이 신념의 밑바탕이 되고 행동에도 큰 영향을 미칩니다.

심리학자 아들러는 문제행동의 원인을 '자존감'과 '소속감' 결여에 두었습니다. 따라서 문제행동을 예방하려면 학급운영, 수업운영, 생활교육 등 학교생활 전반에서 '자존감'과 '소속감' 향상을 화두로 삼아야 합니다. 학생들은 '자존감'과 '소속감'을 느낄 때 안전하다고 느낍니다. 만약 학생들이 교실에서 소속감과 자존감을 갖지 못한다면 생존을 위한 행동을 하게 됩니다.

6학년 1학기 도덕 1단원에 나오는 '소중한 나, 참다운 꿈'에 자긍심이라고 표현되어 있는 '자존감'은 타인의 평가와 상관없이 자신을 사랑받을 가치가 있고 긍정적인 존재라고 생각하는 것을 뜻합니다. 사전적 의미로는 '자기의 품위를 스스로 지키려는 감정', '자기를 높여 잘난 체 하려는 감정'을 일컫지만 일상적 활용으로는 '자신을 사랑하는 감정' 정도로 사용됩니다. 좀 더 통상적인 표현으로는 '자긍심'과도 대입됩니다.

자존감은 자존심과 비슷한 표현이긴 하나, 용법상으로는 약간의 차이가 있습니다. 자존심이 타인이 나를 존중해주고 받들어주길 바라는 감정이라면, 자존감은 내가 내 자신을 사랑하고자 하는 마음 정도로 쓰입니다. 자신을 긍정적으로 보는 자존감과 달리 자존심은 나를 돌아보지 않고 타인의 경의만을 바라는 인간상 등의 이기적 이미지로 사용되는 편입니다. 자존심과 자부심이 다른 사람과 환경의 영향을 받는다면, 자존감은 스스로 자기 존재의 가치를 인정하고 사랑하는 마음입니다.

『교실 속 자존감』책을 쓴 하버드대 조세핀 김 교수님은 자존감은 자신이 다른 이들의 사랑과 관심을 받을 만한 가치가 있는 사람이라는 '자기 가치(자아 가치감)'와 자신에게 주어진 일을 잘해낼 수 있다고 믿는 '자신감(자기 효능감)'이라는 두 가지 요소로 이루어진다고 했습니다. 자존감은 자기 자신을 제대로 사랑할 줄 아는 방법이며, 모든 행동과 변화의 근원이 되는 마음가짐입니다. 자존감이 높은 사람은 자신이 얼마나 가치 있고 소중한 사람인지 누군가 알려 주지 않아도 스스로를 존귀하게 여깁니다.

◉ 자존감을 키우려면?

학생의 자존감은 교사가 학생들을 어떠한 존재로 인식하고 대하느냐에 따라 결정됩니다. 교사가 아이들 한 명 한 명을 어떻게 만나고, 소중한 존재로 인식하는가가 중요합니다. 그 관계의 초석은 교사와 학생간의 관계에 의해서 다져집니다. 교사와 학생간의 관계가 존중을 바탕으로 했을 때 학생들도 서로 존중하는 관계를 형성해 갈 수 있습니다. 자존감은 긍정적인 피드백을 줄 수 있는 안정적인 의사소통의 자리와 환경이 확보된 상태에서 향상될 수 있습니다.

그렇다면, 낮은 자존감을 높이려면 어떻게 해야 할까요? 낮은 자존감을 가지고 있으면 매사에 소극적이 되어, 자신이 존중받아야 할 가치가 충분히 있음에도 저평가하는 경향이 있습니다. 비록 어린 시절부터 형성된 것이어도 자부심은 자신의 태도와 의지에 따라 얼마든지 건강하게 가꿀 수 있습니다. 자존감은 인생의 모든 면에 영향을 주기 때문에 지나치게 자존감이 낮다면 끌어 올릴 필요가 있습니다.

☑ 자존감을 높이는 팁

(1) 자신을 용서하기

자존감을 높이는 첫 번째 단계는 자신의 모습을 솔직하게 받아들이는 것입니다. 무엇보다 자신의 자존감을 정직하게 다루어 본 경험이 있는 사람이 훗날 아이들을 위한 훌륭한 선생님이 될 수 있습니다. 자존감이 낮은 사람은 실수를 저지르면 자신을 질타하거나 창피해하며 이를 극복하는데 어려움을 겪습니다. 실수는 인간이라면 누구나 저지르는 행동으로, 순간의 잘못이 인생 전체를 좌지우지하지 않습니다. 자신을 용서하고 다시는 실수를 저지르지 않도록 노력하는 것이 중요합니다.

(2) 긍정적으로 생각하기

비관적으로 생각을 하면 그대로 실현될 가능성이 높습니다. 가령, 시험을 앞두고 "나는 잘해내지 못할 거야"라는 생각을 가지면 실제로도 이를 망칠 가능성이 높아집니다. 반대로 '잘해낼 수 있다'는 자신감을 가지면 힘들고 어려운 상황이라도 긍정적으로 맞닥뜨릴 수 있습니다. 만약 실패했더라도 좌절하지 말고 그간의 노력과 목표를 달성했다는데 의의를 둘 수 있도록 생각회로를 바꾸어야 합니다.

(3) 자기 격려하기

자존감이 낮고 비관적인 사람은 '내가 시험을 잘 본건 문제가 쉬웠기 때문이다'라며 자신의 성과를 인정하지 못하는 경향이 있습니다. 자신의 능력이 충분하고, 열심히 노력했는데도 불구하고 부정적인 결론에 도달하는 것입니다. 자신을 과소평가하고 실수에 예민하게 반응하기 때문에 항상 자신을 격려하고 용기를 북돋아 주는 자세가 필요합니다. 나를 격려하고 칭찬하면 긍정적인 에너지를 받아 힘을 낼 수 있습니다.

2. 장점 수용으로 자존감을 키워주는 놀이 3

◉ 장점 쇼핑몰 게임

행복은 '비교'하는 순간 깨지고, 불행은 비교할 때부터 시작됩니다. 배고픈 것은 참아도 배 아픈 것은 못 참는다는 말이 있습니다. '저 아이는 그렇게 공부를 잘하는 데 나는 왜 이 모양일까?'라고 비교하는 순간, 시기심과 질투가 마음에 자리 잡기 시작합니다. 비교와 경쟁은 '이전의 나'와 해야 합니다. 장점쇼핑몰 게임은 아이들이 친구들과의 비교로 인해 불행해하며 위축된 마음을 회복시키기 위해 만들어낸 놀이입니다.

활동명 : 장점 쇼핑몰 게임

자존감을 길러주기 위한 가장 빠른 방법은 자신의 장점을 사랑하게 하는 일입니다. 장점 쇼핑몰 게임은 8절지에 붙인 8장의 포스트잇에 자신의 장점을 쓰고, 친구들과 사고파는 놀이로 친구들이 서로의 장점을 사고팔면서 해주는 인정을 통해 자존감을 키우게 됩니다.

활동 방법

❶ 개인별로 8절 색도화지와 서로 다른 색의 포스트잇 2종, 각각 4장씩 8장을 나누어 줍니다.

❷ 한 색깔의 포스트잇 4장에는 자기가 생각하는 자신의 장점을 4개 적습니다. 이때 하단에는 꼭 자신의 이름을 적도록 합니다.

❸ 다른 색깔의 포스트잇 4장은 가장 친한 친구들을 찾아가 서로 교환하여 써주도록 약속합니다.

❹ 8개의 장점을 포스트잇에 모두 썼다면, 음악과 함께 돌아다니며 친구와 서로의 장점을 교환하도록 합니다. 이때 "난 항상 친구를 사귀는 게 가장 어려운 데 친구를 잘 사귄다는 네 장점이 정말 가지고 싶어"라고 칭찬하며 가져가도록 약속합니다.

❺ 8개의 장점을 모두 교환했으면 자기 자리로 돌아와 조용히 앉습니다.

❻ 자기 색도화지에 있는 장점 중에서도 가장 가지고 싶은 장점은 무엇인지 발표합니다. 이때 누구에게서 받은 장점이고, 왜 이 장점이 가장 가지고 싶은지 꼭 이야기하며 발표하는 것이 중요합니다. 왜냐하면 이 순간 가장 기쁜 친구는 이름이 불린 학생이기 때문입니다.

❼ 칭찬을 받은 친구가 칭찬 릴레이로 이어서 다른 친구를 칭찬합이다.

❽ 친구들에게 칭찬을 들었을 때 어떤 마음이 들었는지 발표하고 '학습지'에 놀이를 하며 느낀 점을 기록합니다.

활동 주의점

❶ 서로 원할 때만 서로의 장점을 교환할 수 있도록 약속합니다. 성격이 급하거나 거친 아이들 중에는 친구의 장점을 허락받지 않고 억지로 떼어 가져가는 경우도 종종 있습니다. 심성놀이를 시작하기 전부터 따로 주의를 주고, 존중하며 서로가 허락한 경우에만 서로의 장점을 교환할 수 있도록 약속해야 합니다.

❷ 자신에 대한 자존감을 높여줄 수 있도록 마무리합니다.

<'장점 쇼핑몰 게임' 활동지>

장점쇼핑몰 게임

학년 반 (   )번 이름(   )

1. 자기가 생각하는 자신의 장점을 4가지만 적어봅시다.

❶

❷

❸

❹

2. 서로의 장점을 물물교환해 가지고 싶은 친구의 장점은 무엇인가요?

3. '장점 쇼핑몰' 활동을 하고 느낀 점을 적어 봅시다.

◉ 단점 손바닥 그리기 활동

호주의 한 샌드위치 가게에는 사람들이 먹을 수 있는 공간이 없습니다. 주문받는 사람도, 테이블도, 의자도 없습니다. 심지어 1층도, 2층도 아니고 7층입니다. 그런데도 전 세계에서 수많은 사람들이 찾고 있는 유명한 가게입니다. 비결은 무엇일까요?

임대료가 비싸 7층에 가게를 연 아담과 데이비드, 휴는 가게의 단점을 어떻게 하면 바꿀 수 있을까 고민합니다. 그리고 샌드위치 가게의 단점을 장점으로 바꿉니다. 바로 '낙하산을 탄 샌드위치'를 만들어낸 것입니다. 재플셔츠는 샌드위치의 맛에 7층 낙하산으로 떨어지는 샌드위치를 받는 재미를 더해 세계적인 명소가 되었습니다.

활동명 : 단점 손바닥 그리기

호주의 재플셔츠가 그렇듯 단점은 정말 단점일까요? '단점 손바닥 그리기' 활동은 자신의 손바닥을 8절지에 그대로 따라 그린 후, 손바닥마다 자신의 단점을 하나씩 모두 5개를 적는 활동입니다. 그런 후에 친구들과의 대화를 통해 자신의 단점이 진짜 단점인지 생각해보는 시간, 자신을 긍정적으로 바라보게 해주는 수업입니다.

활동 방법

❶ 8절지에 자기 손가락을 따라 손 그림을 그립니다.

❷ 그런 후에는 손바닥 부분에 자신의 이름으로 장식합니다.

❸ 이제 손가락 다섯 마디마다 스스로 생각하는 자신의 단점을 적습니다.

❹ 이제 모둠에서 시계 방향으로 자기의 종이를 옆 친구에게 넘깁니다.

❺ 아이들과 함께 이야기를 나눌 수 있도록 합니다. "내성적인 성격은 단점일까요?" 아이들은 이내 "신중해요." "생각이 깊어요." 등 내성적인 성격이 단점이 아니라 장점일 수 있음을 찾아낼 것입니다. '고지식한 성격'은 곧은 성격이라 믿음을 주고, '싫증을 잘 내는 성격'은 그만큼 머리회전이 빠르다는 것을 의미하니 단점은 꼭 단점이라고 할 순 없다는 것을 인지하도록 합니다.

❻ 내 책상 위에 올라온 친구의 단점 손가락을 보고, 친구들이 손가락 마디마디 써놓은 단점의 또 다른 면, 장점을 찾아 손가락 바깥쪽에 적어주도록 합니다. 그동안 불리하다고 생각했던 내 성격의 단점이 장점이 될 수 있다는 사실을 알 수 있도록 지시합니다.

활동 주의점

❶ 선생님부터 자신의 단점 손바닥 그리기 작품을 공개합니다.

단점은 모두들 감추고 싶어 하는 영역이라 마음을 열게 하는 과정이 중요합니다. 선생님이 먼저 공개하면, 아이들도 선생님이 공개하는 만큼의 크기만큼 공개하는 경향이 있습니다. 여기에 이전에 가르친 아이들의 작품을 모아 좋은 예시를 보여주면 더 깊이 참여합니다.

❷ 장점만 있는 아이와 단점만 있는 아이가 있을까? 생각해보게 합니다.

자신의 장점과 단점을 모두 받아들일 수 있는 아이는 다른 아이들의 모든 면도 받아들일 수 있습니다. 아이들이 '단점 손바닥 그리기' 활동을 통해, 그동안 못마땅했던 자신의 단점이 어쩌면 장점이 될 수도 있겠구나! 깨닫게 되길 바랍니다.

◉ 죠리퐁 장점 컵 게임

독일의 식물학자 유스투스 리비히(Justus Liebig)는 1840년 질소, 인산, 칼리 등 식물 성장에 필요한 필수 영양소중 성장을 좌우하는 것은 넘치는 요소가 아니라 가장 부족한 요소에 의해 성장이 결정된다는 '리비히의 최소량의 법칙'을 발표하였습니다.

사람의 경쟁력도 나무 물통 판 하나하나가 인품, 성격, 실력, 학습능력, 사회성, 건강, 도덕성으로 되어 있어 아무리 실력이 뛰어나도 도덕성이 낮다면 그 낮은 도덕성에서 인간에 대한 평가가 이루어지게 되는 원리입니다.

활동명 : 죠리퐁 장점 컵 게임

'죠리퐁 장점 컵' 게임은 자신이 부족한 단점이 전체적인 잠재력까지 갉아먹게 되는 결과를 직접 체험해볼 수 있도록 만들어진 관계 놀이입니다.
물 대신에 아이들이 쉽게 구할 수 있는 죠리퐁 과자를 이용해 자신의 부족한 단점을 채우려면 어떻게 해야 할지 놀이로 알아봅시다.

활동 방법

개인별로 종이컵 1개, 모둠별로 죠리퐁 과자 2봉지와 가위, 풀을 준비합니다.

❶ 종이컵에 세로로 6등분선을 그립니다.

❷ 자른 6개의 세로 면에 자신의 장점 3가지와 단점 3가지를 적습니다. 이때 장점-단점-장점 순으로 적도록 합니다. (예: 나는 협동을 잘합니다(장점), 감사 표현이 서투릅니다(단점))

❸ 장점을 쓴 칸은 그대로 두고, 단점을 쓴 칸은 종이컵에 5단계 눈금을 그립니다.

❹ 자신의 점수를 1~5점까지 준 후에 점수에 따라 종이컵을 세로선으로 오려냅니다.

❺ 아이들의 종이컵이 다 오려지면, 종이컵에 죠리퐁 과자를 부어줍니다. 이때 잘려진 부분 때문에 죠리퐁 과자가 새어 나오면 나온 부분은 도로 가져가도록 합니다. 죠리퐁 대신 '쌀 튀밥'을 사용해도 좋습니다.

❻ 가장 많이 담겨진 아이는 누구인지 확인하고, 그 아이부터 먹기 시작합니다. 10초 뒤에 다음 아이, 10초 뒤에 그 다음 아이가 먹을 수 있도록 안내합니다.

활동 주의점

❶ 활동이 끝나면 이 활동의 의미가 무엇인지 깨닫게 하고 느낀 점을 발표합니다. 내가 부족한 단점은 무엇이고, 활을 통해 어떻게 노력해야 그 단점을 없앨 수 있을지 스스로 생각하도록 도와야 하겠습니다.

❷ 서로의 단점을 감싸주고, 장점을 키우기 위해 협력할 수 있는 반이 되길 바란다고 전합니다. 노벨평화상을 받은 마더 테레사 수녀님이 하신 말씀을 들려주며 마무리하면 좋습니다.

"저는 당신이 할 수 없는 일을 할 수 있고, 당신은 제가 할 수 없는 일을 할 수 있습니다. 그러므로 우리가 힘을 합친다면, 훌륭한 일을 해낼 수 있을 것입니다."

- 마더 테레사 -

주인공으로 살아가기

- 나승빈 -

1. 자존감을 키워주는 능력 향상 활동

자존감이 낮은 아이들에게 성공의 경험을 안겨 주는 방법은 무엇이 있을까요? 사람들은 작은 성공의 경험으로 존재 자체에 대한 인정과 유능감을 느낄 수 있습니다. 따라서 아이들에게 매일 능력이 향상되는 것을 느낄 수 있도록 환경을 조성해주면 좋습니다. 개인적으로 단 한 가지만 가르쳐야 한다면 자신의 삶 속에서 주인공으로 살아가는 방법을 가르치고 싶습니다.

◉ 주인공으로 살아가기

미국에서 가장 영향력 있는 교사로 손꼽히는 레이프 에스퀴스 선생님의 『위대한 수업』이라는 책이 있습니다. 이 책의 핵심 메시지 중 하나는 '지름길은 없다' 입니다. 결과보다는 과정에 중점을 두는 것이 꼭 필요하다는 의미입니다.

　　과정에 중점을 두는 방법으로 '개인 플래너'를 사용하기 방법을 추천합니다. 들고 다닐 수 있는 크기의 수첩을 미리 준비해 두었다가 자기관리 프로젝트를 시작할 때 나눠줍니다. 이 활동명은 개인 플래너로 '자기 관리의 神 되기' 활동입니다.

　　첫 장에는 1년의 비전을 적습니다. 아이들이 꿈꾸는 1년을 적고 두 번째 장에는 손바닥 다짐에서 작성했던 다짐들을 적습니다. 세 번째 장부터는 계획을 씁니다. 매일 작은 성공의 경험을 만드는 것입니다. 가장 먼저 날짜와 요일을 적습니다. 그 다음 교실에서 노력할 부분들을 1년, 반년, 1달 기준으로 적고 그 부분을 잘 해내기 위해서 줄이거나 없애고 싶은 습관, 더 많이 해서 키워나가야 할 습관에 대해 □ 칸 뒤에 적어봅니다.

　　기호를 만들어서 함께 활용하면 좋은데, ☑ 완료 ☒ 못함 ✱ 진행 ➡ 연기 등으로 정하면 좋습니다. 익숙해지기 까지는 시간이 필요하기 때문에 처음에는 아침 활동 시간에 함께 적고 집에 돌아가기 전에 소감을 작성하는 방식으로 연습을 해야 합니다.

　　JP모건을 만든 모건 대표는 한 신사에게서 2만 5천 달러를 주고 산 성공방정식 있습니다. 바로 '매일 아침 그날 해야 할 일의 목록을 적어라. 그리고 목록대로 실천하라.'였습니다. 지름길은 없습니다. 꾸준한 실천으로 매일 성공의 경험을 쌓아가는 것이 주인공으로 살아가는 방법입니다.

　　3주 동안은 매일 반복하고, 그 이후 1달 동안은 주 2회 정도 함께 확인하고 격려합니다. 그 이후부터는 주 1회 정도 확인하고 격려하는 방식이 좋습니다. 수시로 플래너를 가지고 다니면서 자신이 노력하는 과정을 점검할 수 있도록 합니다.

활동명 : 자기 관리의 神 되기

준비물 : 개인 플래너

활동지 :

앞 장	뒷 장
2017년 8월 8일(화) ☞ 날짜, 요일 < 학습 > ☞ 분야 적기 ☐ ☞ 세부적으로 실천할 것 적기 ☐ 글씨 바르게 쓰기 ☐ 줄넘기 50개 하기 < 운동 > ☐ ☐ ☐ < 발전/취미/즐거움 > ☐ ☐ ☐	< 소감 > ☞ 하루를 보낸 소감을 1~2줄 글로 쓰기, 그림으로 표현하기
기호 만들기 : ✓ 완료 ✗ 못함 ✱ 진행 → 연기	

이 활동은 아이들이 매일 성공의 경험을 갖게 하는 하나의 도구로 사용할 수 있습니다. 물론 잘 맞지 않는 아이들도 있습니다. 그런 경우에는 다른 방법으로 어떻게 자신이 성장하고 있는지 찾아 볼 수 있는 기회가 됩니다.

개인 플래너 작성하기와 함께 하면 좋은 활동을 하나 더 제안합니다. '우리 반 하루 미션'입니다. 먼저 우리 반이 오늘 달성해야 할 미션을 정합니다. 교사가 전체에게 한 가지를 제안하고, 아이들도 한 가지를 제안합니다. 둘 중에 하나만 해도 성공한 것으로 보는 것입니다.

교사가 제안하는 미션은 평소 교사가 잔소리를 하던 것으로 넣으면 됩니다. 책상 속 정리하기, 사물함 정리하기, 쉬는 시간에 다음 수업 미리 준비하기, 책 20분 이상 읽기 등 평소에 교사가 자주 했던 말을 교사가 제안하는 하루 미션으로 넣으면 좋습니다. 또 아이들이 제안하는 미션 2~3개를 적어 두고 그 중에 2가지를 선택해서 하게 하는 것도 좋습니다.

아무리 좋은 활동도 끝이 없거나 중간에 되돌아보는 과정이 없다면 지속하기 어렵습니다. 플래너로 '자기 관리의 神 되기' 프로젝트도 시작했고, 중간에 격려를 하면서 잘 할 수 있게 도와주었다면 1차적으로 마무리를 하고 다시 시작하는 것이 좋습니다. 끝 활동으로 하루도 빠지지 않고 최선을 다한 경우에 명예의 전당에 올려줍니다. 이 명예의 전당은 공부를 잘 하는 경우에 올라가는

것이 아니라 각자가 잘하는 것으로 대결해보는 활동입니다. 예를 들어 눈 오래
뜨기, 팔씨름, 딱지치기, 고음 대결 등 활동과 노력하는 과정을 인정받은 경우에
올라갑니다. 1년이 지나면 개인당 2~3개씩 올라가게 됩니다. 작은 성공의 경험
으로 유능감을 갖을 수 있습니다.

2. 인생의 주인공이 되는 방법

아이들이 교실에서 보이는 행동은 크게 3가지로 구분할 수 있습니다. 나와 우리를 모두 이롭게 하는 행동인 '긍정 행동(권장 행동)', 반대로 나와 우리에게 피해를 주는 행동인 '부정 행동(문제 행동, 어긋난 행동)'이 있습니다. 그리고 그 중간인 '중성 행동'이 있습니다. 아들러가 말한 중성 행동은 공동체에 피해를 주지 않지만 스스로에게 이롭지 못한 행동을 의미합니다.

예를 들면 학생이 수업 중에 교과서 한 쪽에 낙서를 합니다. 아이는 공부에 집중하지 않고 있지만 다른 친구들에게 피해를 주고 있다고 보기도 어렵습니다. 그것을 못 견디는 교사가 있을 것입니다. 그러나 아이들은 조금만 기다려주면 다시 수업에 집중하는 경우가 더 많습니다. 수업에 집중하지 못하는 경우에는 '나의 수업 내용과 형태가 매력적이지 않나?'라고 수업 자체를 되돌아볼 필요가 있습니다.

그런데 낙서를 한 것을 다른 친구에게 보여주는 것은 중성 행동이 아닙니다. 공동체에 영향을 주기 때문입니다. 그럴 때는 교사가 단호하게 직접 개입을 해야 합니다. 부정 행동은 줄여나가도록 노력하고 긍정 행동은 더 많이 할 수도 있도록 분위기를 조성해 주면 됩니다. 단 중성 행동은 되도록 모른 척 해주려고 노력합니다.

우리는 자신을 스스로 조절할 수 있을 때 비로소 주인공으로 살아갈 수 있습니다. 그렇지 않으면 누군가에 의해 통제받을 수 있다는 사실을 잊어서는 안 됩니다.

⊙ 나만의 투셰 만들기

'JTBC 말하는 대로' 라는 프로그램에 조승연 작가가 소개해서 화제가 된 이야기가 있습니다. 펜싱에서는 너무 빠른 속도로 공격을 하기 때문에 공격을 당한 사람도 정확하게 찔렀는지 모르는 경우가 많습니다. 전자 장비가 없었던 과거에는 점수를 계산할 때 찔린 사람이 손을 들고 "튜세!(찔렸다!)"라고 말을 했습니다. 이는 찔렸다고 스스로 인정할 때 성장할 수 있다는 것을 의미하기도 합니다.

주변에서 누가 보고 있던 보고 있지 않던 스스로를 가장 잘 아는 것은 자신입니다. 그래서 자신의 잘못을 스스로 인정하고 긍정적으로 격려할 수 있는 긍정적 독백과 비언어적 신호를 만들어 활용하면 좋습니다.

⊙ 존재 자체를 인정해주는 말 '격려'

여러분은 주변 사람들에게 격려 많이 하시나요? 사실 격려가 정확히 무엇인지 잘 모르는 분들도 많으실 겁니다. '격려'를 어린이 백과사전에서 찾아보면 한자로 격할 격(激), 힘쓸 려(勵)로 따뜻한 말이나 행동으로 힘과 용기가 솟아나도록 북돋워 주는 것이라고 나와 있습니다. 영어로는 encouragement로 couragement인 용기를 북돋워준다는 의미이기도 합니다. 심장이 다시 뛸 수 있도록 힘을 준다는 말입니다.

⊙ 매일 할 수 있는 칭찬 말 샤워

어려운 상황에 처했을 때 가장 듣고 싶은 말이 격려라고 할 수 있습니다. 그럼 격려를 조금 쉽고 지속 가능하게 할 수 있는 칭찬 말 샤워, 미덕 프로젝트를 소개해 보겠습니다.

1. 칭찬 말 샤워의 취지를 설명합니다.
2. 매일 돌아가면서 칭찬 말 샤워를 합니다. 칭찬 말 샤워의 주인공은 이름을 써 둡니다. 아침에 오면 칭찬 말 샤워 주인공이라는 표시의 목걸이를 걸어줍니다.
3. 아침 활동 시간에 그날의 주인공에 대해 안내하고, 하교하기 전에 학급 구성원 모두가 칭찬 말 샤워 주인공에게 긍정의 말, 장점, 칭찬의 말을 합니다. 원칙은 '사실(한 문장) + 느낌(한 문장)'으로 하는 것이 좋습니다. 칭찬의 말을 글로 써서 말하고 그 칭찬 말 주인공에게 전해주는 것도 좋습니다.
4. 익숙해지면 모든 아이와 '칭찬 말 샤워'를 마치고 주인공이 감사의 의미로 악수나 하이파이브, 안아 주기 등을 행동을 추가할 수 있습니다.
5. 교사는 '칭찬 말 샤워'에 동참한 아이 모두를 격려해 줄 수 있습니다. 한 아이를 칭찬하는 과정에서 관찰력과 칭찬하는 말의 수준을 높여줄 수 있기 때문입니다.
6. 시간 관계상 말로 하는 것이 어렵다면 '칭찬 말 편지(포스트 잇)'로 써서 주면 편지로 보관할 수 있어서 좋습니다.

※기쿠치 선생님의 말 샤워의 기적 참고

◉ 칭찬 말 샤워의 효과

1. 매일 주인공이 되어 친구들의 주목을 받을 수 있습니다.

2. 긍정의 말과 장점을 들을 수 있어서 자존감이 높아집니다.

3. 칭찬의 말을 하기 위해 친구의 말과 행동을 관찰하게 되어 서로 관심을 가지게 됩니다.

4. 말하고 듣는 능력이 키워집니다.

활동 1 : 버츄(미덕카드)를 활용한 칭찬 말 샤워

아침에 칭찬 말 샤워 주인공이 돌아가면서 버츄(미덕)카드를 뽑습니다. 미덕카드 내용을 읽고 잘 보이도록 게시합니다. 하루 종일 관찰 후 다음 날 아침에 그 미덕을 잘 실천한 친구를 정해 칭찬 말 샤워를 합니다.

활동 2 : 4절 도화지 이용 칭찬 말 샤워

4절 도화지 1장과 개인별 포스트잇 1장과 사인펜을 준비합니다. 포스트잇에 칭찬 말 샤워 주인공의 사소하지만 특별한 점을 적습니다. 한 명씩 나와서 포스트잇에 적은 내용을 큰 소리로 읽어준 후 4절 도화지에 붙입니다. 칭찬 말 샤워 주인공은 가장 마음에 드는 것을 선택하고 이유와 함께 발표합니다. 활동 후 소감을 나눕니다. 1년 동안 칭찬 말 샤워 도화지를 모아서 종업식이나 특별한 날에 뒷면에 롤링페이퍼를 적어 주면 더 소중하게 간직하게 됩니다.

활동 3 : 격려 스노우 볼 활동 (※ 학급긍정훈육법 참고)

스스로에게 힘이 되는 말 2가지를 종이에 씁니다. 눈싸움을 하기 위해서 눈을 뭉치듯 종이를 구겨서 서클 가운데 던지고 서로 다른 종이를 고릅니다. 펴서 돌아가면서 읽고 소감을 나눕니다.

◉ 강점에 올인하고, 약점은 관리하라

『강점에 올인하라』라는 책이 있습니다. 이 책의 저자는 탁월한 성공에 도달하려면 약점을 직접 고치기보다는 자신의 강점을 살리기 위한 노력에 집중해야 한다고 말합니다.

NLP 프로그램에서는 리프레이밍(Reframing)이라고 합니다. "이 상황과 관련하여 필요한, 가지고 있는 장점을 찾아볼까?"라는 말로 단점이나 약점으로 생각될 수 있는 부분을 긍정적으로 생각해보는 것입니다. 예를 들어 너무 느린 아이의 경우에는 '느리다'라는 부정적인 생각에서 '신중하다'라는 긍정적인 생각으로 바꿔주는 것입니다.

우리는 모두 특별해(We Are Special)라는 이름으로 '지난달 우리와 오늘의 우리'을 되돌아보는 시간이 필요합니다. 우리가 지난달보다 더 나아진 점, 노력이 돋보인 점, 아쉬운 점을 찾아본 다음에 장점에 올인하고 약점은 관리하며 우리를 되돌아보는 건 어떨까요.

"인생의 진정한 비극은
우리가 충분한 장점을 갖고 있지 않는다는 데 있지 않다.
오히려 갖고 있는 강점을 충분히 활용하지 못하는 데 있다."
- 벤자민 플랭클린 Benjamin Franklin -

인생 계획 프로젝트

- 나승빈 -

1. 아이들에게 꿈 심어주기

진로 활동을 할 때 종종 "저는 하고 싶은 게 없어요.", "무엇을 해야 할지 모르겠어요."라를 말을 아이들에게 듣게 됩니다. 요즘 아이들은 자신의 미래에 대해 고민하지 않는걸까 의문이 들기도 하지만 가정과 학교에서 아이들에게 꿈을 가질 충분한 시간을 준 적이 있나 반성하게 됩니다. 이번 시간을 통해 아이들의 꿈을 존중해주고, 어떻게 꿈을 키워 나갈 수 있을까 함께 생각해 보면 좋겠습니다.

◉ 꿈 디자인, 꿈 명함 만들기

꿈을 찾는 과정은 먼저 아이들이 장래희망이라고 적는 직업들에 대해 정확하게 알고 있는 지에서 시작합니다. 가장 좋은 방법은 직업별로 하는 일에 대해 파악하고, 그들이 주로 사용하는 도구나 직업을 상징하는 것을 넣어서 꿈을 디자인 해보는 활동입니다. 이 활동을 <꿈 디자인>이라고 합니다. 직업을 조사하는 과정에서 아이들은 많은 것을 배울 수 있습니다. 단순하게 의사가 꿈이라고 말하는 것이 아니라 의사가 하는 일과 자신이 평소 좋아하는 것을 연결 지어서 발표합니다.

다음으로 해볼 수 있는 활동은 '꿈 명함 만들기'가 있습니다. 꿈 명함 만들기는 자신의 미래를 상상해보고, 그 꿈을 이룬 상태에서 가지고 있을 명함을 상상하여 만들어 보는 것입니다. 자신의 이름을 3행시로 지어서 나를 표현할 수도 있고, 단순히 직업을 나타내는 방식으로 만들 수도 있습니다.

예시) 꿈 명함 만들기

⊙ 인생계획 프로젝트 , 미래 인터뷰로 '달인'을 만나다

덴마크 인생 설계학교인 '에프터스콜레라'에서는 1년에 4번 같은 물음에 대한 답을 찾는 시간을 갖습니다. 바로 "20년 후에 무엇을 하고 싶은가요? 만약 선생님이 되고 싶다면 그것을 가능하게 하는 구체적인 계획을 설계해보세요." 라는 물음입니다. ('오마이뉴스 오연호 대표의 책 우리도 행복할 수 있을까' 참고)

덴마크 교육 중에서 가장 가슴을 뛰게 한 부분이 바로 아이들에게 꿈을 꿀 시간을 준다는 것이었습니다. 그리고 학교에서 공식적으로 학생들의 꿈을 응원하고 지지한다는 것이었습니다.

인생계획 프로젝트는 4번 모두 다른 내용을 적을 수 있습니다. 아이들의 생각이 수시로 변화하기 때문입니다. 만약 4번 다 같은 내용이라면 조금 더 구체화되고 깊이 있게 생각해 볼 수 있습니다. 나의 장래 희망에 대해 생각해보고 먼저 꿈을 이룬 선배도 찾아봅니다. 일정 기간 동안 조사한 내용을 친구들과 선생님, 부모님 앞에서 발표하면서 자신의 인생을 좀 더 구체적으로 설계할 수 있습니다. 발표 후에는 청중과 질문 및 응답을 통해 진지하게 임하는 자세도 가져볼 수 있습니다. 반대로 손을 들고 궁금한 것을 물어보는 것은 친구의 꿈에 대해 관심과 지지를 보낸다는 신호입니다.

조금 더 가볍게 미래 인터뷰를 진행할 수도 있습니다. 50년 후 나의 분야에서 달인이 되어 인터뷰를 해보는 상황입니다. 달인이 된 비결, 그 일을 하면서 가장 보람되었던 순간, 가장 힘들었던 순간을 가상으로 발표해보면 좋습니다. 기자들이 궁금한 것을 질문하면 달인의 입장에서 이야기 해 주고 기자들은 그 내용을 받아 적습니다. 나중에 달인이 퀴즈나 골든벨로 기자들이 잘 들었는지 확인하게 하면 조금 더 즐겁고 의미 있는 활동이 될 수 있습니다.

◉ 만다라트 목표 달성법

꿈을 이루기 위해서는 목표를 관리하고 구체적인 실천계획을 세우는 것이 좋습니다. 일본의 괴물 투수 오타니 쇼헤이가 사용했다고 해서 화제가 되었던 만다라트 목표 달성법을 소개합니다.

많은 사람들은 오타니의 목표 달성법을 궁금해 했습니다. 그러던 중 오나티 쇼헤이가 만다라트 목표 달성법을 활용했다는 것을 알게 되었습니다. 오나티 쇼헤이의 최종 목표는 8개 구단의 드래프트 1순위였고, 그것을 도와주는 세부 목표 8개, 세부 목표별로 실천 활동을 8개씩 적었습니다.

이 목표 달성법은 일본의 디자이너 이마이즈미 히로아키가 개발한 발상기법으로 manda+la+art가 결합한 용어 manda+la는 '목적을 달성한다'는 뜻이고, manda+art는 '목적을 달성하는 기술'을 의미합니다.

활동 방법

❶ 정사각형 9개로 이루어진 표(만다라트)를 그린다.

❷ 가운데 칸에 핵심주제(최종 목표)를 써넣고 나머지 8칸에 핵심주제의 하부 목표를 적는다.

❸ 8칸의 하부 목표에 해당하는 실천 사항 각각 다시 8개의 만다라트를 그린 다음 8칸 중 하나의 주제를 가지고 다시 만다라트를 그린다.

❹ 이런 식으로 8개의 만다라트를 그리면 관련된 아이디어는 무려 64(8×8)에 달하게 된다.

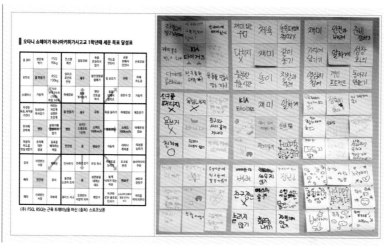

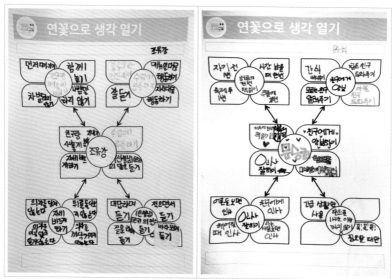

인간은 목표를 기록하고 자주 접할 때 꿈에 더 가깝게 다가갈 갈 수 있습니다. 아이들에게 꿈 꿀 수 있는 시간을 주세요. 그리고 내 꿈이 소중한 것처럼 다른 사람의 꿈도 소중히 여기는 문화를 만들면 좋겠습니다.

2. 스스로에게 관심 갖기

아이들은 정작 자기 자신이 무엇을 좋아하고, 잘하는 지는 잘 모르는 경우가 많습니다. 하지만 스스로에 대해 많이 알고 있을수록 자존감은 높아집니다.

◉ 장점 100개 찾기

장점 100개 찾기 활동을 통해 아이들은 자연스럽게 자신을 관찰하게 됩니다. 그리고 그 과정을 통해 많은 것을 알고 느끼게 됩니다. 장점과 단점이 어떤 차이를 보이는 지에 대한 영상(※영상 참고 : 유투브 말의 힘 – '고맙습니다'와 '짜증나'의 비밀)을 본 후 자신의 장점 찾기를 본격적으로 진행하면 좋습니다.

장점은 거창한 것이 아니라도 좋습니다. '넘어져도 잘 울지 않는다, 양말을 뒤집지 않고 바르게 빨래통에 넣는다.' 등 일상에서 실천하고 있는 것들을 생각하면 좋습니다. 단 아이들에게 100개라는 숫자가 다소 많게 느껴질 수도 있습니다. 100가지를 언제까지 찾을 것인지 기간을 정해서 모두가 완성하는 것을 목표로 잡습니다. 그때까지 모두가 함께 찾을 수 있도록 기다리면서 격려하는 것이 좋습니다.

자신의 장점을 찾는 것에 어려움을 느끼는 경우에는 장점을 찾아주는 활동(칭찬 말 샤워로 친구들과 선생님이 찾아주기)을 하면 큰 도움이 됩니다. 가정과 연계해서 부모님이 자녀의 장점을 함께 찾아주는 활동으로 발전시키면 더욱 좋습니다.

정해진 날에 100가지 장점을 모두 찾은 후 기록지와 찾는 과정에서 느낀 소감을 적어서 제출하고 잘 보이는 곳에 게시해 둡니다. 모두가 성공했다면 성공 기념 학급 잔치(장점 파티)를 함께 하면 학급 전체의 소속감을 높이는 데 큰 도움이 될 것입니다.

　소감 나누기를 통해 "장점이 많아서 당황했습니다.", "친구가 도와주어서 좋았습니다.", "100개를 찾는 것이 너무 힘들었습니다. 하지만 결국에 찾고 다니 뭔가 뿌듯하고 나와 조금 더 가까워진 느낌이었습니다."등의 이야기를 나누고 활동의 의미를 더욱 깊게 느낄 수 있습니다.

활동명 : 장점 100개 찾기

활동 순서

❶ 먼저 스스로에 대해 얼마나 잘 알고 있는지 이야기를 나눕니다.

❷ 장점을 10개 찾는 데 도전해보고 소감을 나눕니다.

❸ 학급 전체 미션으로 장점 100개를 찾습니다.

❹ 정해진 기간 동안 학급 전체가 모두 찾아서 장점 파티를 하는 것을 계획으로 세웁니다.

❺ 장점 100개를 모두 찾으면 소감을 적어서 제출합니다.

❻ 모두 찾으면 장점 파티를 합니다.

❼ 장점을 잘 찾지 못하면 친구들과 선생님이 도와주면 좋습니다.

❽ 우리반 장점 100개 찾기에 도전합니다.

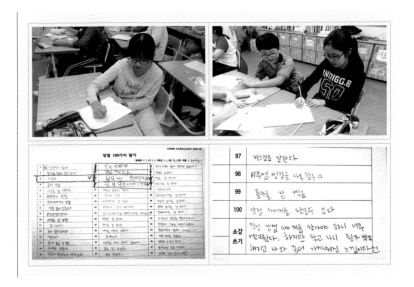

⊙ 장점 포스터 만들고 '장점 파티'하기

　　아이들이 스스로 찾은 100가지 장점 중에서 가장 마음에 들거나 앞으로도 장점으로 계속 가지고 있고 싶은 것을 선택합니다. 그리고 그 장점으로 나만의 장점 포스터를 만듭니다. 가능하다면 시각적으로 표현하는 것이 좋습니다. 만드는 과정에서 이미지로 만들기 어려운 경우에는 단어로 표현하면 됩니다. 친구들의 도움을 받으면서 만들 수도 있습니다. 자신의 장점에 대해 생각해보고, 그 장점을 사랑하는 것은 아이들이 자존감을 높일 수 있는 좋은 활동입니다.

　　장점 포스터를 완성하면 아이들끼리 원으로 둘러앉아서 각자 만든 장점 포스터를 보여주면서 장점을 소개하는 활동을 진행합니다. 친구들의 격려를 듣고 난 후 "고마워!", "내 장점을 더 발전시킬게!"라고 말해주면 좋습니다. 선생님도 아이들과 활동을 하기 전에 먼저 장점 100가지를 찾고 장점 포스터를 만들어 보여주면 어떨까요?

활동 예시) 장점 포스터 만들기

◉ 생일책 만들고 축하해주기

　장점 찾기를 활용해서 '생일책'을 만들어도 좋습니다. 아이들이 생일을 맞은 경우에 축하를 받는 행위도 자존감을 높일 수 있는 활동 중 하나입니다. 생일을 맞은 친구들에게 돈을 들이지 않고 세상에 하나 밖에 없는 선물을 만들어 주는 방법이 바로 '생일책'을 만들기 입니다.

　방법은 간단합니다. 생일인 친구의 장점 3가지와 생일을 축하하는 메시지를 쓰는 것입니다. 주고 싶은 선물을 그림으로 그려서 주는 것도 좋습니다. 모두의 편지를 모아서 책으로 만들고, 행사부나 먼저 한 친구가 표지를 만들어줍니다. OHP용지를 앞면과 뒷면에 붙이고 펀치로 구멍을 뚫어 고리로 연결하거나 제본기를 이용해서 제본을 하면 완성입니다. 생일이 주말인 경우에는 금요일에 만들어 주고, 방학인 경우에는 방학식날이나 개학식날 만들면 좋습니다. 생일을 맞이한 학생에게는 부모님께 감사의 편지를 쓰게 하면 더욱 의미 있습니다.

※ 미션 : 반에게 가장 마음이 가지 않는 아이의 생일책을 만들어 보세요.

⊙ 친구 상장 만들기

친구들의 말과 행동을 관찰하고 친구들의 장점을 상으로 만들어 주는 활동을 할 수 있습니다. 친구에게 인정받는 경험은 자존감을 높이는 데 큰 도움이 됩니다. 서로 좋은 점을 찾아서 상장으로 만들어 선물해주는 활동을 해보면 어떨까요.

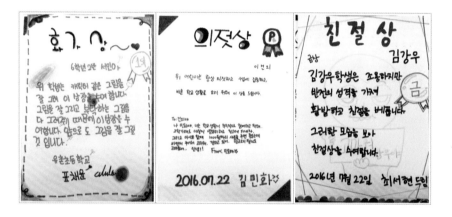

활동명 : 친구 상장 만들기

활동 순서

❶ 친구들에 대해서 알아보는 시간을 충분히 가집니다.

❷ 상장의 내용과 문구들은 그 친구의 좋은 점만 써서 주어야 합니다.
친구에게 상장을 만들어 주기 위해 1학기를 다시 되돌아보고 그 친구를
생각해 보는 시간을 갖습니다.

❸ 누구의 상장을 만들 것인지는 공평하게 '뽑기'로 하는 것이 좋습니다.
그렇지 않으면 누군가는 소외감을 느낄 수 있습니다.

❹ 자신이 뽑은 친구의 상장을 완성했다면 다른 친구나 선생님의 상장을
만들 수 있게 하는 것도 좋습니다.

❺ 모두 완성하면 시상식을 진행합니다.

3. 유능감과 공헌감 키우기

◉ 멘토&멘티 제도

아이들이 서로 잘하는 것을 활용하여 멘토&멘티 제도를 만들어볼 수 있습니다. 먼저 '내가 가장 잘해' 목록을 작성합니다. 그 중에서 학생들이 서로 대결하고 끝나는 것도 있겠지만, 분명 서로 가르쳐 줄 수 있는 것들도 많습니다. 종이접기, 수학, 큐브, 공책 정리 등 본인이 잘하는 일의 비법을 친구들에게 알려줍니다. 그리고 그 방법을 적용했더니 어떤 결과나 발전이 있었는지 함께 이야기를 나누면 유능감과 공헌감이 커집니다.

수업 시간에 배우는 것이 5개 중에 1개라면, 친구들과 상호작용하면서 배우는 것이 4라고 합니다. 그만큼 아이들은 또래에게 받는 영향이 크고 중요합니다. 좋아하는 친구들끼리 서로 가르치고 배우는 관계를 통해 함께 성장할 수 있습니다.

◉ 하루 선생님과 배움 역할

다음으로 해볼 활동은 하루 선생님 역할입니다. 하루 선생님은 하루 열기의 시작을 알리고, 준비해온 이야기를 하거나 퀴즈를 냅니다. 오늘의 미덕(버츄프로젝트)이나 꼭 지켜야 할 공동의 목표 등을 알려주고 잘 보이는 곳에 적거나 게시해 둡니다. 아침 독서나 아침 활동 시간에 친구들이 더 잘할 수 있도록 격려의 말을 하는 것이 하루 선생님의 주된 역할입니다. 칭찬 말 샤워를 하고 있다면 하루 선생님이 칭찬 말 샤워의 주인공이 되는 것도 좋습니다.

배우는 사람에게도 역할이 필요합니다. 협동학습에서 모둠 내 역할을 정하는 것처럼 매일 배움에 필요한 역할을 함께 만들고 진행하면 좋습니다. 배움 역할을 통해 서로의 배움을 위해 기여하고 공헌하는 것입니다.

기여하는 삶은 가치 있는 삶입니다. 아들러가 말한 교육의 최종 목적은 '자립'이라고 했습니다. 더불어서 공헌하는 삶을 사는 것입니다. 다양한 방법으로 아이들 스스로가 자립하고 공동체에 기여하면서 공헌감을 느낄 수 있으면 좋겠습니다.

배움 역할 만들기

❶ 배우는 데 필요한 역할 만들기

❷ 역할 순환하기

- 모둠장
- 나누미
- 도우미
- 아나운서

모둠장 (수업준비, 수업중 태도)	나누미 (나눠주고 반납하기)
도우미 (뒷정리 확인, 칭찬하고 격려)	아나운서 (모둠 의견 종합해서 발표)

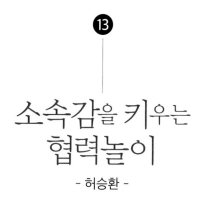

소속감을 키우는 협력놀이

- 허승환 -

"다른 사람의 눈으로 보고 다른 사람의 귀로 듣고,
다른 사람의 마음으로 느끼는 것을
우리는 '사회적 감정'이라고 정의한다."

- 알프레드 아들러 -

1. 소속감이란 무엇일까

◉ '소속감'이란?

베스트셀러 『미움받을 용기』에 나오는 철학자와 젊은 청년의 대화입니다.

> 철학자 : 우리는 모두 '여기에 있어도 좋다'는 소속감을 갖기를 원해. 하지만 아들러 심리학에서는 소속감이 가만히 있어도 얻어지는 것이 아니라 공동체에 적극적으로 공헌해야 얻을 수 있는 것이라고 보았네.

청 년 : 적극적으로 공헌한다? 그게 무슨 뜻이죠?

철학자 : '인생의 과제'에 직면하는 걸세. 즉 일, 교우, 사랑이라는 인간 간계의 과제를 피하는 것이 아니라 적극적으로 받아들이는 거지. 만약 자네가 '세계의 중심'이라고 한다면 공동체에 공헌하겠다는 생각을 눈곱만큼도 하지 않을 걸세. 모든 타인이 '나를 위해 무언가를 해주는 사람'이니 굳이 내가 나서서 행동할 필요는 없으니까. 하지만 자네도 나도 세계의 중심이 아니야. 내 발로 인간관계의 과제에 다가가지 않으면 안 되네. '이 사람은 내게 무엇을 해줄까?'가 아니라 '내가 이 사람에게 무엇을 줄 수 있을까?'를 생각해야지.

소속감이란 누군가와 동일한 가치와 신념을 공유할 때 생겨나는 감정입니다. 이는 서로 연결되어 있으며, 그로 인해 안전하다는 느낌을 받는 감정입니다. 철학자 아들러는 개인의 목표 중 대부분이 사회에 온전히 소속되려는 노력으로 수렴한다고 생각했습니다. 이 때 개인이 사회에 소속됐다고 느끼려면 각자가 세상을 인지하고 행동하는 고유한 방식이 있는 그대로 받아들여져야 합니다.

아들러는 세상에 대해 갖는 인식을 기준으로 개인이 행동을 취하는 독특한 방식을 '생활양식(life style)'이라 칭했으며 우열을 떠나 각자의 생활양식이 사회 속에서 나름의 의미를 만들 수 있을 때 한 개인이 사회에 궁극적인 소속감을 느끼게 된다고 주장했습니다.

아들러의 수제자인 드라이커스는 '모든 인간은 소속감에 대한 기본적인 욕구를 가지고 있다.'라고 결론지었습니다. 그는 '소속의 욕구'를 인간의 사회적 행동의 참된 목표(genuine goal)라고까지 불렀습니다. 그리고 모든 학생들은 어떤 욕구보다도 학급에 소속되기를 바라는 욕구를 강하게 가지고 있으며, 학급에서 소속감을 느끼는 학생들은 문제 행동을 거의 하지 않는다고 보았습니다.

⊙ 교실에서 '소속감'을 키우는 방법

　　교실에서 소속감을 느낄 수 없을 때, 학생들은 자신이 중요한 존재임을 나타내기 위해 잘못된 목표(mistaken goal: 칭찬 요구, 관심 끌기, 힘의 오용, 보복하기, 무기력 등)를 가지게 됩니다. 교사는 학급의 모든 학생들이 '소속감'의 참된 목표를 달성할 수 있도록 도울 때 비로소 평화로운 학급을 만들 수 있습니다. 어떻게 하면 교실의 학생들이 '소속감'을 가질 수 있도록 도울 수 있을까요?

　　OECD에서 실시하는 국제 학생평가인 PISA가 2000년부터 2012년까지 수천 쪽에 이르는 PISA 보고서를 분석한 권재원 선생님의 『그 많은 똑똑한 아이들은 어디로 갔을까?』에는 기억에 남는 문장이 있습니다.

> 홍콩이나 일본의 경우는 학교에서 외로움을 느끼거나 소외감을 느끼는 학생들이 OECD 평균의 두 배에 달했다. 학급이라는 가족적 공동체로 끈끈하게 결속된 동아시아 학교의 겉모습이 사실은 허상일 수 있음을 보여주는 결과다. 그리고 이것은 학교 자체가 불편하거나 어색해서는 아니었다.
> 따라서 동아시아 학생들이 **학교에서 소속감을 느끼지 못하는 원인은 학교나 교사보다는 동료 학생들과의 연대가 낮아서**라고 결론내릴 수 있다. 학급이라는 작은 공동체에서 함께 하더라도 그 안에서 동료들을 경쟁상대로 여긴다면 소속감이나 유대감을 느끼기는 어렵다.

　　학생들이 소속감을 느끼기 위해서는 '사회적 감정'을 가지고 살아야 하며, 교사는 학급에서 소속감을 가지고 공헌하면서 살아갈 수 있도록 도와야 합니다. 무엇보다 동료 학생들을 경쟁상대로 여기지 않아야 소속감을 키울 수 있습니다.

아들러는 행복을 느끼기 위해서는 3가지 조건이 필요하다고 했습니다. 먼저 '자기수용'입니다. 이는 '전적인 받아들임'을 말합니다. 환경 탓, 남 탓 하지 않고 있는 그대로의 자기를 인정하고 감사하게 받아들이는 감정입니다. 두 번째는 '타인 신뢰'입니다. 일단 자기 자신에 대한 자신감이 있는 사람일수록 타인을 더 많이 믿습니다. '타인 신뢰'는 무조건 관계에 끌려 다니라는 것은 아닙니다. 스스로 주인의식을 가지고 남을 있는 그대로 믿어주는 마음을 가지자는 것입니다. 물론 그것이 아니다 싶을 때는 과감하게 끊을 수도 있어야 합니다.

아들러는 '타인을 신뢰해야 하는 이유'를 교실에서 다른 친구들을 경쟁 상대가 아닌 친구로 바라보기 위해서라고 했습니다. '자기수용'을 할 수 있는 아이들이라면 다른 친구들도 있는 그대로의 모습을 인정하며 존재 자체로 바라보기가 쉬울 것입니다. '자기수용'과 '타인 신뢰' 그리고 이런 신뢰감을 바탕으로 다른 친구들에게 공헌하고, 그것으로부터 나오는 '공헌감'으로 자신의 '소속감'을 확인하고 여기에서 자신의 가치를 느끼며 행복해질 수 있습니다.

2. 소속감을 키워주는 의자 놀이

◉ '안조빠'로 모이기

케이 프라니스의 도서 『서클 프로세스』에는 다음과 같은 구절이 나옵니다.

> '서클'은 참여자들이 탁자 없이 둥글게 배치된 의자에 앉는다. 모인 사람들은 때때로 의미있는 물건을 가운데 두고 참여자들의 공유된 가치와 공통점을 상기시켜줄 응시의 대상으로 삼을 수 있다. '서클'의 둥근 형태는 공유된 리더십, 동등함, 연결과 포용을 상징하는 동시에 모든 참여자들로부터 오는 집중, 책임의식, 참여를 촉진한다.

교실에서는 동그랗게 둘러앉아서 말하는 구조가 학생들이 가장 안전한 공간에서 동등하게 목소리를 낼 수 있도록 돕는 효율적인 방법입니다. 서로 간에 '존중'의 분위기를 만드는 가장 좋은 방법은 학생들 앞에 책상을 두지 않고 의자 또는 바닥에 앉아 원을 만드는 것입니다. 이렇게 하면 모든 학생들이 서로 볼 수 있으며 학교생활 중에서도 뭔가 다르고 특별한 활동이라고 여기게 됩니다.

아이들이 책상을 벽에 밀고, 의자만을 이용해 동그랗게 모일 때 칠판에 '안조빠'라고 쓰고, 이게 무슨 말인지 묻습니다. 안조빠는 '안(안전하고), 조(조용하고), 빠(빠르게)'모이자는 말의 약자입니다. 이때 간단히 휴대전화 스톱워치로 학생들이 모두 모이기까지 얼마나 걸리는지 시간을 잽니다. 혼내지 않고 매번 기록을 알려주는 것만으로도 시간이 길어지는 것을 방지할 수 있습니다.

⊙ 어색함을 줄여주는 의자 놀이

　동그랗게 의자를 가지고 모여 앉으면, 서로간의 어색함을 줄여줄 수 있는 의자놀이가 있습니다. 학기 초 서로 어색했던 관계 속에서 이런 의자 놀이는 마음의 긴장과 불편함을 자연스럽게 풀어줍니다. 학기 초부터 놀이로 관계 맺기를 해온 아이들은 말보다는 활동으로 움직이다보면 어느새 마음을 열고 자신을 표현하기 시작합니다. 몸이 자유로워지고 편해지면 마음도 풀어지게 되어 있습니다. 무엇보다 여러 번에 걸쳐 해도 재미있어서 이벤트처럼 아이들과 즐겨도 좋습니다.

1. 활동명 : 혼자왔어요

모두들 동그랗게 모여 의자에 앉으면 시작합니다.

둘이 왔어요~!

활동 방법

❶ 선생님이 한 아이의 두 손을 맞잡아
   일으키며 "시작"이라고 외칩니다.

❷ 아이는 일어나며
   "혼자 왔어요."라고 말합니다.

❸ 시계 반대 방향으로 두 명의 아이가
   서로 손을 잡고 일어나며 "둘이 왔어요."라고 외칩니다.

❹ 다음은 세 명의 아이가 서로 손을 잡고 일어나며 "셋이 왔어요."라고 외칩니
   다. 단 저학년의 경우에는 세 명의 아이까지 일어난 후에는 다시 두 명의 아
   이만 일어나며 "둘이 왔어요.", 다음은 한 아이가 일어나며 "혼자 왔어요."라
   고 외칩니다. 결국 1-2-3-2-1 명의 순서대로 일어나면 됩니다.

❺ 중·고학년이라면 '혼자 왔어요-둘이 왔어요-셋이 왔어요-넷이 왔어요-다
   섯이 왔어요-넷이 왔어요-셋이 왔어요-둘이 왔어요-혼자 왔어요' 순으로
   진행하면 됩니다.

활동 주의점

만약 자기 차례가 아닌데 일어나거나 자기 차례인데 일어나지 않은 아이가 있
다면, 틀렸다고 해도 면박을 주지 않아야 합니다. 그 아이부터 새로 시작하면
됩니다.

2. 활동명 : 만나서 반가워, 난 ○○○라고 해

이제는 너무 많이 알려진 '당신은 이웃을 사랑하세요?' 놀이보다 '만나서 반가워' 놀이로 즐겨 봅시다. 모두 원형으로 둘러 의자에 앉아 시작합니다.

활동 방법

❶ 술래가 먼저 가운데로 나와서 "만나서 반가워, 나는 허승환이라고 해."라고 말하며 원으로 돌면서 신나게 손을 흔들어 줍니다.

❷ 의자에 둘러 앉아있던 아이들이 다같이 "승환아, 반가워."라고 말하며 손을 흔들어 줍니다.

❸ 술래가 "그런데 나는 ~ 한 아이들이 더 반가워."라고 말합니다. 예를 들면, "학원을 다니지 않는 아이들이 더 반가워." 라고 말하면 됩니다.

❹ 이때 학원을 다니지 않는 아이들은 모두 의자에서 일어나 자리를 바꿔 앉는다. 이때 술래는 빈자리를 찾아 앉습니다.

❺ 자리를 찾지 못한 한 아이가 다음 술래가 되어 놀이를 진행합니다.

활동 주의점

술래로 걸렸던 아이가 또 걸리면 벌칙을 주지 않습니다. 대신 자신을 소개할 때 "또 만나서 반가워. 나는 홍길동이라고 해"라고 말하며, 더 격렬하고 신나게 손을 흔들어 주면 됩니다. 세 번째 걸리면 "또또 만나서 반가워."라고 하고 벌칙 없이 편안하게 진행합니다.

3. 활동명 : 손님 모셔오기

신나는 노래와 함께 즐길 수 있는 속도감 있는 놀이입니다. 동그랗게 앉은
아이들 사이에 빈 의자를 하나 준비합니다.

활동 방법

❶ 모두 다함께 '퐁당퐁당' 노래(또는 모두 함께 배운 노래)를 부릅니다.
  이때 빈 의자 양쪽에 앉은 두 명이 서로 손을 맞잡고 가서 '손님'을 모
  셔옵니다.

❷ '손님'을 모셔가서 생긴 빈자리, 그 의자의 양쪽 두 명이 서로 손을 맞잡
  고 또 다른 손님을 찾아 모셔옵니다.

❸ 퐁당 퐁당 동요를 부르는 동안 진행하고, 노래가 끝났을 때 움직이고 있거
  나 빈 의자가 있는 양쪽 아이들 둘이 잡혀 미리 약속한 교실 봉사를 합니
  다.

❹ 남학생 둘이라면 여학생을 데려오고, 여학생 둘이라면 남학생을 데려
  오도록 약속합니다. 남녀가 빈 의자 양쪽에 앉아있었다면, 아무나 성별
  상관없이 데려오면 됩니다.

활동 주의점

다만 조심할 것은 방금 데리고 온 손님은 적어도 2번 이후에 움직일 수 있도록
합니다. 그렇지 않으면, 데려온 아이를 다시 데려가는 경우가 생깁니다.

4. 활동명 : 과일 바구니

의자를 가지고 빈자리가 없도록 둥그렇게 앉아 즐기는 놀이입니다.

활동 방법

❶ 앉은 순서대로 과일 이름을 네 개 정도 정해 차례로("사과, 감, 귤, 배"하는 식으로) 돌아가며 외칩니다. "사과", "감", "귤", "배"...이때 자기가 어떤 과일을 말했는지 기억해야 합니다.

❷ 가운데에 술래 한 명이 섭니다.

❸ 의자에 앉은 친구에게 다가가 "어떤 과일을 좋아하세요?" 라고 묻습니다. 이때 앉아있던 아이는 과일 이름 하나를 말합니다. "사과!"

❹ 아이가 말한 과일에 해당된 친구들은 자리에서 일어나 다른 자리로 옮겨 앉습니다.

❺ 이때 술래가 얼른 빈자리를 차지하면, 자리에 앉지 못한 마지막 한 명의 친구가 다음 술래가 되어 게임을 진행합니다.

❻ 과일은 한 개를 말할 수도 있고 "사과-배", "복숭아-배"하는 식으로 두 개를 한 번에 말할 수도 있습니다.

❼ 전부 일어나게 하고 싶으면, 앉은 아이는 "과일 바구니!"라고 외치면 됩니다.

5. 활동명 : 가위바위보 의자놀이

술래와 가위바위보를 해서 서로의 자리를 바꿔가는 의자놀이입니다.

활동 방법

❶ 의자를 가지고 동그랗게 모여 앉습니다.

❷ 술래가 가운데 서서 "하나, 둘, 셋" 신호와 함께 아이들 모두와 가위바위보를 합니다. 이때 모두들 손이 잘 보이게 위를 향해 가위바위보한 손을 들어 올립니다.

❸ 술래와 가위바위보를 비교해 진 아이들은 빨리 자리를 바꿉니다.

❹ 이때 술래가 재빨리 의자 하나에 앉아버리면, 마지막에 앉지 못한 아이가 다음 술래가 됩니다.

❺ 새로 술래가 된 아이가 모두와 가위바위보를 하며 같은 방법으로 진행합니다.

◉ 서로 더욱 연결되는 의자 놀이

의자놀이 중에는 놀이를 하고 나면, 서로간의 관계가 더욱 가까워지고 서로 연결되었다는 생각에 소속감을 키워주는 놀이가 있습니다.

1. 활동명 : 나도-나만 공감놀이

동그랗게 의자에 앉아 하는 놀이입니다. 선생님이 간단한 주제를 불러주면 시작합니다.

활동 방법

❶ 선생님이 "오늘 아침에 뭘 먹고 학교에 왔나요?"라고 묻습니다.

❷ 첫 번째 아이가 일어서며, "김치찌개를 먹었습니다."라고 아침에 먹은 것을 이야기합니다.

❸ 이때 아침에 김치찌개를 먹은 아이들은 모두 일어나서 "나도"라고 외칩니다.

❹ 시계 방향으로 돌아가며 다음 아이가 일어납니다. "유부초밥을 먹었습니다." 그런데 반에 아무도 유부초밥을 먹지 않아 일어나는 아이가 없다면, 아이가 다시 한 번 일어서며 "나만"이라고 외칩니다.

❺ 같은 요령으로 한명씩 돌아가며 주제에 대한 대답을 하면 됩니다.

활동 주의점

한 주를 마치며 일주일 동안 있었던 일들, 생각, 감정 등을 한 사람씩 돌아가며 마무리해도 좋습니다. 예를 들어 첫 아이가 "이번 주에 나는 엄마와 싸웠다."라고 말하면, 같은 경험을 한 아이들이 일어나며 "나도"라고 외칩니다. 물론 아무도 일어나지 않으면 다시 일어나 "나만"이라고 외치고 앉으면 됩니다. 두 번째 아이가 "요즘 읽고 있는 책이 있다."라고 다른 주제를 부르며 계속 진행합니다.

2. 활동명 : 감전 게임

동그랗게 모여 서로의 손을 잡고 선생님의 "시작" 신호에 맞추어 손을 꾹꾹 눌러 전달하는 감전 게임입니다. 한 바퀴 돌아오는 시간을 재어 그 시간과 경쟁하도록 하면 더욱 열심히 도전합니다. 그러한 과정을 통해 우리 반에 대한 소속감이 더욱 길러지게 됩니다.

활동 방법

❶ 선생님과 아이들이 모두 동그랗게 손을 이어 잡습니다. 선생님이 오른쪽 아이 손을 꽉 잡으면, 잡힌 아이는 릴레이로 다음 아이의 손을 꽉 잡습니다.

❷ 이렇게 전기 신호가 한 바퀴 돌아 다시 선생님의 왼쪽 손까지 오는데 걸리는 시간을 휴대전화 타이머로 재어 불러줍니다.

❸ "다시 도전하면 더 잘할 수 있나요?"라고 물으면, 아이들이 재도전의 의지를 불태우기 마련입니다. 이럴 때 "우리 반의 마음이 하나로 모인다면, 더욱 시간을 단축시킬 수 있을 거예요."라고 북돋우며 다시 도전합니다.

❹ 전기 신호가 한 바퀴 돌아오는 시간을 재어 처음 기록과 비교하여 칭찬합니다. 사실 연습이 덜 되어 있던 처음보다는 아이들이 방법도 익혔고, 도전감도 높아져 기록이 높아질 수밖에 없습니다.

활동 팁

어느 정도 익숙해지면, 선생님은 원에서 따로 빠져나가 돌다가 어느 한 아이의 어깨를 짚어 그 아이부터 시계 방향으로 전기신호를 전하다 처음 아이에게 신호가 돌아왔을 때 "그만"이라고 외치면, 그때까지의 타이머 기록을 발표합니다. 친구들과의 경쟁이 아니라 기록과의 경쟁이라 시간이 단축될 때마다 굉장한 기쁨을 느끼게 됩니다.

3. 활동명 : 휴지 던지고 이름 부르기

크리넥스 휴지를 가지고 서로의 이름을 부르며 즐겁게 놀 수 있는 의자놀이입니다.

활동 방법

❶ 술래가 가운데 서서 휴지를 높이 던져 날리며 반 아이들 중에서 한 명의 이름을 크게 부릅니다. "영미야, 나와"

❷ 이름불린 아이는 뛰어나와 휴지를 잡아야 합니다.

❸ 이때 술래는 이름 부른 아이의 자리에 가서 앉습니다.

❹ 이름불린 아이가 휴지가 바닥에 떨어지기 전에 잡으면, 다음 술래가 되어 휴지를 던져 계속 진행합니다.

❺ 만약 휴지를 잡지 못하면, 휴지의 절반을 잘라 던지게 합니다.

활동 주의점

휴지를 던질 때에는 이름을 부르고 난 후에 높이 던져야 합니다. 간혹 이름을 부르며 던지는 바람에 잡기 어려운 경우가 많습니다.

4. 활동명 : 대장을 찾아라

신나는 음악을 틀어놓고, 함께 원을 만들어 서서 춤을 추며 즐기는 놀이입니다. 그 누구도 아무 말도 하지 않지만 반 아이들의 결속력은 더욱 높아지게 됩니다.

활동 방법

❶ 모두가 큰 원을 만들어 동그랗게 서고, 술래 한 명이 원 안에 섭니다.

❷ 원 안에 있는 술래는 눈치껏 사람들을 살펴본 후 처음 그 동작을 시작한 대장이 누구인지 찾아야 합니다.

❸ 정해진 시간 안에 찾으면, 대장이 술래가 되어 게임을 이어갑니다.

5. 활동명 : 아름다운 연결 놀이

동그랗게 모여 앉고, 털실을 준비해 다른 친구에게 굴리거나 던지는 놀이입니다. 간단히 할 때에는 털실 공을 받는 아이에 대한 좋은 점을 하나 말하고 던지면 됩니다.

저는 이세훈이고 웹툰보는걸 좋아합니다.

활동 방법

❶ 먼저 선생님부터 "자기가 좋아하는 것", "올해 이루고 싶은 꿈", 또는 "불리고 싶은 별명과 그 이유" 등 주제를 하나 정해 맞은 편 아이에게 털실뭉치를 굴립니다.

❷ 털실 뭉치를 받은 아이는 이전 사람의 이름과 좋아하는 것을 다시 이야기한 후, 자신의 이름과 좋아하는 것을 말합니다.

❸ 털실이 돌고 돌아 선생님에게 오면, "연결된 털실이 참 예쁘죠? 우리 반 안에서 우리가 이렇게 모두 연결되어 있고, 서로 이렇게 마음을 모았을 때 참 아름답니다. 함께 실을 잡고 있는 모든 손이 참 소중합니다."는 이야기를 나눕니다.

❹ 이제 실뭉치를 역으로 보내면서 실뭉치를 감으면서 앞사람의 이름과 꿈을 한 번 더 이야기하고, 마지막 실뭉치가 선생님에게 올 때 "선생님은 올해 여러분과 연결된 이 끈을 끝까지 놓지 않고 잡고 있을 거예요. 여러분도 이렇게 연결되어 서로 좋아하는 것들을 하며 행복한 한 해를 보내게 되길 바랍니다."라고 이야기합니다.

3. 소속감을 키워주는 공동체 놀이(1)

공동체 놀이는 전체가 함께 하면서 공동체 의식을 은연중에 심거나 또는 팀을 나누어 팀워크를 다지며 소속감을 키워주려는 목표가 있는 놀이입니다.

◉ 모둠 역량을 이끌어내는 공동체 놀이

1. 활동명 : 종이 끼우기 게임

종이 끼우기 게임은 서먹서먹함을 풀어주는 공동체놀이입니다. 선생님의 구령에 맞추어 모둠 아이들 사이에 A4용지 종이를 끼워주면 됩니다. 종이가 떨어지거나 더 끼울 공간이 없으면 그 모둠은 탈락하는 즐거운 게임입니다.

활동 방법

❶ 먼저 모둠별로 몸을 붙이고 섭니다. 접촉하는 부분이 많아야 이롭습니다.

❷ 선생님이 "한 장" 이라고 구령을 외친 후, 모둠에서 아이와 아이 사이 접촉한 부분에 A4용지를 한 장 끼워 넣습니다.

❸ 끼워둔 A4용지가 빠져나오면, 그 모둠은 탈락됩니다.

❹ 모든 모둠이 성공하면, 선생님은 "두 장"이라고 구령을 외치고, 두 번째 A4용지를 모둠에서 원하는 접촉면에 끼워 넣습니다.

❺ 모든 모둠이 성공할 때마다 "한 장", "두 장", "세 장", "네 장" 구령을 외치며 A4용지를 끼워 넣습니다. 더 이상 종이를 끼워 넣을 접촉면이 없거나 끼워 넣은 종이가 떨어지면, 그 모둠은 탈락하게 됩니다.

❻ 마지막까지 남아있는 모둠이 승리하게 되는 게임입니다.

2. 활동명 : 한 줄로 라인업

선생님이 불러주는 주제에 맞게 빠른 시간 안에 동그랗게 순서대로 서야 하는 공동체 놀이입니다. 친구들과의 경쟁보다 이전기록과의 경쟁을 통해 우리 반이 하나 됨을 느끼게 되는 놀이입니다.

활동 방법

❶ 서로 약 1미터 정도의 간격을 두고 동그랗게 떨어져 섭니다.

❷ 선생님이 불러준 주제에 따라 모두 한 줄로 늘어섭니다.

"태어난 생일 순으로 서 봅시다. 예를 들어 3월 1일에 태어난 아이보다 뒤에 태어난 아이는 그 아이의 뒤에 서면 됩니다."

❸ 줄을 서기 위해 서로 대화를 할 때에는 목소리를 내지 않고 몸동작으로만 서로 의견을 교환할 수 있습니다. 가능한 짧은 시간에 모이는 것을 목표로 합니다. 교사는 휴대전화 타이머 기능을 이용해 몇 초 정도 만에 모두 한 줄로 서는지 시간을 재면 됩니다.

❹ 모두의 도전이 끝나고 난 후에는 한명 한명 자기의 생일을 발표하도록 합니다. 모두 생일 순으로 바르게 섰으면 오늘의 미션은 성공! 성공을 자축하는 박수를 함께 치고 다음 주제에 도전합니다.

❺ 만약 실패한 경우에는 다시 한 번 도전할 수 있도록 기회를 주면 좋습니다. 두 번째 부터는 기록에 대한 도전보다는 '성공'에 대한 도전으로 방향을 바꿉니다.

3. 활동명 : 훌라후프 다운

'훌라후프 다운' 게임은 모둠 아이들이 서로 협력할 수 있도록 돕는 놀이입니다. 손가락 위에 올려놓은 훌라후프를 손가락을 떼지 않도록 하면서 바닥에 내리면 성공합니다. 중간에 생각과 달리 훌라후프가 공중에 떠버려서 더욱 서로의 협력이 필요합니다.

활동 방법

❶ 5명에서 8명 정도의 인원으로 모둠을 만듭니다. 이때 모둠별로 원을 만들되, 모두 원 안쪽을 바라보고 섭니다.

❷ 검지 끝 마디 위에 훌라후프를 놓습니다.

❸ 처음 시작 위치는 훌라후프가 가슴 정도 높이에서 시작합니다.

❹ 모두 다 협력하며 훌라후프를 밑으로 내려가도록 하되, 한 사람이라도 훌라후프에서 손가락이 떨어지면 실패! 다시 시작해야 합니다.

❺ 훌라후프 고리에서 손가락을 떼지 않고 바닥까지 내려놓으면 성공입니다. 단 '훌라후프'에서 손가락이 떨어지면 안 된다고 지나치게 생각하다 보면, 자기도 모르게 손가락이 떨어져버리게 되니 주의해야 합니다.

4. 활동명 : 풍선으로 떠나는 교실 세계여행

'풍선 세계여행' 놀이는 풍선을 전달하여 모든 아이들의 손을 거치는 데 걸리는 시간을 재며 마음이 하나가 되는 놀이입니다. 먼저 모둠에서 함께 손을 잡고 띄우며 모둠의 결속력을 다질 수 있고, 반 아이들 모두와 즐겨도 됩니다.

활동 방법

❶ 풍선 한 개를 터지지 않을 정도의 크기로 불고 묶습니다.

❷ 선생님이 바로 앞의 아이에게 풍선을 보내면, 잡지 않고 손으로만 쳐서 옆 친구에게 보냅니다.

❸ 이런 식으로 교실 바닥에 떨어뜨리지 않고, 반 아이들 모두가 풍선을 한 번씩 손에 터치한 다음 다시 선생님께 돌아오도록 합니다.

❹ 중간에 풍선을 바닥에 떨어뜨리면, 다시 처음부터 시작하도록 합니다.

❺ 선생님은 휴대전화 스톱워치 기능을 이용하여 선생님 손을 떠난 순간부터 다시 돌아올 때까지의 기록을 잽니다.

⊙ 재미있고 신나는 공동체 놀이

1. 활동명 : 진주-조개-불가사리

진주-조개-불가사리 게임은 3명씩 짝을 지어 진주와 조개 역할을 맡습니다. 그런 후에 진주, 조개, 불가사리라고 술래가 부를 때 움직이는 아이들 틈에 술래가 들어갑니다. 자기 자리를 찾지 못한 아이가 다음 술래가 되는 재미있는 공동체놀이입니다.

활동 방법

❶ 먼저 3명 1조로 모입니다. 이때 2명은 양쪽에서 서로의 손을 잡고 조개의 역할을 하고, 남은 한 명은 그 안에 들어가 진주 역할을 합니다.

❷ 한 명은 술래가 되고, 술래가 "조개"라고 외치면, 조개만 손을 풀고 다른 짝과 만나 조개를 만듭니다. 이때 안쪽에 진주를 품은 모둠은 자리에 앉습니다.

❸ 이때 술래가 빈자리로 들어가면, 들어갈 자리를 잃은 진주 역할의 한 아이가 남아 다음 술래가 됩니다.

❹ 술래가 "진주"라고 외쳤을 때에는 안쪽에 있던 진주들이 빠져나와 다른 조개들 속에 뛰어 들어가야 합니다. 뛰어 들어간 모둠은 자리에 앉습니다. 이때도 술래는 얼른 진주가 없는 조개들 사이로 들어가고, 이때 자리를 잃은 진주 역할의 아이가 다음 술래가 됩니다.

❺ 그런데 만약 술래가 "불가사리"라고 외치면, 조개 역할을 하던 아이들도, 진주 역할을 하던 아이들도 현재의 3인 1조에서 벗어나 다른 아이들과 헤쳐 모여야 합니다. 이때 술래가 들어가 진주나 조개 자리를 차지하면, 역시 진주나 조개 자리를 찾지 못한 아이가 술래가 되어 놀이를 계속합니다.

2. 활동명 : 동물 빙고게임

동물 빙고게임은 모둠별로 모여 동물 이름 중 하나를 적고, 정답이 따로 없는 빙고 게임을 통해 기쁨을 얻는 공동체놀이입니다. 팀 파워 프로그램이라고 불릴 수 있는 게임으로, 모둠원들의 단결과 협동심이 가장 많이 요구됩니다. 단합이 잘 될수록 게임과 상관없이 행운의 보너스 점수를 부여하면, 학기 초나 모둠을 새로 구성했을 때 서먹서먹한 아이들이 더욱 친해집니다. 아울러 우연에 의한 점수 배정으로 많은 역전 기회가 있어서 더욱 재미있는 놀이입니다.

활동 방법

❶ 먼저 모둠별로 A4용지 한 장씩을 나눠주고, 그림처럼 8칸으로 접도록 안내합니다. 이 한 칸 한 칸마다 따로 네발 달린 포유류 동물의 이름을 써야 하는 게임입니다.

❷ 모둠별로 모여 준비가 되면, 선생님이 칠판에 'ㄱ'부터 'ㅎ'까지 자음 중 하나를 칠판에 씁니다. 만약 'ㄹ'이라고 썼다면, 모둠별로 모여 'ㄹ'로 시작하는 네 발 달린 포유류 동물중 하나를 A4 8칸 중 하나에 적습니다.

❸ 가장 먼저 A4 용지에 동물 이름을 쓴 모둠은 빨리 모둠 이름을 부르고 '박수 세 번' 손뼉을 칩니다. 선생님은 동물 이름을 썼는지 확인한 후, 보너스 점수 10점을 줄 수 있습니다. 그리고 20점짜리 정답부터 점수를 발표합니다.

<동물빙고 게임 정답표>

	20점	50점	100점
ㄱ	고릴라	곰	고슴도치
ㄴ	늑대	너구리	낙타
ㄷ	다람쥐	돼지	두더지
ㅁ	망아지	물소	멧돼지
ㅂ	불곰	백마	보라돌이
ㅅ	사자	소	순록
ㅇ	염소	오랑우탄	오소리
ㅍ	표범	팬더	퓨마
ㅋ	캥거루	코뿔소	코알라
ㅎ	하마	하이에나	황소

❹ 선생님은 20점짜리, 50점짜리, 100점짜리 정답을 차례차례 발표합니다. 이때 자기 모둠에서 종이에 쓴 것이 발표되었을 때는 열광적으로 환호해야 합니다. 만약 "낮은 점수라고 좋아하는 기색이 없으면 점수를 주지 않겠습니다"라고 하면, 보다 열광적으로 놀이에 참여하게 유도할 수 있습니다.

3. 활동명 : 호랑이-총-사냥꾼 게임

모둠이 함께 의견을 나누고 '호랑이', 또는 '총', '사냥꾼'을 표현하는 동작 중에 하나를 정해 동시에 표현하여 승부를 가르는 재미있는 팀 토너먼트 놀이입니다. 호랑이와 사자 중에 누가 더 싸움을 잘하느냐는 질문부터 시작하면, 더욱 뜨거운 승부가 펼쳐집니다.

활동 방법

❶ 먼저 모둠별로 토너먼트 제비를 뽑아 두 팀씩 승부를 겨루고, 혹시 홀수 팀이 남는다면 부전승으로 올라갈 수 있도록 합니다.

❷ 먼저 대결할 2개의 모둠이 서로 마주 보고, 옆으로 나란히 서게 합니다.

❸ 모둠장은 한쪽 끝에 서고, 한번 누르면 "호랑이", 두 번 누르면 "총", 세 번 누르면 "사냥꾼" 으로 약속을 미리 정합니다. 상대 모둠이 못 보게 손을 뒤로 잡아서 손가락을 꾹꾹 눌러 신호를 보냅니다.

❹ 호랑이는 "어흥"하며 할퀴는 동작을 합니다. 사냥꾼은 수염을 쓰다듬으며 "에헴", 총은 총 쏘는 시늉을 하며 "탕"이라고 외칩니다. 이때 호랑이는 사람인 사냥꾼을 이기고, 사냥꾼은 총을 이깁니다. 물론 총은 호랑이를 이기는 물고 물리는 관계입니다.

❺ 손끝 전보를 마지막으로 받은 끝의 아이가 손을 들어 사인을 받았다고 표시하면, 선생님은 "하나, 둘, 셋" 이라고 외칩니다. "셋"에 아이들은 일제히 전달받은 약속대로 흉내 냅니다.

❻ 두 팀의 대결 결과에 따라 총 > 호랑이 > 사냥꾼 > 총 의 순서대로 승부를 가리면 됩니다. 이긴 팀들끼리 준결승전, 결승전을 차례차례 가집니다.

4. 활동명 : 손 등의 사탕을 떨어뜨려라

모두에게 달콤한 사탕을 하나씩 나누어 줍니다. 손등에 올려놓은 사탕을 보호하며 친구의 사탕을 떨어뜨려야 하는 고난이도의 놀이. 물론 놀이의 마지막은 달콤한 사탕을 먹으며 마무리합니다.

활동 방법

❶ 먼저 사탕을 개인별로 하나씩 나누어 줍니다.

❷ 나누어준 사탕을 자주 사용하는 손 쪽의 손 등에 올려놓습니다.

❸ 손 등의 사탕을 떨어뜨릴 수 있는 규칙을 자세히 설명합니다. '손등의 사탕을 떨어뜨려라' 놀이는 손등에 올려놓은 사탕을 끝까지 떨어뜨리지 않은 아이가 승리하는 놀이입니다. 마지막까지 떨어뜨리지 않고 남아있는 아이를 우리 반 챔피언으로 임명합니다. 친구의 손등에 놓여있는 사탕을 떨어뜨려도 좋고, 떨어뜨리지 않도록 도망쳐도 상관없습니다. 그러나 도망치고 있는 동안에 사탕을 떨어뜨리면 탈락하게 됩니다.

❹ 사탕을 손등에서 떨어뜨리게 되면, 바로 그 자리에 앉으면 됩니다. 이 때 떨어진 사탕은 줍지 않고 그대로 놔두기로 약속합니다.

이름이 주는 소속감 느끼기

- 나승빈 -

1. 모두가 꿈꾸는 학급 만들기

◉ 모두가 꿈꾸는 교실, 큰 그림 그리기

　교사가 꿈꾸는 교실의 모습과 학생의 모습, 그리고 현실을 그려봤다면 학급 전체가 꿈꾸는 우리 반의 모습을 만들면 좋습니다. 『학급 긍정 훈육법』에서는 'Two List'로, 토의토론에서는 '선위에 살기'라는 활동으로 많이 알려져 있습니다. 이 활동을 할 때는 조금 진지한 분위기에서 하는 것이 좋습니다. 그동안 겪었던 경험을 중심으로 '우리 반에서 보기 싫은 모습'을 떠올려 포스트잇에 적습니다. 전지와 같이 큰 종이에 바로 적어도 좋습니다. 예를 들어 '선생님이 무서웠다. 친구들끼리 욕이나 비속어를 사용하면서 상처를 주었다. 수업이 재미가 없었다. 교실이 지저분했다' 등의 불편했던 모습을 적었다면 교사와 학생 모두 마음이 무거울 수 있습니다. 그러나 이런 모습들은 반드시 줄이거나 없애야 하는 것들입니다. 해결 방법을 회의를 통해서 정해 나가면 됩니다.

다음으로 '우리 반에서 보고 싶은 모습'을 상상합니다. '교실이 깨끗했으면 좋겠다. 수업이 더 즐거웠으면 좋겠다. 체육을 많이 했으면 좋겠다.' 등의 꿈꾸는 모습을 떠올려서 포스트잇에 적습니다. 아이들이 좋은 내용을 떠올리지 못하면 교사가 제안할 수도 있습니다.

이렇게 모은 내용을 비슷한 카테고리끼리 모아서 분류합니다. 교사와 관련된 것, 수업과 관련된 것, 환경과 관련된 것 등으로 분류할 수 있습니다. 키워드나 핵심 가치를 기준으로 5개 내외로 정리합니다. 여유가 있다면 보기 싫은 모습을 줄여나가는 방법과 보고 싶은 모습을 많이 볼 수 있는 방법을 논의할 수도 있습니다. 이를 게시하여 두고 실천해 나가면 좋습니다.

저학년의 경우에는 아름다운 가치 사전, 버츄 카드, 공감 대화카드, 감격카드 등을 펼쳐 두고 활용하여 적어보는 것도 도움이 됩니다.

우리 반에서 보기 싫은 모습			우리 반에서 보고 싶은 모습		
불평하는 모습	남 탓하는 모습	지저분한 모습	함께 하는 모습	웃는 모습	배움과 성장

◉ 학급 이름 만들고 활용하기

소개하고 싶은 시가 하나 있습니다. 바로 김춘수 시인의 <꽃>입니다.

꽃

김 춘 수

내가 그의 이름을 불러 주기 전에는
그는 다만
하나의 몸짓에 지나지 않았다.

내가 그의 이름을 불러주었을 때
그는 나에게로 와서 꽃이 되었다.

...

(중략)

이 시는 서로에게 의미 있는 존재가 되었다는 메시지로 많은 사람들에게 사랑 받는 시입니다. 아이들이 서로의 이름을 부르듯 학급에서 학급의 이름을 부르는 것은 소속감을 키워줄 수 있는 대표적인 방법입니다. 학급의 이름을 '우리가 꿈꾸는 우리 반'의 모습에서 나온 핵심 가치나 덕목을 넣어서 만들 수 있습니다. 다른 방법으로는 교사가 꿈꾸는 교실의 모습으로 이름을 만들고, 부제를 아이들과 함께 만드는 것입니다.

학급의 이름을 만들었다면, 그 이름을 많이 활용하고 좋아할 수 있게 만들어야 합니다. 교사도 많이 사용하고, 학생들도 많이 사용해야 합니다. 게시판에 학급의 이름으로 꾸며서 붙여 두는 것이 좋습니다.

다른 방법으로는 학급에서 하는 활동에 학급 이름을 넣어서 진행해 보는 방법이 있습니다. 학급에서 신문이나 문집을 만들 경우에도 학급 이름을 넣는 것이 좋습니다. 예를 들어 '함안체(함께 있어 안전한 체험학습 계획)'을 모둠별로 만들어서 공유하거나 '함행골대(함께 있어 행복한 골드버그 장치 대회)', '함행시선(함께 있어 행복한 시장 선거 프로젝트)'라는 이름을 만들어볼 수 있습니다. 작명은 학급 공모전을 통해 선정합니다.

다음으로 학급의 이름이 생겼다면 공동의 목표를 만들어서 달성해 나가는 것을 추천합니다. "함께 있어 행복하기 위해서는 어떤 것이 없어야 할까요?" 라는 물음에 가장 많이 나온 답변이 잔소리가 없어야 한다와 '놀욕때뺴험따'가 없어야 한다였습니다. 여기서 행복교실 정유진 선생님이 만든 '놀욕때뺴험따'는 놀리고, 욕하고, 때리고, 빼앗고, 험담하고, 따돌리기의 약자입니다.

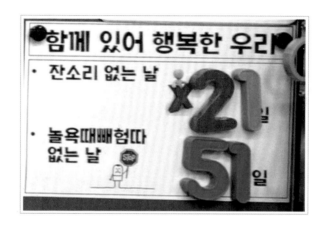

아이들은 학급의 이름을 만들고, 학급의 공동 목표를 달성해나가는 과정에서 많은 것을 배우고 느낄 수 있습니다. 예를 들면 '활짝 웃는 날', '고운 말을 많이 쓴 날', '수업 준비를 미리 한 날' 등의 긍정 행동으로 학급의 공동 목표를 만들고 함께 노력하는 것도 좋습니다. 이때 보상을 사용하지 않는 것이 좋지만, 이미 학급에 보상 시스템이 있다면 그것과 연계해서 학급 전체 보상을 학급 공동의 목표와 연계해서 운영하는 추천합니다.

◉ 학급 환영 인사 만들기

학급에서는 하루 열기와 하루 닫기 시간에 보통 환영 인사와 헤어짐 인사를 합니다. 이 때 우리 학급만의 특별한 인사법을 만들어 서로를 환영하고 헤어지는 것도 좋은 방법입니다. 익숙해지면 개인별로 좋아하는 인사법을 만들어서 서로 특별하게 인사를 하는 것을 권장합니다.

※ 5H : HI, HOW ARE YOU?, HIGH FIVE, HANDSHAKE,
　　　 HUG + 개인별 인사법

일주일 열기 시간인 월요일과 일주일 닫기 시간인 금요일에는 허들링 인사를 나눕니다. 허들링이란 남극의 황제 펭귄이 서로의 체온에 의지에서 긴 겨울을 견디는 방법으로, 원으로 서서 돌아가면서 인사는 나누는 방법입니다. 모두 공평하게 만날 수 있어 아이들에게 의미 있는 시간이 됩니다. 교사도 아이들 속으로 들어가서 함께 인사를 나누는 것을 추천합니다.

2. 가치(같이) 외치기

함께 정한 학급의 가치나 목표를 이용해서 할 수 있는 놀이가 있습니다. 함께 정한 가치를 같이 외치면서 익숙해지는 활동입니다. 존중, 배려, 즐거움이 우리 학급의 가치라고 정했다면 공을 3개 준비합니다. 첫 번째 공은 존중을 상징하는 공으로 머리 위로 공을 전달하면서 존중을 반복해 이야기 합니다. 두 번째 공은 배려를 상징하는 공으로 배 위치로 공 전달하면서 배려를 반복합니다. 세 번째 공은 즐거움 공으로 발목 위치에서 공 전달하면서 즐거움이라고 말하고 공을 전달하면 됩니다. 진행자가 중간에 "뛰어"라고 말하면 공 가지고 있는 사람이 원 뒤로 한 바퀴 돌고 다시 전달합니다. 처음에는 공을 하나씩만 가지고 연습한 뒤에 익숙해지면 공을 추가해서 진행합니다.

가치를 같이 외치는 놀이를 했다면 이어서 공동의 목표를 협력해서 달성해 보는 활동을 할 수 있습니다. 옆 사람과 어깨와 어깨가 닿을 정도로 가깝게 모인 후 모두 손등을 하늘 쪽으로 향하게 한 후 옆 사람과 붙여서 원을 만듭니다. 학급 공동의 가치를 상징하는 공을 손등 위로 굴려서 떨어뜨리지 않고 옆으로 전달하는 연습을 합니다. 익숙해졌다면 공을 땅에 떨어뜨리지 않고 3바퀴 굴리는 것에 도전해 봅니다. 중간에 떨어졌다면 더 잘하기 위해서 전략회의를 한 후에 다시 도전할 수 있습니다.

◉ 소속감을 주는 선물 '우리는 기분 좋을 때 더 잘할 수 있다'

'우리는 기분 좋을 때 더 잘할 수 있다.'는 아들러의 가르침이 있습니다. 소속 감을 주는 선물을 준비해서 아이들에게 준다면 기분 좋은 출발을 할 수 있습니다. 3월 첫 날 바로 필요한 것들을 미리 준비해서 의미를 부여하면서 주면 좋습니다. 기분이 좋아지면서 가치 있는 선물로 아이들과의 만남을 시작할 수 있습니다.

◉ 소속감을 심어주는 선물 제작하기

아이들이 공동으로 사용할 수 있는 물건을 따로 마련하면 좋습니다. 아이들은 함께 나누어 쓰면서 소속감을 느낄 수 있습니다. 첫 날 교실에 왔을 때 책상 위 선물을 보면서 환영받는 다는 느낌으로 한 해를 시작할 수 있을 것입니다. 첫 날이 아니더라도 의미를 담은 선물을 언제가 기분을 좋게 만들어 줍니다. 교사가 중요하게 생각하는 말이나 학급의 이름을 넣어서 선물을 만들면 학급의 가치를 한번 더 느껴볼 수 있습니다.

함행우 환영 선물 예시

❶ **무엇이든지 쓸 수 있는 연필** : 첫 날부터 연필이 없어서 친구나 선생님에게 빌리는 것을 예방할 수 있습니다. 필요하면 언제든지 쓸 수 있게 준비해 둡니다.

❷ **무엇이든지 쓸 수 있는 3색 볼펜** : 학습에서 중요한 것, 내 생각, 친구 생각 등을 다르게 표시할 때 꼭 필요한 것이 3색 볼펜입니다.

❸ **생각을 정리하는 공책 2권** : 글쓰기 근육을 키워주는 글쓰기 공책과 공부 시간에 사용할 수 있는 공책을 2권 선물로 줍니다.

❹ **휘어지는 미니 자** : 책에 줄을 그을 때 휘어지는 자를 활용하면 반듯하게 줄을 그을 수 있습니다.

❺ **자신의 삶을 관리하는 수첩** : 플래너로 사용할 수첩을 줍니다. 수첩은 플래너 사용 교육을 하고 난 후에 주면 좋습니다.

❻ **중요한 것을 체크하는 색연필** : 시험지 등을 채점할 때 사용하는 색연필을 줍니다.

❼ **안내장을 넣을 L자 파일철** : 안내장이나 편지 등을 넣을 수 있는 파일철을 줍니다.

❽ **우리 반과 학생 이름 스티커** : 학생들이 직접 선택하는 글꼴과 이미지를 넣어서 이름 스티커를 만들어서 줍니다.

❾ **스트레스 볼** : 감정을 조절하는 데 도움을 주는 스트레스 볼에 격려의 말을 적어서 줄 수 있습니다.

❿ **미덕카드** : "네 안에 잠자고 있는 미덕의 보석을 찾아봐."라고 말하면서 줄 수 있습니다.

그 밖에도 양말, 밴드, 색연필, 표정 스티커, 책갈피 등에 의미를 담아서 선물로 줄 수 있습니다.

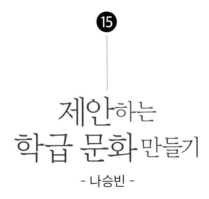

제안하는 학급 문화 만들기
- 나승빈 -

1. 제안하는 문화 만들기

◉ '제안하기' 게시판 만들기

언제든지 자신의 생각을 표현하고, 제안할 수 있는 '제안하기' 게시판을 만들면 좋습니다. 게시판을 만들어놓고, 메모지나 종이에 제안하는 내용을 적어서 붙여두면 일정 기간 동안 모아서 회의를 진행하고 실천해보는 것입니다. 국어 시간에 제안(혹은 부탁)하는 글이나 말에 대해 배우고 진행하면 더 좋습니다. 조금 더 의미 있게 하려면 사칙연산을 활용한 제안하기 게시판을 만들 수도 있습니다.

사칙연산 게시판은 사칙연산 토론 기법을 적용한 것으로 '+ 새롭게 하고 싶은 것, - 줄이거나 없앨 것, × 하고 있는 것 중 발전시킬 것, ÷ 기여/나누고 싶은 것'으로 세분화 하여 게시판을 만들어 보는 것입니다. 일주일에 한 번씩 게시판의 제안 내용을 확인해 구체적으로 실천 계획을 세우고 실천하면 좋습니다.

또한 제안하기 게시판에서 실천한 내용들을 따로 제안하기 공책에 모아 놓으면 우리가 어떤 제안을 했고, 어느 정도 실천했는지 체크할 수 있습니다. 이러한 과정을 통해서 생각을 나누고 그 생각을 바탕으로 학급을 운영한다면 학생 중심의 학급 문화를 만들 수 있을 것입니다.

◉ 글쓰기와 말하기 연습을 돕는 상소문 제도

제안하기 게시판을 설치해 두면 잘 운영되는 경우도 있지만 잘 못하는 아이들도 있습니다. 그래서 전체 아이들이 제안하는 글을 쓰고 말해보는 경험을 갖게 하기 위해 상소문 쓰기 제도를 마련했습니다.

먼저 도전 과제(개선하면 좋을 부분)와 제안 사항(함께 하면 좋은 부분)을 개인별로 생각합니다. 자신, 우리 반, 우리 반과 다른 반, 학교 전체, 선생님, 교장 선생님 등 대상자를 정합니다. 그리고 제안할 내용을 찾기 위해 학교를 돌아다니며 글을 쓰고 고치고 발표 연습을 합니다. 상소문 올리는 날을 정하면 아이들과 함께 제안하는 내용을 발표하면 됩니다. 이 과정을 영상으로 촬영해도 좋습니다.

◉ 학생 중심 공간 만들기

"학교와 교실에서 학생들이 좋아하는 공간은 어디일까요?"라는 물음에 여러분은 어디라고 답하시겠습니까. 여러 논문에 의하면 아이들은 교실 뒤편 매트 등 휴식을 취할 수 있는 공간을 가장 좋아하는 곳으로 뽑는다고 합니다. 그렇다면 학생들이 좋아하면서도 배움과 성장을 돕는 공간을 만들어보면 어떨까요?

우리는 학생들이 좋아하는 공간을 만들 수 있습니다. 사물함의 배치를 바꾸고, 안정과 회복을 돕는 물건을 가져와서 설치합니다. 공간에 어울리는 이름을 공모해서 지어주고 이용하는 규칙도 함께 만들어서 사용할 수 있습니다. 『학급 긍정 훈육법』에서는 긍정적 타임아웃 공간 만들기라는 활동으로 제안하고 있습니다.

예를 들어 안정감을 주는 방석이나 인형을 놓아도 좋습니다. 또 학습에 도움이 되는 교구 등을 배치하면 아이들의 성장을 도울 수도 있습니다. 화이트보드나 생각 나눔 공책을 두고 학습에서 어려운 부분을 질문지에 적어두면 친구들이 답해주는 형태로 학습에 도움을 주는 공간으로도 활용 가능합니다.

◉ 우리 반, 안전한 공간으로 만들기

최근 학급 내 안전사고, 왕따 등의 문제로 교실이 안전하지 않은 공간이라는 인식이 강합니다. 이 경우 노르웨이 올베우스(Olweus) 프로그램, 핀란드의 키바코울루(Kiva Koulu) 프로그램을 우리나라에 맞게 적용한 평화샘 프로젝트를 교실에 적용하면 좋습니다. 왕따 역할극, 멈춰 역할극, 평화규칙 5가지 등의 활동을 실천해 나가는 과정에서 많은 것을 생각하고 느끼고 배우고 성장할 수 있습니다.

1) 교실평화 프로젝트 (평화 규칙 : 학교폭력 멈춰! 참고)

규칙1. 우리는 다른 친구를 괴롭히지 않을 것이다.

규칙2. 우리는 괴롭힘을 당하는 친구를 도울 것이다.

규칙3. 우리는 혼자 있는 친구와 함께 할 것이다.

규칙4. 괴롭힘을 알게 되면, 학교나 집의 어른들에게 알릴 것이다.

규칙5. 선생님은 교실 평화의 본보기가 될 것이다.

2) 교실평화 프로젝트와 '멈춰! 역할극'

학생들이 겪을 수 있는 상황을 역할극으로 만들고 "멈춰!" 외치고 주변에서 함께 도와주는 것은 연습합니다. 처음에는 아무도 도와주지 않고, 1명, 2명, 3명 씩 도와주는 사람의 수를 늘려나가면서 생각과 느낌을 나누어 봅니다. 학급 전체가 도와주는 것 까지 연습해 봅니다.

2. 소속감을 키워주는 공동체 놀이(2)

'함께 있으니 더 즐겁다'라는 감정을 느끼게 하는 것은 아이들의 소속감을 높이는 방법 중 하나입니다. 아이들에게는 놀이가 밥이라는 말이 있습니다. 놀이를 통해서 함께 배우고, 성장하기 때문입니다. 특히 공동체 놀이를 진행하면서 서로 연결되고 마음이 따뜻해지는 시간을 만들 수 있습니다.

◉ 소속감을 키워주는 협동 놀이

1. 활동명 : 둥글게 둥글게 술래잡기

활동 방법

❶ 활동을 위해 팀을 2개의 팀으로 나눕니다.
(수비 팀은 원으로 만들고, 공격 팀은 공격수 1명 정하기)
❷ 원으로 만들고 상대팀에서 지정한 원 안의 한 명을 정해진 시간 동안에 잡습니다.
❸ 수비 팀은 지정된 친구를 보호하기 위해 오른쪽/왼쪽으로 돕니다.
❹ 공격 팀의 공격수는 지정된 친구를 잡기 위해 왼쪽/오른쪽으로 돕니다.
❺ 정해진 시간 동안에 잡느냐/잡히느냐 활동을 진행합니다.
❻ 오른쪽/왼쪽으로 돌때 방향을 말하는 방법 등에 대해 전략회의시간을 줍니다.
❼ 익숙해지면 양쪽에서 동시에 진행해서 먼저 잡는 쪽이 승리합니다.
❽ 소감을 나눕니다.

2. 활동명 : 너도 나도 공감 Best '우리 반의 장점'

우리 반 소속감 UP 활동으로 '우리 반 장점 찾기'를 할 수 있습니다. <ㅁ자 자리 배치>로 서로를 볼 수 있게 앉은 후 개인별로 우리 반의 장점 5가지를 적습니다. 돌아가면서 자신이 적은 것을 이야기 하고 같은 내용을 쓴 아이들은 손을 들어서 공감 점수를 나눕니다. 그 점수는 같이 받습니다. 같은 방법으로 전체가 자신의 이야기를 하고 공감 점수를 나눕니다. 공감 점수가 높은 아이는 자신이 하는 말이 큰 공감을 받을 수 있음을 알 수 있고, 반대로 공감 점수가 낮은 아이는 친구들과 다른 독창적인 생각을 해서 좋다는 격려를 주고받을 수 있습니다.

활동 방법

❶ 원으로 둘러앉은 후 연상되는 주제에 5개의 단어나 문장을 쓰고 돌아가면서 같은 단어나 문장을 쓴 수만큼 점수를 받는 활동입니다.

❷ 이때 같은 내용일 경우에만 점수를 받습니다.

❸ 내가 쓴 것을 똑같이 5명이 했다면 5점을 받습니다. 나 혼자만 썼다면 0점이 됩니다. 10명이 썼다면 쓴 사람 모두 10점씩 받습니다.

❹ 친구들이 어떤 것을 떠올릴지 마음이 통하는지 등을 느껴 볼 수 있는 활동입니다. 더불어서 같은 주제에 다양한 생각이 나올 수 있다는 것도 알 수 있는 활동입니다.

3. 활동명 : 우리 반 시간표 만들기

교실에서 필요한 물건을 함께 만들어서 사용하는 것은 소속감을 높이는데 도움이 됩니다. 미술 시간을 활용하여 모두가 하나 이상씩 시간표를 만들어 학급 시간표를 만들 수 있습니다. 43개의 낱말(6학년 기준)을 만들어야 함으로 개인당 1개 이상을 만들어야 합니다.

교실에서 미적 재능이 있거나 의욕적인 아이들은 최대 3개까지 만들 수 있게 하고, 미술에 두려움이 있거나 의욕이 조금 부족한 아이들은 1개만 정성스럽게 만들게 하면 다양한 요구를 충족할 수 있습니다.

활동 방법

❶ 과목별로 떠오르는 이미지를 브레인스토밍 합니다.

❷ 1년 동안 배우는 과목별 필요한 시간표 숫자를 정합니다.

❸ 개인별로 1개 이상의 시간표를 자유롭게 만들면 됩니다.

❹ 모두 완성했으면 각자 만든 시간표를 배치하여 우리반 시간표를 완성하고 소감을 나눕니다.

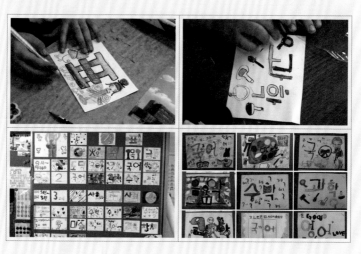

4. 활동명 : '난 네가 부러워' 그림책 만들기

세상에 하나 밖에 없는 우리 반 그림책을 만드는 것은 소속감을 높이는데 큰 도움이 됩니다. 여러 가지 참고할 그림책이 많습니다. 그 중에서 『난 네가 부러워』 도서를 참고해 그림책을 만들면 서로에 대해 관심을 가지고 관찰하고 서로의 좋은 점을 찾는 기회로 활용할 수 있습니다.

활동 방법

❶ 번호 순서대로 하는 것이 좋습니다. 뽑기 등으로 미리 순서를 선정합니다.

❷ 첫 번째 종이에 내가 고치고 싶은 점/내가 개선할 점을 적습니다.

❸ 두 번째 종이에 그 친구에게 본받고 싶은 점/친구의 좋은 점을 적습니다.

❹ 정해진 기간 동안에 작품을 완성하고 학급 전체의 작품을 연결하여 책으로 완성합니다.

❺ 자신이 만든 부분을 돌아가며 친구들에게 들려줍니다.

❻ 돌아가면서 만든 소감을 이야기 하고 친구들의 작품을 본 소감도 이야기 해 봅니다.

5. 활동명 : 우리 반 협동화 만들기

학급 단체 사진을 활용해서 학급 협동화를 만들 수 있습니다. 개인당 1장씩 색칠하여 세상에 하나 밖에 없는 학급 단체화를 만들 수 있습니다.

활동 방법

❶ 먼저 단체 사진을 찍습니다.

❷ 포토스케이프를 깔고 사진을 편집합니다. 필터-윤곽선-선명하게를 눌러 적절하게 원하는 모습이 나올 때까지 클릭합니다.

❸ 포토스케이프에서 사진 분할-추가-칸수와 줄 수를 조정하고 학급 인원 수에 맞추어 분할합니다.

❹ 저장된 파일을 클릭해서 인쇄합니다.

❺ 인쇄된 종이를 나누어 주고 색칠을 진행합니다.

❻ 종이를 이어 붙이면 완성입니다.

선택과 책임 알기
- 나승빈 -

1. 스스로 뿌듯한 하루가 되었나요?

◉ 책임감은 왜 길러주어야 할까

국어사전에서 책임감이라는 단어를 찾아보면 '맡아서 해야 할 임무나 의무를 중히 여기는 마음'이라고 나와 있습니다. 책임감은 역할이나 행동뿐만 아니라 마음을 다스리는 것이 중요합니다. 과연 우리는 아이들의 '책임감'에 대해 생각해본 적이 있었나 생각해보면 좋겠습니다.

◉ 책임 이전에 선택

아이들이 스스로 가치 있는 것을 선택하고, 선택한 것을 유지할 수 있도록 돕는 것은 매우 중요합니다. 아이들에게 책임감을 묻기 이전에 직접 선택할 수 있도록 기회를 주고, 그 선택을 존중해 주어야 합니다. "주어진 역할을 왜 열심히 하지 않니?", "우리 반의 규칙인데 왜 잘 지키지 않는 거야?"라고 아이들에게 물어봤을 때 "제가 선택한 적이 없는데요.", "제가 원하는 것이 아니었어요."라는 말을 들은 적이 있을 것입니다. 학생들은 자신을 위한 일이라는 이유로 집에서는 부모에 의해 해야 할 것들이 정해지고, 학교에서는 교사에 의해 같은 과정을 반복하게 됩니다. 그런 아이들에게 무엇인가를 선택하는 것은 어려운 일일지도 모릅니다. 어렸을 때는 보호만 받고 자라다가 갑자기 "넌 왜 스스로 안하니? 언제까지 다 알려주고, 쫓아다니면서 챙겨야 되니?"라는 말을 들으면 아이는 혼란을 느끼게 되는 것입니다.

그래서 되돌아볼 필요가 있습니다. '우리는 책임감을 길러주는 교사인가?', 책임감을 길러주는 교사라고 생각한다면 어떤 부분이 그것과 맞닿아 있는가?'라는 물음으로 성찰해볼 필요가 있습니다. 책임감을 길러주는 형태가 아니라면 적어도 '책임지게 하는 교사인가?'라는 생각도 필요합니다. 사실 수많은 가정과 교실에서 그 책임마저 뺏고 있습니다.

예를 들면 두 명의 아이가 싸웠습니다. 싸움의 원인은 무엇인지? 상대방의 마음은 어떠한지? 자신이 책임질 수 있는 부분과 그것을 위해 어떤 노력을 해야 할지 질문과 성찰을 통해 한 단계 성장하면서 책임감을 길러줄 수 있습니다.

많은 교사들이 원인을 추측하고 아이를 추궁하는 행동을 보입니다. 그리고 마치 재판관처럼 아이가 어떤 부분을 책임져야 하는지 처분을 내립니다. '싸웠으니 반성문이야, 싸웠으니 부모님 상담이야' 등으로 교사가 아이가 스스로 책임질 수 있는 기회를 뺏곤 합니다. 이렇게 교사가 재판관이 되어서 처분을 내리면 아이는 이미 벌을 받았다는 생각으로 반성을 하지 않게 됩니다. 그렇다면 어떻게 '책임감'을 길러줄 수 있을까 함께 생각해 보면 좋겠습니다.

⊙ 선택과 책임 = 사물함과 신발장

학기 초에 그리고 2학기를 시작할 때 사물함과 신발장을 선택합니다. 자신이 원하는 위치의 사물함을 선택하고 소중하게 관리하는 마음을 갖고 나서 책임에 대해 함께 이야기 나눕니다. 번호 순으로 지정된 사물함의 경우에는 6년 동안 비슷한 위치의 사물함을 쓰는 경우가 있습니다. 아이들은 각자 윗칸, 아래칸, 복도 쪽, 창문 쪽 등 자신이 선호하는 위치가 있습니다. 또 좋아하는 친구와 함께 사물함을 나란히 놓고 사용한다면 더 기분 좋게 생활할 수 있습니다.

사물함과 신발장을 선택한 후에는 자신의 이름을 개성을 담아 이름표로 만들어서 붙여둡니다. 보통 자신의 꿈이나 캐릭터 등으로 만들 수 있고, 자신의 다짐이나 좌우명을 넣어서 만들면 더 좋습니다. 또는 손바닥 다짐을 사물함 이름표로 사용하는 것도 추천합니다.

사물함 선택-이름표 만들기
❶ 사물함을 선택합니다.
❷ 원하는 사물함이 겹치면 대화와 타협을 합니다.
❸ 대화와 타협에 실패하면 가위바위보로 결정합니다.
❹ 자신의 사물함 이름표를 만들고 붙입니다.
※ 팁 : 손코팅지를 이용해서 붙이기

⊙ 선택과 책임의 울타리 만들기

학급 울타리를 만들 때 더 좋은 공동체를 만들기 위해 아이들에게 선택권을 주면 좋습니다. 예를 들면 '아이들이 교실과 복도에서 뛴다'는 상황을 가정했을 때 '교실과 복도에서 조용히 걷는다' 라는 학급 울타리를 만듭니다. 그리고 잘 지켜지지 않아 공동체에 피해가 갈 경우 어떻게 해결할 수 있을지 방법을 함께 정해봅니다. 긍정훈육에서 문제 해결을 할 때 주로 사용하는 3R 1H(연관성, 존중, 합리성, 도움)를 이용하면 조금 더 가치 있게 만들 수 있습니다.

고학년의 경우에는 조금 더 열어놓고 <우리 반 공동의 가치와 목표> – <문제 상황, 긍정적인 상황> – <해결 방법, 권장 방법>을 개인, 모둠, 학급 전체 순으로 만들 수 있습니다. 저학년이거나 이런 활동에 익숙하지 않은 경우에는 해결 방법과 권장 방법만 함께 정하고 발전시켜 나가는 것이 좋습니다.

❶ 연관성 Related : 해결방법이 그 행동과 명확히 연관이 있어야 한다.
❷ 존중 Respectful : 어떤 해결방법을 활용하든지 교사와 학생은 정중한
　　태도와 목소리로 해야 한다.
❸ 합리성 Reasonable : 합리적이며 처벌을 더하지 않아야 한다.
❹ 도움 Helpful : 학생들이 더 나은 행동을 하고 문제를 해결하는 데 도움
　　이 되어야 한다.

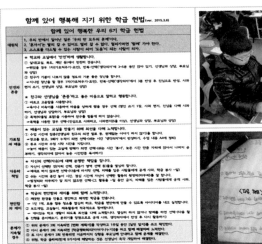

◉ 선택과 책임의 자리

수업은 공적인 상황, 학교와 교실은 공적인 장소입니다. 2가지 대전제 속에서 원하는 사람(선택)과 원하는 장소(선택)에 앉습니다. 물론 친구와 놀거나 잡담하느라 수업에 집중을 못하거나 방해가 된다면 이에 대한 분명한 책임이 주어집니다.

2015년 1월에 황선준 박사님과 함께 핀란드와 스웨덴의 교육문화 탐방을 다녀왔습니다. 그곳에서 본 모습은 쉬는 시간이 되면 모두 교실 밖으로 나가서 운동을 하거나 독서, 여가 활동을 합니다. 단 수업시간이 되어 교실 문이 열리면 바로 교실로 돌아옵니다. 그리고 놀랍게도 아이들 모두 본인이 앉고 싶은 자리에 원하는 친구와 앉습니다. 혼자 앉는 것을 선택하는 아이들도 있습니다. 함께 공부하고 싶은 친구와 앉을 때 더 즐겁게 공부할 수 있다고 믿는 것입니다

또 개인 활동을 하는 동안에 귀에 이어폰을 낀 상태로 공부하는 경우도 있

습니다. 청각적인 집중력이 약해서 글을 쓰거나 읽을 때 음악을 들으면서 공부할 수 있는 것이 교사와 학생 간에 합의가 되어 있습니다. 그리고 모두 그것을 존중합니다. 대신 그 학생은 전체 활동에 더 의미 있게 참여하기 위해 책임감을 갖고 노력한다고 합니다. 그럼 우리 학급에는 어떻게 '선택과 책임'을 적용해 볼 수 있을까요.

◉ 선택과 책임의 역할 정하기

학교에서 교사들이 하는 역할이 있습니다. 학교마다 지역마다 조금씩 다릅니다. 업무분장이라고 부르는데 자신의 역할을 보고 '이 학교에서 나를 존중하는구나, 소속감이 느껴져, 열심히 해야지'라는 생각이 드는 경우는 거의 없습니다. 대부분 하기 싫은 데 해야 하는 것이라는 부정적인 인식으로 출발하곤 합니다. 몇몇 혁신학교에서는 학교에 필요한 역할을 함께 만들고 그 역할에서 하는 일과 그 가치 등을 함께 논의합니다. 누가 할지 자발적으로 선택하는 과정을 통해서 의미 있고 가치 있는 일이라는 느낌으로 출발합니다. 또 중간 중간 피드백과 더 잘하기 위해 협의회를 갖습니다. 이러한 활동을 교실에 적용하는 것입니다.

엄은남 선생님의 『학급운영 레시피』에서는 '전문가 되기' 활동이라고 부르고, 『긍정의 훈육』에서는 '의미 있는 역할'이라고 부르기도 합니다. 교실에서 필요한 역할을 브레인스토밍 합니다. 그 역할이 의미 있고 가치 있게 여겨지려면 그 역할이 왜 필요한지, 그 역할은 어떤 가치가 있는지 이야기를 나누고 합의를 해야 합니다.

좋아하는 것만으로 역할을 만드는 방법도 있습니다. 하고 싶은 것이 중복된다면 함께 할 수 있게 합니다. 대신 다른 역할을 하나 더 제안해서 필요한 역할을 여러 명이 함께 즐겁게 할 수 있는 문화를 만듭니다.

　각자 역할을 정했다면 전문가처럼 성장할 수 있게 합니다. 역할에 어울리는 애칭 만들기, 역할을 언제 할 것인지, 역할을 하는 구체적인 메뉴얼, 친구들에게 하는 당부, 역할을 하는 다짐 등을 적고 전체에게 공언합니다. 그리고 주기적으로 자신이 역할 수행에 대해 성찰하고 다시 공언하는 과정을 거칩니다. 다음 역할을 정할 때는 이전에 역할을 했던 사람이 전문가로서 조언을 하는 장치를 만들어 놓으면 더 의미 있게 활동할 수 있습니다.

　꼭 필요한 역할인데 아무도 희망자가 없다면 그 역할에 큰 의미를 부여하거나 교사가 그 역할을 하면 됩니다. 아무도 하지 않은 역할을 교사가 가장 열심히 하는 모습은 다음에 역할을 나눌 때 큰 힘이 생기는 장치로 사용될 것입니다.

　아이들에게 내가 우리 반을 위해 기여한다는 생각을 심어주고 스스로 유능감을 느끼게 하기 위해서는 성장 실천표를 만들면 좋습니다. 안하는 것을 X로 표시하기 보다는 한 날을 체크해서 진화한다는 관점으로 사용하면 좋습니다. 아이들이 스스로 하고 싶게끔 만드는 것이 교육이고 우리가 해야 하는 일입니다. 잘 안되면 더 잘할 수 있는 방법을 함께 찾아가고 선택하면서 성장해 나가는 것이 좋습니다.

2. 스스로 책임감을 갖게 만드는 방법

◉ 우리 반 사용 설명서 만들기

일본 TOSS 대표이신 무코야먀 요이치 선생님은 교사가 없더라도 배움이 있는 반을 만들기 위해 노력한다고 합니다. 함행우 교실에서도 '선생님이 학교에 오지 않아도 우리 반은 최고의 반으로 불려야 한다.' 라는 미션으로 활동을 시작합니다. 긍정의 훈육에서는 '일과 만들기', 버츄프로젝트에서는 '울타리 치기' 등의 비슷한 활동이 있습니다.

행동에는 학급이 모두 좋은 긍정 행동, 특별히 피해가 되지 않지만 좋지도 않은 중성 행동, 하면 피해나 불편함을 주는 부정 행동이 있습니다. 중성 행동의 경우에는 취향을 존중해 주는 것이 좋고, 문제 행동은 줄여 나가는 형태가 좋습니다. 권장 행동은 공동체를 더 의미 있게 만드는 행동이기 때문에 했을 때 고마워하는 문화를 만드는 것이 좋습니다.

1) 우리 반 사용 설명서 만드는 방법

1. 교실의 공간을 필요에 맞게 구역으로 나누거나 시간별로 구분하기
   - 교실 전체, 자신의 자리, 복도, 화장실 등 공간으로 만들기
   - 수업 시간, 쉬는 시간, 점심 시간, 청소 시간 등 시간으로 만들기
   - 한 번에 한 가지씩 구체적으로 시각적으로 만들기
   - 개인별로 A4 종이나 8절 도화지를 접어서 8칸이나 9칸을 만들고 한 칸에 한 가지 쓰기
   - 내가 지킬 것 1가지, 우리가 지킬 것 1가지로 구분해서 만들기
   - 정해진 시간이 지나면 모둠 내에서 스티커 투표하기 (개인당 5개)
   - 정해진 시간이 지나면 전체 스티커 투표하기 (개인당 10개)

- 분야별로 스티커를 많이 받은 규칙을 모아서 우리 반 사용 설명서로 만들기
- 완성되면 동의/수정 절차 후 사인&게시하기

3. 만든 우리 반 사용 설명서는 역할극으로 연습하기

4. 잘 보이는 곳에 게시하고 주기적으로 되돌아보기

2) 우리 반 사용 설명서 예시

점심시간이나 쉬는 시간, 화장실 가기, 복도 통행, 숙제, 컴퓨터나 전자기기 사용, 교사가 학교에 나오지 못하는 보결 시간, 교사가 잠깐 자리를 비울 때 등 학생들이 교실과 학교와 관련된 모든 것에 해당합니다.

우리 반 사용 설명서 만들기

아침시간	쉬는시간	중간놀이시간
점심시간	함행우 나승빈	청소시간
공부시간	공부시간	교담 선생님 시간

우리 반 사용 설명서 만들기

급식 전	급식 중	급식 후
교→운 이동	함행우 나승빈	교→강 이동
운→교 이동		강→교 이동

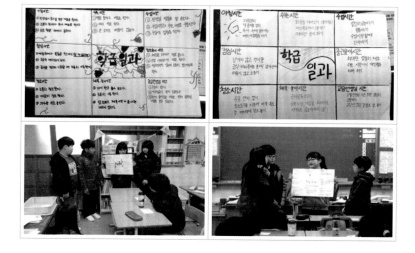

3) 우리 반 사용 설명서 되돌아보기

학급에서는 스스로를 돌아보고 함께 더 잘하기 위한 시간을 갖는 것이 큰 의미가 있습니다. 이 과정을 통해 어떤 배움이 있었는지, 더 잘하기 위해서 어떤 노력을 해야 하는지 등의 이야기를 나누면서 되돌아보는 시간을 갖습니다. 수업이 진행되고 있는 상황 등 시간이 충분하지 않다면 <현실>–<약속>–<실천> 또는 <약속>–<실천>만 빠르고 간결하게 사용하는 것이 좋습니다.

부모나 교사들이 자주 하는 실수 중에 하나가 잘 안 되는 것을 지적하거나 잔소리를 하는 것입니다. 그리고 다시 또 그 부분이 잘 안 되고 있을 때 같거나 비슷한 반응을 보입니다. 사실 잘 하려면 어떤 노력을 해야 하는지 알려주는 것이 교육입니다. 더 잘하고 싶다는 생각과 마음이 들도록 격려하는 문화를 만들어야 합니다.

- 현실 : 지금 우리의 모습은 어떤가요?
- 약속 : _____ 할 때 우리 반 사용 설명서가 무엇이었나요?
- 실천 : 우리가 정한 대로 그대로 해 봅시다.
- 배움 : 무엇을 배우거나 느꼈나요?
- 성장 : 더 성장하기 위해 우리는 어떤 노력을 해야 할까요?

◉ 비언어적 신호를 사용해 스스로 감정 조절하기

활동명 : '종이컵 신호등(Signal/신호)' 만들기

매번 교사가 아이들에게 감정을 물어보고 확인하는 것에는 한계가 있습니다. 서로 불편하기도 합니다. 때문에 학생들 스스로 감정을 비언어적으로 표시하는 것이 좋습니다. 일종의 신호를 만드는 것입니다. 화장실에 가고 싶다거나 물을 먹고 싶다거나 준비물이 없는 것에 대해 신호를 만들어서 표현하고 바로 행동으로 옮기는 것입니다.

학급에서 자주 사용하는 말이나 상황을 피켓으로 만들어서 사용할 수도 있습니다. 이것을 '학급 피켓'이라고도 할 수 있는데 '집중하세요. 여기 보세요. 줄을 서세요. 청소 하세요' 등 반복해서 말해야 하는 것을 피켓으로 만들어서 사용할 수 있습니다. 질문을 허용하지 않는 집중 신호도 만들면 좋습니다. 대신 짧고 명확하게 사용해야 합니다.

가장 추천하는 방법은 종이컵으로 개인별 신호를 표현하는 것입니다. 빨간색은 어려워서 도움이 필요하다는 신호입니다. 교사나 친구들이 바로 도와줄 수 있습니다. 노란색은 '진행중'이라는 의미로 스스로 해 보겠다는 신호입니다. 녹색은 '해야 할 것을 다 했다'는 의미로 개인프로젝트를 하겠다는 신호입니다. 검은색은 '하고 싶은 마음이 들지 않거나 자기 조절을 하고 있다'는 신호입니다. 스스로 감정을 조절하고 있다는 신호라서 하고 있지 않는 것을 존중해주는 것입니다. 흰색은 종이컵 신호등의 뚜껑이라고 생각하고 사용하지 않을 때 씌워둡니다.

신호등에 긍정적인 자기 독백이나 어울리는 이미지 등을 그려 넣으면 더 의미 있게 사용할 수 있습니다. 교사도 종이컵 신호등을 함께 사용하면 좋습니다.

Signal 만들기 (종이컵 신호등)

- 상태를 나타내는 신호(Signal) 만들기
- **빨강** : 어려워서 도움이 필요
- **노랑** : 진행 중, 노력 중
- **초록** : 완료하고 개인 활동 중
- **검정** : 감정조절, 개인 긍정적 타임아웃
- **흰색** : 사용하지 않는 상태, 뚜껑 덮기
- 슬로건과 긍정적 기대(긍정적 자기 독백용)를 담아서 만들기
  예를 들어 "나는 더 잘할 수 있다. 포기하지 않고 끝까지 할 수 있다."

교사들이 아이를 위해 한 행동이라고 하지만 학생들은 잔소리라고 생각하는 경우도 많습니다. 서로 다른 생각을 하면서 서운해 할 수 있습니다. 그러나 서로 인정하고 사랑하기에도 부족한 시간입니다. 자주 사용하는 말을 피켓과 비언어적 신호로 만들어 불필요한 에너지 낭비를 줄여나가는 것이 좋습니다.

사회적
기술 이야기
- 나승빈 -

1. 사회적 기술이란

◉ 사회적 기술 목록 만들기

한 때 <모든 아이가 알고 있어야 할 10가지 사회적 기술들(10 social skills every kid should know)>이라는 게시물이 많은 공유와 화제가 된 적이 있습니다. 살펴보면 특별한 것이 없는 일상적으로 반복되는 것들입니다. 자기 소개하기, 도움 요청하기, 지시에 따르기, 과제에 집중하기, 의견이 다를 수 있음을 알기, 거절 받아들이기, 감사 표현하기, 사과하기, 감정 조절하기, 결과나 비판 받아들이기입니다.

사실 일상적인 일이지만 매일 잔소리를 하게 되는 부분이기도 합니다. 공동체 생활을 하려면 꼭 필요한 사회적 기술을 목록으로 만들고 함께 달성해 나가는 노력이 필요합니다.

출처: 10 social skills every kid should know

'사회적 기술'을 검색했을 때 나오는 것들도 마찬가지입니다. 다름 받아들이기, 다른 사람을 격려하기, 평등하게 대하기, 조용하게 말하기, 인내심을 가지고 기다리기, 눈을 보며 말하기, 다른 사람을 보며 미소 짓기, 긍정적으로 생각하고 말하기 등 나라, 지역, 학교별로 중요하게 생각하는 것이 조금씩 다르다는 것을 알 수 있습니다.

❶ 눈을 맞추며 대화하기
❷ 적절한 신체 언어를 사용하기
❸ 독단적과 공격적이라는 것의 차이점 알기
❹ 효과적인 통신 채널사용하기
❺ 유연성과 협력
❻ 비판을 수용하기
❼ 항상 긍정적인 상태를 유지하기
❽ 가르칠 수 있고 좋은 학생하기
❾ 다른 사람들에 대한 존경심을 표시하기
❿ 인간적인 면 갖추기

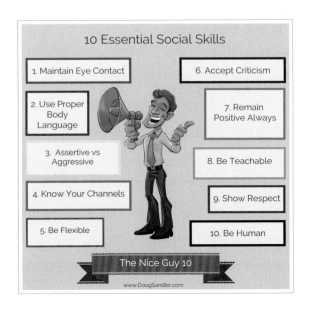

위의 내용을 바탕으로 우리 학급에 적용되는 사회적 기술을 만들어볼 수 있습니다. 이 중에는 이미 달성하고 있는 부분도 있을 것이고, 1년 동안 열심히 연습해도 부족한 부분이 있을 것입니다. 생활하면서 더 중요하게 여겨야 할 다른 부분이 새롭게 추가 될 수도 있습니다. 여행을 할 때 지도를 보면서 위치를 확인하듯이 학교에서 배운 것에 사회에서 통할 수 있는 교육을 더해 나아가야 할 방향을 점검하는 용도로 사용할 수 있습니다.

함행우의 사회적 기술 10가지

❶ 자신의 감정을 효과적으로 조절할 수 있다.

❷ 의사소통 기술을 효과적으로 사용할 수 있다.

❸ 함께 정한 규칙을 지키려고 노력한다.

❹ 과제에 집중하여 적극적으로 참여한다.

❺ 내가 좋은 건 친구와 함께 하고 내가 싫은 것을 친구에게 강요하지 않는다. 협력해서 더 좋은 결과를 만든다.

❻ 함께 사용하는 시간과 공간을 소중하게 생각하고 가치있게 사용한다.

❼ 함께 사용하는 물건을 아껴 쓰고, 잘 정리한다.

❽ 스스로 선택하고 그 결과에 책임을 진다.

❾ 실수는 배움의 기회, 문제는 성장의 기회로 여긴다.

❿ 배운 내용을 실천하려고 노력한다.

2. 사회적 기술 놀이

놀이를 통해서 여러 가지 감정이 있다는 것과 감정은 변할 수 있다는 것을 배울 수 있습니다. 감정 카드를 만들거나 구입해서 여러 가지 감정에 대해 공부한 후 친구에게 해주면 좋을 위로의 말이나 격려의 말을 찾아봅니다. 놀이를 통해서 비슷한 유형의 감정들을 분류해보고 감정에 어울리는 분위기나 상황도 찾아보면서 자연스럽게 공부할 수 있습니다.

우리는 "기분이 좋을 때 더 잘할 수 있다."는 믿음으로 아이들을 만나고 있습니다. 반대로 "기분이 나쁠 때는 조절할 시간과 장소기 필요하다."라는 생각으로 감정을 조절합니다. 감정 신호등, 감정 출석부, 자기 조절의 모레시계 등을 만들어서 활용하면 좋습니다. 교사도 감정이 있습니다. 교사가 감정을 조절하는 모습을 보여주는 것은 모델링으로 큰 교육이 됩니다.

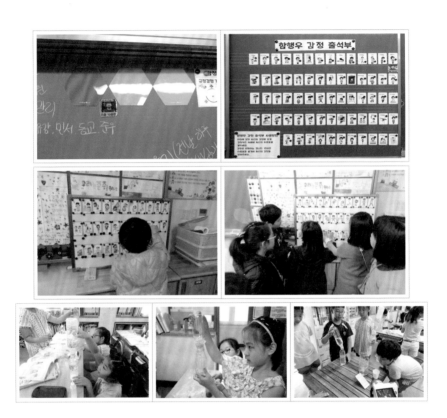

◉ 감정 인디언 포커

다양한 감정에 대해 공부한 후 시중에 나온 여러 가지 감정 카드나 교과서에 나오는 감정 단어를 카드로 만들어서 활동할 수 있습니다. 문제를 맞힐 사람이 감정 카드를 안 본 상태에서 이마에 카드를 올립니다. 나머지 사람은 그 감정 상태에서 할 수 있는 말이나 행동을 힌트로 줍니다. 정해진 시간 안에 많이 맞히는 것과 정해진 카드를 모두 맞히는 데 걸리는 시간을 재는 방식으로 놀이를 할 수 있습니다.

◉ 의사소통 놀이

의사소통에 대한 사회적 기술도 대표적인 의사소통 놀이를 통해 알아볼 수 있습니다. 『학급긍정훈육법』에도 소개되어 있고, 토론 수업을 하기 전에 경청 훈련으로 많이 소개되고 있는 활동입니다. 2명이 짝을 이루고, 가위바위보를 이용해서 말을 하는 사람과 듣는 사람의 역할을 나눕니다. 말을 듣는 사람에게는 2가지 미션을 줍니다.

첫 번째 미션은 상대방의 이야기를 듣지 않고 불편한 말이나 표정을 짓게 하는 것입니다. 두 번째는 상대방의 이야기에 집중해서 듣는 노력을 하는 것입니다. 그리고 말하는 사람에게는 주제를 던져줍니다. 첫 번째 주제는 좋아하는 TV프로그램 3개를 설명하는 것, 두 번째 주제는 좋아하는 과목과 그 이유를 이야기 하게 합니다. 최종적으로 듣는 사람이 말한 내용을 모두 기억하게 만드는 것을 미션으로 줍니다.

첫 번째 미션을 수행한 후 드는 생각과 느낌, 결심 등을 나눕니다. 내 이야기를 잘 들어주지 않는 상대방에게 느낀 감정 등을 나누면서 자연스럽게 의사소통에 대해 생각하게 될 것입니다. 반대로 두 번째 미션을 통해서는 내 이야기에 온전히 집중하는 상대방의 자세에 자신도 그렇게 잘 들어주어야겠다는 생각을 하게 될 것입니다. 그리고 남의 이야기를 잘 들어주는 것이 어떤 효과를 주는 지 함께 이야기 나눌 수 있습니다. 그리고 앞으로 선생님의 설명, 친구들의 발표 등을 잘 듣는 것이 왜 필요한지 함께 노력할 수 있습니다.

◉ 메라비언 법칙

캘리포니아대학교 로스앤젤레스캠퍼스(UCLA) 심리학과 명예교수인 앨버트 메라비언(Albert Mehrabian)은 사람의 호감/비호감을 결정짓는데는 언어 외적인 것이 중요하다고 말합니다.

그의 책 『Silent Messages(1971년)』에서는 상대방으로부터 느껴지는 이미지에 언어(말)가 차지하는 비중은 고작 7%이며, 나머지 93%는 발음, 호흡, 음색, 눈빛, 표정, 자세, 용모, 복장, 제스쳐 등 말의 내용과 직접적으로 관계가 없는 요소들이었습니다.

말의 경우, 분명히 미안함을 표현하고 있지만 상대방은 말투와 자세에서 미안함을 느낄 수 없을 때가 있습니다. 이런 경우 의사소통과 관련된 사회적 기술로 배우고 연습하면 좋습니다.

◉ 의사소통 온도계

말에 온도를 넣는 '의사소통 온도계' 활동이 있습니다. 학급긍정훈육법, 회복적생활교육, 비폭력대화, 버츄프로젝트 등에서 많이 활용하는 방법으로 힘이 되는 말과 상대방에게 상처를 주는 말 각각 5개씩을 종이에 적어봅니다. 말을 하는 친구가 가운데 서고 나머지는 자유롭게 서 있다가 단어가 긍정적으로 느껴지면 말을 하는 사람에게 한 발자국 다가갑니다. 반대로 부정적으로 느껴지면 한 발자국 멀어집니다.

활동 후에는 아이들이 느낀 생각, 결심 등을 나눌 수 있습니다. 또한 선생님이 자주 하는 말을 조사한 후에 이것을 이용해서 의사소통 온도계 활동을 해보면 교사의 말이 긍정적이고 도움이 되는지, 부정적이고 상처를 주는지도 알수 있습니다.

◉ 배움 덕목 만들기

가르치고 배우는 관계를 만들기 위해서는 가르치는 사람의 덕목과 배우는 사람의 덕목이 모두 중요합니다. 교사는 열심히 준비하고 가르치지만 아이들이 배움의 자세가 되어 있지 않다면 배움으로 남지 않게 됩니다. 교실에서 서로 가르치고 배우는 관계가 되려면 어떤 덕목이 필요할까요?

개인별로 어떤 덕목이 필요한지 생각해서 종이에 적은 후 가장 중요하다고 생각하는 것을 하나 선택해서 크게 씁니다. 모둠원에게 자신이 선택한 배움 덕목에 대해 소개합니다. 모둠별로 학급 전체에 모둠 배움 덕목 소개하고 학급 전체 투표로 우리 반 배움 덕목 만듭니다. 수업 후 수업 성장 회의를 통해 수시로 피드백을 합니다.

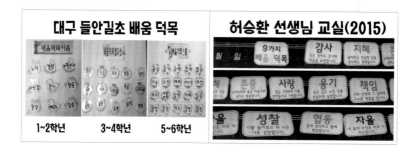

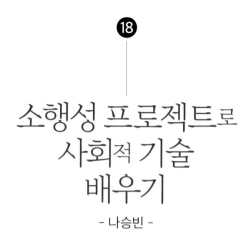

소행성 프로젝트로
사회적 기술
배우기

- 나승빈 -

1. 행복과 경험을 쌓는 사회적 기술

　사회적 기술 만들기는 거창한 것보다 일상에서 갖추어야 할 소소한 행동부터 배우고 실천해 나가는 것이 중요합니다. 사회적 기술을 쌓기 위해서는 소행성 프로젝트를 추천합니다. 소행성이란 '소소한 행복과 소중한 성공의 경험을 쌓는 사회적 기술'의 줄임말입니다.

　사회적 기술을 배우고 익혀나가는 것을 게임에서 능력치가 상승하는 것처럼 느껴지게 하면 아이들은 보다 즐겁게 연습할 수 있습니다. 핀란드에서는 가정과 학교에서 키즈 스킬(KIDS's SKILLS)이라고 이름 지어서 아이들이 갖추어야 할 사회적 기술을 연습합니다. 스스로 배울 스킬을 정하게 하고, 배우면 무엇이 좋은지 알아보고, 멋진 이름도 붙입니다. 또 구성원 모두가 함께 노력해서 스킬을 익힐 수 있게 도와주고 익힌 후에는 축하 파티도 하고 친구에게 가르쳐주기까지 합니다.

예를 들어 수업이 시작 되었는데 수업 준비가 되어 있지 않는 부분이 반복해서 문제가 되고 있다면 '수업 시작 시간 지키기'를 소행성 1번으로 만듭니다. 능력이 갖추어진 형태를 소행성이 완성된 형태로 '미리 수업을 준비하고 자리에 앉기'로 정할 수 있습니다. 그리고 도움이 되는 말과 행동을 1~2개 정할 수 있습니다. 이때 스스로 할 것과 함께 할 것으로 따로 정하는 것을 추천합니다.

소행성 1번. 수업 시작 시간 지키기		
완성 : 미리 수업을 준비하고 자리에 앉기		
도움이 되는 말	스스로	"다음 수업 뭐지?"
	함 께	"수업 준비하자."
도움이 되는 행동	스스로	책을 미리 준비한다.
	함 께	모둠에서 함께 확인해준다.

1번 소행성을 만들었다면 일정 기간 동안 지속적으로 게시하고 주기적으로 피드백하면서 능력을 갖출 수 있도록 돕습니다. 어느 정도 능력이 갖추어졌다면 달성 완료 구역으로 게시물을 옮기고 소행성 2번을 달성해나가는 방식으로 연습하면 좋습니다.

소행성 프로젝트를 진행하기 위해서는 교사가 우리 반에 필요한 사회적 기술의 큰 그림을 그려두어야 합니다. 학년 차원, 학교 차원에서 만들어 놓으면 더 좋습니다. 달성해 나갈 순서와 방법은 실제 학급에서 일어나는 상황을 바탕으로 더 시급하거나 중요한 것을 우선순위로 달성해 나갑니다.

◉ 긍정적 혼잣말 만들기

성공한 사람들은 긍정의 메시지를 스스로에게 지속적으로 전달한다고 합니다. 특히 감정 조절이 어려운 상황이나 습관이 형성되지 않았을 때 스스로 격려하는 습관을 길러줄 필요가 있습니다.

이런 상황에서는 '긍정적 혼잣말'을 만들어 사용하는 것이 큰 도움이 됩니다. '나는 할 수 있어. 내게는 어려움을 헤쳐 나갈 힘이 있어' 등의 말로 스스로에게 긍정적인 메시지를 건네면 어려운 상황도 금방 극복할 수 있는 힘이 생길 것입니다.

미술 시간 등을 이용해서 긍정적 혼잣말이나 힘이 되는 말을 켈리그라피로 표현해서 주기적으로 보는 것도 도움이 됩니다.

◉ 입술 30초, 가슴 30년

데일 카네기의 인간 관계론에서 가장 중요하게 생각하는 원칙 중에 하나가 '사람들에 대한 비난, 비평과 불평을 삼가라' 입니다. 사람을 설득하는 12가지 방법 중에 1번이 '논쟁에서 이기는 방법은 논쟁을 피하는 것뿐이다' 입니다. 그리고 2번이 '상대의 의견을 존중하고 상대방의 잘못을 지적하지 마라' 입니다. 그만큼 말로 인해 준 상처는 다시 되돌릴 수 없고, 비난이나 비판, 지적으로 상대방을 변화시키거나 잘못했다는 생각이 들게 할 수 없다는 것입니다.

감정적으로 격한 상태에서 단 10초만이라도 말을 아끼고 삼가는 연습이 필요합니다. 또한 감정 조절 방법을 게시해두고 미리 연습하여 필요할 때 사용하는 것도 좋습니다.

감정을 다스리는 Tip (퀀텀 교수법 참고)

1-3-10

1 : 일(1)단 멈추고, 스스로에게 "진정해"라고 말하기

3 : 세(3)번 심호흡하기

10 : 천천히 1~10까지 숫자 세기, 10부터 1까지 거꾸로 숫자 세기

S-T-C

S(Stop) : 먼저, 흥분을 가라앉히는 멈춤 단계

T(Think) : 멈추고 난 후에 내가 반응할 수 있는 태도들에 관해 생각하기

C(Choose) : 어떤 것이 가장 합당한 방법일까를 스스로 선택하고 행동하기

행동하기

"STC버튼을 사용하세요.", "너 지금 STC버튼을 사용했니?"라고 스스로 묻고 최선의 선택을 할 수 있게 도와줍니다.

마음을 표현하는 <어생기바>

어!(사실) – 허락 없이 나의 핸드폰을 만지는 것은

☞ 처음에는 사실만 이야기한다.

생(각) – 네가 나의 물건을 존중하지 않은 같아

☞ 위의 사실에 대한 나의 생각을 말한다.

기(분) – 내 마음이 언짢아

☞ 위의 사실과 생각으로 인한 나의 기분을 말한다.

바(람) – 앞으로는 허락을 맡고 만지면 좋겠어.

☞ 그래서 앞으로는 어떻게 해주었으면 좋겠다고 말한다.

사과할 때 먹는 약 <인사의약>

인(정) – 너의 허락을 받지 않고 핸드폰을 함부로 만져서

☞ 상대방이 위의 사실에 대해 되묻기로 인정한다.

사(과) – 정말 미안해

☞ 인정한 사실에 진정한 마음으로 사과한다.

의(견) – 어떻게 하면 좋을까(의견 묻기)

– 나의 허락을 받고 사용하면 좋겠어.

☞ 상대방의 바람을 되묻기 방법으로 다시 언급한다.

약(속) – 앞으로는 너의 허락을 받고 사용할게

☞ 앞으로 어떻게 해야 서로에게 도움이 될지 약속한다.

스티븐 코비의 성공하는 사람들의 7가지 습관 중 1번이 '자신의 삶을 주도하라' 입니다. 이것은 자극과 반응 사이에 선택이 있는 경우 주도적인 삶을 사는 것을 의미입니다. 화가 난다고 바로 반응하는 것이 아니라 간격을 두고 조금 더 좋은 선택을 연습하는 것도 주도적인 삶을 살 수 있는 방법입니다.

『긍정의 훈육』에서 제안하고 있는 긍정적 타임아웃도 효과적입니다. 아이들이 자신의 감정을 조절할 수 있는 여러 장치와 약속이 있는 공간으로 이동해 자기 조절을 하고 다시 학습으로 돌아오게 되면 서로 존중하는 방법을 깨우칠 수 있습니다.

2. 사회적 기술 센터 만들기

사회적 기술이란 공동의 목표를 이루기 위해 학생들끼리 서로 배려하면서 대인 관계를 맺어나가는 기술을 말합니다. 이 관계를 적용하여 학급에서도 사회적 기술 센터를 만들어 운영해볼 수 있습니다.

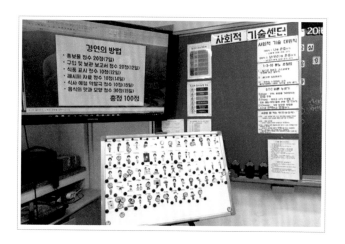

1) 문제 상황과 해결된 상황 상상하기

자주 발생하는 문제 상황을 브레인스토밍 합니다. 그리고 가장 급하고 중요하다고 생각하는 문제를 선정합니다. 그리고 그 문제가 해결된 상황을 상상합니다. 만약 정해진 시간에 과제를 해결하지 못하는 것이 문제 상황으로 나왔으면 정해진 시간 내에 과제를 모두 해결하는 것이 그 문제가 해결된 상황입니다. 모둠 발표 시간에 다른 모둠의 발표를 잘 듣지 않는 것이 문제 상황으로 나왔으면 모두가 발표를 경청하는 것이 해결된 상황이 될 것입니다.

2) 역할극으로 체험해보기

문제가 해결된 상황을 역할극으로 만들어보고 소감을 나눕니다.

3) 사회적 기술 센터 만들기

사회적 기술의 이름과 목표 만듭니다. 협동학습에서 많이 사용하는 T-차트/Y차트 방식으로 말 그리고 행동 실천 사항을 만듭니다.

사회적 기술의 이름 ( )	
목표	
이렇게 말해요!	이렇게 행동해요!
이렇게 말하지 않아요!	이렇게 행동하지 않아요!

사회적 기술 센터를 모둠별로 만들어볼 수 있습니다. 설명이나 발표를 잘 듣지 않는 상황, 교실과 복도에서 뛰는 상황, 순서를 기다리지 않는 상황, 친구를 놀리거나 때리는 상황, 수업 준비를 제대로 하지 않은 상황, 숙제를 잘 하지 않은 상황, 활동에 집중하지 않거나 지나치게 느리게 하는 상황, 함께 사용하는 물건을 잘 정리하지 않는 상황 등 중 선택해서 만들어 봅니다.

4) 함께 만든 사회적 기술 연습하기

권장 행동을 더 많이 할 수 있도록 연습해 봅니다. 그리고 문제 행동을 하지 않거나 조절할 수 있도록 연습해 봅니다.

5) 주-월 별로 게시하고 주기적으로 피드백 주기

일주일 정도 함께 정한 사회적 기술을 실천합니다. 잘 지켜지고 있다면 '달성'으로 옮기고, 더 연습이 필요하다면 일주일 더 실천해 봅니다. 필요하다면 가장 잘 지킨 사람을 선발해서 사회적 기술 명예의 전당에 올려줄 수 있습니다.

⊙ T차트와 Y차트로 사회적 기술 달인 되기

사회적 기술 센터의 모습은 다양하게 만들 수 있습니다. 대표적으로 T차트와 Y차트 형태로 표현하는 경우가 있습니다. T차트는 최종적으로 그 기술을 달성한 상태의 이름을 쓰고, 도움이 되는 말과 행동을 적어서 게시하는 것입니다. 주기적으로 피드백하는 것도 잊어서는 안 됩니다.

● 존슨의 T-Chart를 활용한 사회적 기술 센터

사회적 기술 :	
이렇게 행동해요	이렇게 말해요

● 사회적 기술 센터 운영 예시

사회적 기술 : 인사하기	
이렇게 행동해요	이렇게 말해요
고개 숙여 인사하기, 손을 가볍게 흔들기, 하이파이브 하기, 악수하기 등	"안녕하세요. 좋은 하루입니다. 오늘도 행복한 날이 시작되었습니다." 등

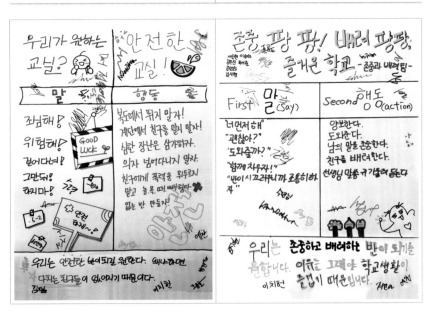

Y차트는 말과 행동에 느낌까지 적는 것입니다. 말과 행동을 제대로 했을 아이들이 조금 더 달성하고 싶은 마음이 들게 할 수 있습니다. 함께 만든 사회적 기술을 잘 지키고 있는 사람의 이름을 차트에 함께 적을 수 있게 만들면 더 지키고 싶은 마음이 듭니다.

피드백은 매일 하는 것이 가장 좋습니다. 만들고 나서 일주일은 매일 피드백 하고, 그 뒤에는 일주일 단위로 피드백 하는 것이 기술을 유지하는 데 도움이 됩니다. 평가를 통해 잘 지킨 사람은 사회적 기술표에 이름을 올리고, 가장 잘 지킨 사람을 명예의 전당에 올려줄 수 있습니다.

● 사회적 기술의 예시

① 불편한 경우는 '말마요/행감바' (※정유진 선생님 행복교실 참고)

말(행) : 말이나 행동 "나는 사람들이 별명을 부를 때"

마(감) : 마음(감정)을 표현 "기분이 나빠"

요(바) : 요구(바람)하기 "별명을 부르지 않았으면 좋겠어."

② 실수를 회복하기 위해서는 '인사해' (※긍정의 훈육 참고)

인 : 인정 "미안! 내가 실수했어."

사 : 사과 (진심으로! 눈 마주치며 걱정하는 표정으로) "미안해"

해 : 해결 상대방에게 원하는 것 묻기 + 책임 있는 행동하기

'상대의 존재를 인정하고
공동의 목표를 향해 노력할 때,
비로소 적대감은 사라진다'

아이와 함께
즐거운 수업만들기

공동의 목표로
함께 참여하기
- 허승환 -

1. 놀이의 수준을 높이는 6단계의 비밀

◉ 놀이의 6단계

교실에서 아이들과 놀겠다고 마음을 먹었다면 이미 당신은 좋은 선생님입니다. 수영을 하기 전에 준비 운동이 필요하듯, 놀이를 하기 전에는 '놀이 준비 운동'이 필요합니다. 그 첫 번째가 콜버그의 도덕성 발달 단계를 통해 정유진 선생님이 만드신 '놀이의 6단계'입니다.

새 학기, 처음 놀이를 활용한 수업을 하기 전에 아이들과 동그랗게 모여 이야기를 나눕니다. "선생님은 재미있게 수업을 하다가 이런 행동이나 이런 말을 들으면, 놀이를 하고 싶지 않아집니다. 어떤 말과 행동일까요?" 아이들은 "재미없어요. 다른 것해요."라고 곧잘 대답합니다.

이 단계는 1단계, 무기력 단계입니다. "이기면 뭐 줘요?", "쟤네 팀이 핸들링 했으니까 우리가 이긴 거예요."

2단계는 이기지 않으면 미치는 단계입니다. '승부욕' 단계라고 하는데 무조건 이기는 게 중요하고, 규칙을 지키지 않고 우기는 아이들이 많습니다.

3단계는 '규칙' 단계입니다. 팀을 위해 열심히 하는 아이들, 규칙을 지키면서 활동한다면 3단계입니다. 규칙만 지켜도 '제대로 놀기 시작하는 단계'라고 생각합니다.

4단계는 '즐기기' 단계입니다. 이겨도 져도 놀이를 한 것만으로 행복하다면 4단계에 도착한 것입니다. 규칙을 지키며 놀이 자체를 즐기는 단계이며 놀이의 기쁨을 느끼는 단계입니다.

5단계는 '배려', 바로 '역지사지'의 단계입니다. '배려'는 네 가지 모습으로 나타납니다. 첫째는 더 놀고 싶지만 다친 친구를 보건실에 데려다주기, "너 한 번도 못 던져 봤지?" 라고 말하며 기회를 친구에게 양보하기, 친구가 실수해도 "괜찮아, 다음에 잘하면 돼"라고 격려하기, 졌어도 진심으로 이긴 팀을 축하해주기. 5단계 '배려'는 놀이의 높은 수준으로 들어가는 단계라고 할 수 있습니다.

마지막 6단계는 '창조'단계입니다. 호모루덴스 책을 쓴 네덜란드의 학자 호이징거는 놀이의 가장 큰 특징을 '자발성'이라고 했습니다. 선생님이 일방적으로 이끄는 놀이는 진정한 놀이라고 하기 어렵습니다. 이러한 지도자 중심형 놀이를 레크리에이션이라고 부릅니다. '창조' 단계는 기존의 놀이를 바꿔보거나 새로운 놀이를 만들어내는 단계입니다.

놀이가 끝나면, 동그랗게 모여 앉게 하고 묻습니다. 오늘 놀이하는 동안, 3

단계 '규칙'을 어기지 않았던 사람은 손을 들어봅시다라고 말입니다. 그리고 또 질문합니다. "오늘 4단계, 이겨도 져도 함께 놀았던 것만으로 즐거웠던 사람은 손을 들어 볼까요?", 그리고 "5단계, 친구가 다쳤을 때 보건실에 데려다주거나, 친구에게 기회를 양보하기, 실수한 친구를 격려한 적이 있다면 손을 들어볼까요?"그리고 아이들이 손을 들 때마다 무한대로 격려와 칭찬을 해 줍니다. "지난번엔 10명이 손을 들었는데, 오늘은 14명이 들었네요, 우리 반이 점점 놀이의 수준이 올라가는 것 같아서 정말 기쁩니다."라고 말입니다.

놀이의 하수	1단계 (무기력)	· 열심히 안하고 억지로 하는 사람 · 대충하는 무기력한 사람
	2단계 (승부욕)	· 무조건 이기는게 중요한 사람 · 규칙을 잘 지키지 않고 우기는 사람 · 놀이에 대한 보상을 바라는 사람
놀이의 중수	3단계 (규칙)	· 팀을 위해 열심히 하는 사람 · 규칙을 지키면서 활동하는 사람 제대로 놀기 시작하는 단계
	4단계 (즐기기)	· 이기고 지는 것을 떠나 규칙을 지키면서 놀이 자체를 즐기는 사람 놀이의 기쁨을 느끼는 단계
놀이의 고수	5단계 (배려)	· 잘 못하는 친구에게도 기회를 주고 격려하고 함께 기뻐하는 사람 놀이와 삶의 높은 수준으로 들어가는 단계
	6단계 (창조)	· 기존의 놀이를 바꿔보거나 새로운 놀이를 만들어 내는 사람 합리적인 규칙, 즐거움, 배려하는 놀이를 만드는 단계

◉ 놀이와 보상

교실에서 놀이를 하지 않는 이유를 묻는 설문에 많은 선생님이 "놀이를 하면 아이들이 경쟁적으로 변하고 시끄럽게 옆 반에 피해를 주는 모습이 보기 싫어서"라고 대답 했습니다. 그런데 '아이들은 왜 그렇게 경쟁적이고 시끄럽게 놀이에 참여할까'라는 질문을 깊이 파고들면 아이들의 본성보다는 보상과 관련된 경우가 많습니다.

"1등하면 뭐 줘요?"라는 아이의 질문에 선생님은 어떻게 대답하겠습니까? 특히 경력이 짧은 선생님들일수록 선물을 걸고 놀이를 하는 경우가 많습니다. 그런데 놀이의 2단계 '승부욕'에 사로잡힌 아이들은 친구들을 이기기 위해서는 수단과 방법을 가리지 않습니다. 보상을 받지 못한 모둠에서는 또 따돌림과 욕설이 오고 갑니다. 놀이를 하더라도 놀이 방법이 중요한 게 아닙니다. 바로 놀이를 대하는 선생님의 태도, 놀이에서 보상을 받지 못한 아이들을 대하는 선생님과 친구들의 태도가 우리 반의 공동체적인 가치를 만들어 냅니다. 선생님이 평소에 마음속에 품고 있던 가치가 아이들의 실수나 실패에서 드러나면서 그것이 교실의 가치에 영향을 미치게 됩니다. 계획한 놀이를 진행하는데 집중하다 보면 '하는 것'에 힘을 쏟고 에너지를 쏟아서 정작 가치를 구현하지 못하는 경우가 많습니다. 아이들이 규칙을 어기면서까지 승부에 집착하는 이유가 '보상 때문'이라면, 과감하게 '보상'을 없애야 합니다.

프린스턴 대학의 샘 글럭스버그(Sam Glucksberg)라는 과학자는 인센티브의 힘을 보여주는 재미있는 실험을 했습니다. 그는 참가자들을 모집하여 이렇게 말했습니다. "문제를 얼마나 빨리 풀 수 있는지 시간을 재겠습니다." 그중 한 모둠에게는 이러한 문제를 푸는 데 평균적으로 얼마나 시간이 걸리는지를 측정하기 위해 시간을 재겠다고 했습니다. 다른 모둠에게는 보상을 제시했습니다. "상위 25% 이내로 빨리 푸는 사람에게는 5달러를 지불하겠습니다. 오늘 실험에서 가장 빨리 문제를 푼 사람은 20달러를 받게 됩니다." 결과를 예측해보면 보상을 제시하는 방법이 더 좋은 동기부여가 될 것처럼 느껴집니다. 과연 동기 부여된 모둠이 다른 모둠에 비해 얼마나 빨리 문제를 풀었을까요? 답은 평균적으로 3분30초가 더 걸리는 것으로 나타났습니다.

놀이와 일, 그리고 놀이와 노동의 차이는 물질적 보상 또는 대가를 바라지 않고 하는 행위이며 외부의 강제에 의한 행위도 아니라는 점입니다. 학기 초부터 아이들이 이기는 팀에게 무엇을 주냐고 묻는다면 놀이는 무언가를 얻으려고 하는 것이 아니라 우리 반의 재미와 즐거움을 위해 하는 것이라고 대답해 줘야 합니다. 모두가 즐거운 마음으로 기쁘게 참여하는 것이 가장 멋진 모습이라고 격려해주셔야 합니다.

아이들에게 경쟁을 부추기고 물질적 보상을 주는 것은 당장의 동기 유발은 불러올 수 있지만 길게 봤을 때 학급을 위해 결코 긍정적이지 않습니다. 이긴 팀에겐 그냥 박수만 쳐달라고 해도 충분합니다. 어느 선생님은 이긴 팀은 미스코리아처럼 손 흔들며 교실을 한 바퀴 돌게 해 준다고 하셨는데, 그래도 아이들은 좋아합니다. 놀이의 보상은 '즐거움과 재미'면 충분합니다.

◉ 놀이회의로 '창조' 단계 올리기

수업 시간에 왜 놀이를 하지 않느냐는 질문에 적지 않은 선생님들이 '놀이를 별로 아는 게 없어서'라고 대답했습니다. 그런데 개인적으로 놀이 연수를 진행하면서 선생님들의 '놀이에 대한 무공'에는 단계가 있다는 것을 알았습니다.

'놀이의 하수'는 연수받은 그대로 교실에서 아이들과 놀이를 진행합니다. 그러다 놀이가 점점 뜸해지고, 나중에 기억이 나지 않으면 다시는 하지 않습니다.

'놀이의 중수'는 연수받은 놀이를 여러 번에 걸쳐 아이들과 진행해 봅니다. 그런 과정에서 완전히 익혀 자신의 것으로 만들게 되지만 여전히 연수를 통해 배운 내용을 그대로 따라할 뿐입니다.

'놀이의 최고수'는 놀이의 6단계를 통해 공부한대로 놀이를 '창조'하는 사람입니다. 연수를 통해 배웠던 놀이를 혹시 잊어버렸다고 해도 자기 스스로 변형해 놀이를 만들어냅니다. 변형을 넘어 새로운 놀이를 만들어내기까지 합니다. 그런데 이렇게 놀이를 만들어내는 게 '창조'라고 하면 어떻게 해야 할지 어려워합니다.

놀이의 최고 단계, '창조'로 가는 지름길은 바로 '놀이회의'입니다. 선생님이 놀이를 만들어내느라 고민할 게 아니라 놀이를 직접 한 아이들이 만들도록 도우면 됩니다. 교실에서 하는 모든 놀이를 교사가 다 준비해야 한다는 마음에서 벗어나면, 더 재미있게 놀이를 즐길 수 있습니다.

(1) '안조빠'로 놀이회의 공간 만들기

놀이를 하고 난 후에는 '안조빠'로 동그랗게 모이도록 합니다. '안조빠'는 '안전하고 조용하고 빠르게'의 준말입니다. 무엇보다 중요한 것은 '안전'입니다. 안전하게 걸어서 동그랗게 모입니다. 이때 '조용하게' 모여야 합니다. 말하지 않고 모여야 더 빠르게 모일 수 있습니다. 휴대전화 스톱워치로 시간을 재어 불러주는 게 좋습니다.

(2) 놀이의 아이스크림 '좋아바'로 놀이회의하기

동그랗게 모인 후에는 먼저 '좋아바'로 간단한 놀이회의를 합니다.

먼저 놀이를 하면서 '좋았던 점' 그리고 친구들을 격려하고 싶었던 점 등을 이야기합니다. 이때 손을 든 아이들만 이야기하는 게 아니라, 돌아가며 모두 이야기합니다. 의견이 없으면 "통과"라고 말해도 됩니다.

두 번째는 놀이를 하며 '아쉬웠던 점'을 나누는 것입니다. 20년 전 '화석 술래' 놀이를 하고, 아이들에게 아쉬운 점을 이야기하게 하니, "손을 휘둘러 다른 아이들이 다쳤어요.", "몰래 화석인 척 해요."라는 이야기들이 나왔습니다.

'바라는 점'은 놀이의 아쉬웠던 점을 어떻게 개선하면 좋을지 이야기하는 파트입니다. '화석 술래'를 어떻게 바꿀까 했더니, 아이들은 술래에게 치인 아이는 자리에 앉도록 하면 좋겠다고 했습니다. 그 이후 우리 반의 '화석 술래'는 늘 술래에게 치인 화석 술래는 자리에 앉아 친구들을 손으로 치게 했습니다. 그랬더니 다치는 아이도, 술래인 척 하는 아이도 사라졌습니다.

2. 공동의 목표로 참여하기

⊙ 셰리프의 '로버스 케이브' 실험

아이들은 모둠별 경쟁을 진행할 때 모둠끼리는 협동하지만, 다른 모둠끼리는 서로를 미워하고 다투곤 합니다. 많은 선생님들이 즐거운 수업을 하려고 놀이를 도입했다가 도리어 모둠 간에 서로 다투고 서로를 미워하게 되는 놀이에 환멸을 느낀다고 하십니다.

터키계 미국 사회심리학자 '무자퍼 셰리프'는 1954년, 집단 간 갈등과 협동에 관한 색다른 연구를 실행했습니다. 연구가 진행됐던 지명의 이름을 따 일명 '로버스 케이브 실험'으로도 불리는 이 연구는 크게 두 주제를 다루었습니다. 첫째, 집단 간의 경쟁과 갈등이 상대에 대한 편견과 적대감을 어떻게 증가시키는지를 관찰하는 것, 그리고 둘째, 형성된 증오감과 반목을 어떻게 치유할 것인지 그 방법을 찾아보는 것입니다.

셰리프의 연구 팀은 '방울뱀 반'과 '독수리 반' 소년들 사이에 이미 형성된 적개심을 어떻게 제거하느냐 고민하기 시작했다. 두 반으로 갈린 소년들의 갈등이 최고조에 도달했을 때, 그들은 매우 단순하면서도 효과적인 전략을 찾아냅니다. 그들에 의해 시도된 새로운 전략은 집단 간의 경쟁이 두 반 모두에게 해가 되며, 오직 두 반 사이의 협동만이 상호간의 이익을 위한 최선의 선택이 되는 상황을 설정하는 것이었습니다.

예를 들어 캠프장에서 인근 동네로 음식을 구하러 가는 데 사용되었던 트럭이 깊은 웅덩이에 빠져 움직일 수 없는 상황을 만들고서는 두 반의 소년들에게 하루 종일 힘을 합하여 그 트럭을 구덩이에서 끄집어내도록 연구자들은 지시하였습니다. 그랬더니 소년들이 서로 협력하기 시작했습니다. 이러한 변화를 만들어냈던 가장 중요한 계기는 연구자들이 그들에게 부여했던 '공동의 목표' 때문이었습니다. 공동의 목표를 이루는 과정에서 필요했던 협동심이 서로를 이성적인 동료, 가치 있는 협력자, 친구로서 인식할 수 있게 하였던 것입니다.

그동안 문제를 맞히면 한 아이에게만 주던 사탕을 페트병에 담게 해 보았습니다. 그리고 페트병 상단의 선에 도착하면 모두에게 사탕을 나누어 주겠다고 약속했습니다. 그러자 친구들이 문제를 맞히면 부러워하지 않고, 도리어 맞힌 친구들을 응원하기 시작했습니다. 남이 잘되면 나도 잘되는 경험을 하기 시작한 것입니다. 놀이의 보상을 '재미'만 주기 싫다면, '공동의 목표'를 활용해 보는 것도 좋은 방법입니다.

◉ '공동의 목표'로 참여하기

KBS '골든벨' TV방송을 보면, 탈락한 아이들이 남아있는 아이들을 응원합니다. 바로 학교의 명예라고 하는 '공동의 목표'가 있기 때문입니다. 교실에서도 아이들과 함께 이야기를 나눕니다. 우리 반 모두가 함께 즐거워할 '공동의 목표'에는 무엇이 있을까요? 단 두 가지 조건을 채워야 합니다. 첫째, 돈을 들이지 않습니다. 둘째, 영화를 보는 등 수업 시간을 많이 뺏기지 않아야 합니다.

아이들의 입에서 나온 '공동의 목표'일수록 더 아이들을 설득할 수 있습니다. 그동안 나름대로 효과를 본 '공동의 목표'를 5가지만 소개합니다.

❶ 점심 식사 5분 먼저 시작하기
❷ 5, 6교시 원하는 친구랑 짝꿍하기
❸ 급식 자율배식으로 원하는 만큼 가져가기

❹ 다음날, 컵라면 파티하기

❺ 야외수업하며 과자파티하기

(1) 칭찬 골든벨 게임으로 참여수업하기

'칭찬 골든벨' 게임은 아이들이 문제를 맞힐 때마다 칭찬 통 안에 공을 하나씩 넣어 목표를 달성하는 게임입니다. 이 활동은 '공동의 목표'를 모두가 누릴 수 있도록 만든 수업놀이입니다. '칭찬 골든벨' 플래시 자료를 활용하면, 따로 칭찬 공이나 칭찬 통을 준비하지 않아도 재미있게 활용할 수 있습니다.

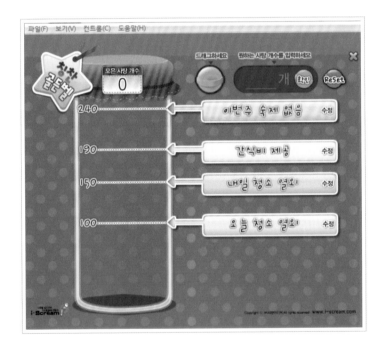

(2) '선생님을 이겨라' 게임

선생님을 이겨라 게임은 한 단원을 정리할 때 함께 공부한 내용을 복습할
수 있는 즐거운 수업놀이입니다. 모둠별로 겨루지 않고, 모든 아이들이 함께 한
팀이 되어 선생님과 겨루는 색다른 진행방식 때문에 경쟁심 없이 반 아이들의
소속감도 기를 수 있습니다.

활동명 : 선생님을 이겨라

활동 방법

❶ 교사는 미리 공부한 내용 중에서 9개의 문제를 준비합니다.

❷ 칠판에 3×3 즉 가로 세로 3칸의 표를 그린 후, 문제 번호를 적습니다.

❸ 1모둠부터 차례대로 문제를 고릅니다.

❹ 첫 모둠이 3번을 골랐다면, 미리 준비한 문제 중에서 3번 문제를 읽어 줍니다. 이때 아이들이 고른 문제를 선생님이 직접 읽어줍니다. 이때 문제는 선생님이 읽어도 되고, 아이들이 읽어도 상관없습니다.

❺ 문제를 다 들은 모둠에서는 골든벨 판에 정답을 적고, 선생님의 "하나, 둘, 셋" 신호에 따라 골든벨 판을 들어 정답을 확인합니다.

❻ 만약 문제를 그 모둠의 학생이 맞췄을 경우 '3' 숫자를 지우고 그 자리에 O표시를 할 수 있습니다. 만약 학생들이 틀렸을 경우, '3' 숫자를 지우고 X표시(선생님이 이겼다는 표시)를 하면 됩니다.

❼ 먼저, O표나 X표가 연달아 3개로 연결되거나 가로나 세로, 대각선으로 연결되면 이기는 게임입니다.

(3) 공동의 목표를 활용하는 보상제도

　교실에서 공동의 목표를 활용해 아이들의 동기를 끌어내는 방법 중 하나가 바로 '칭찬통'제도입니다. 칭찬구슬 통을 따로 만들어 교과전담 교사가 들어왔을 때 미리 아이들과 함께 정한 규칙에 따라 하루 최대 8개의 구슬을 넣도록 하는 '칭찬 구슬 제도'도 아이들이 좋아합니다.

　놀이에 '보상'은 독이지만, 모두가 함께 같은 팀이 되어 도전하는 '공동의 목표'는 교실에서 꼭 활용해보길 권합니다.

20

아이들이 주체가 되어
수업 진행하기

- 허승환 -

1. 아이들이 수업의 참주인 되기

◉ 학생활동 중심의 수업 변화

알파고와 이세돌의 바둑 격돌은 우리나라를 포함한 전 세계에 큰 반향과 충격을 일으켰습니다. 기계와 인간의 대결 구도, 기계의 지능적인 학습 능력, 인간의 정체성, 일자리 지형의 변화, 사회 변화에 대한 우려와 기대 등이 대결 이후 많은 이들의 관심을 사게 되었습니다.

알파고로 일반 사람들에게까지 사회 변화에 대한 관심이 높아졌지만, 이러한 변화는 스위스 다보스에서 열린 세계경제포럼에서 현재 이후를 '4차 산업혁명'으로 명명하면서 촉발되었습니다. 3차 산업혁명 시대가 IT 발달이 가져온 자동화, 지식 정보사회였다면, 4차 산업혁명은 IT 기술이 고도화되면서 가져올 지능 정보사회로의 전환을 예견합니다. 사실 4차 산업혁명으로 사람들이 충격

받은 것은 향후 15년 이내에 기존 직업의 60%가 사라지고, 인간의 영역이라 생각했던 예측과 추론의 사고 영역까지 로봇과 인공지능 기술이 대체할 수 있다는 것 등에 대한 막연한 두려움 때문일 것입니다.

4차 산업혁명으로 촉발된 사회 변화 속에서 가장 많은 질문은 "학교가 사라질 것인가?"였습니다. 그러나 아마도 학교는 사라지지 않을 것입니다. 하지만 소위 전통적 형태의 학교, 즉 주어진 시간에 등교해서 정해진 교과를 물리적 교실 환경에서 학습하는 형태의 학교 모습은 많이 축소될 것으로 예상됩니다. 실제 향후 15년에서 20년 사이 학교 체제의 변화를 예측하는 관련 보고서에서는 몇 가지 의미 있는 변화를 제시하고 있습니다. 바로 전통적 학교의 규모 축소 이외에도 학교의 제도적 유지 기반인 학력 인증이 더 이상 학교를 다니는 이유가 되지 않을 것이라는 예측입니다.

학생들은 온라인 학교를 포함한 비전통적 학교에서 더 많은 시간을 보낼 것입니다. 검정고시를 보는 학생 수가 증가하게 되며, 공교육과 관련이 없는 다양한 자격증이 나타나면서 고교와 2년제 대학의 경계가 흐려질 것입니다. 더욱이 4년제보다 교육성과가 좋은 2년제 대학이 늘어날 것이라는 예측은 학교의 역할 변화를 가져올 양상이라 할 수 있습니다.

전통적인 수업 방식도 변화될 것으로 예측됩니다. 학습 공간의 공유가 활발히 일어나고 체험 중심의 학습이 확대되며, 교육 시스템이 상호 연결되어 학문 간 융합이 일어날 것이라고 예측되고 있습니다. 결국 학교는 정해진 학제와 학력 인증의 역할에서 벗어나 학습 공동체로의 역할로 확대될 것입니다.

영 역	2015개정 교육과정	OECD 핵심역량 (PISA, 2005)	세계시민교육영역 (유네스코, 2015)	서울학생 역량기준 (서울특별시교육청,2015)
지 식	지식정보처리 역량	도구적 활용 능력	인지적 영역	지성을 기르는 인지 역량
	창의융합사고 역량			
가 치	의사소통 역량	이질 집단에서 상호 교류 능력	사회·정서적 영역	감성과 건강을 키우는 사회·정서 역량
	심미적 감성 역량			
태 도	자기관리 역량	자율적 행동 능력	행동적 영역	인성과 시민성을 함양하는 참여·자치역량
	공동체적 역량			

　자연스럽게 교육과정 운영, 향후 교실에서 이루어질 학습의 형태를 논의하기 위한 트렌드 분석으로 이어질 필요가 있습니다. 우리나라의 경우 2017년 초등학교 1, 2학년부터 단계적으로 2015 교육과정이 적용되며, 새로운 교육과정에서 제시하고 있는 창의융합형 인재 양성과 역량 중심 교육과정으로의 전환은 미래 사회의 변화에 대응하기 위해 반드시 필요한 현실이 되었습니다.

구분	초등학교 4학년		구분	중학교 2학년	
	성취도(49개국)	흥미도(15개국)		성취도(39개국)	흥미도(15개국)
수학	3위	14위	수학	2위	13위
과학	2위	13위	과학	4위	9위

　※ TIMSS(학업성취도 국제비교평가)2015
성취도 : 초등학교 49개국, 중학교 39개국
흥미도 : 성취도가 높은 15개국

　수업 역시 '교사의 강의식 수업'에서 '학생활동 중심수업'으로 변화해야 합니다. 2015년 TIMSS(학업성취도 국제비교평가) 결과, 초등학교 4학년의 수학 성취도는 49개국 중 3위지만 흥미도는 성취도가 높은 15개국 중 14위, 중학교 2학년의 성취도는 2위지만, 흥미도는 성취도가 높은 15개국 중 13위였습니다.

이제 정말 많이 배우는 것보다 배움 자체를 즐거워하도록 하기 위해 사고, 토의토론, 체험, 놀이수업 등 학생활동 중심으로 바뀌어야 할 때입니다.

⊙ 배움 덕목으로 수업의 참주인 되기

사실 교실에서 진짜 배우는 사람은 선생님일까요? 학생일까요? 정답은 '학생'입니다. 그런데 정작 배워야 할 학생은 수업 준비를 하지 않고, 선생님만 열심히 수업 준비를 하고 있습니다. 그렇다면 배우는 학생들이 해야 하는 수업 준비에는 무엇이 있을까요?

숙제를 잘 해오고, 교과서와 준비물을 잘 챙기는 것. 그리고 또 하나 수업 시간에 선생님과 수업을 하기 위한 준비된 수업 태도가 필요합니다. 이것을 어려운 말로 '배움덕목'(저학년에서는 배움예절)이라고 부릅니다. 아이들이 직접 만들어 칠판에 붙인 '배움덕목'을 꾸준히 활용하려면 어떤 노력이 필요할까요?

(1) 수업 전 배움덕목 이야기 나누고 칠판에 붙이기

모둠별로 역할극 발표가 있다면 어떤 배움 덕목이 필요할까요? 바로 존중입니다. '존중'이란 아직 우리 모둠 준비가 덜 되었지만, 다른 모둠이 열심히 준비한 것을 존중하기 때문에 우리 모둠 준비를 멈추고, 다른 모둠의 발표를 끝까지 들어주는 것입니다.

아이들에게 존중에 대해 말하고 자석이 붙은 '존중'이란 배움덕목을 칠판에 옮겨 붙이도록 하면 됩니다.

(2) 칠판 편지를 통해 그날 노력할 배움덕목 소개하기

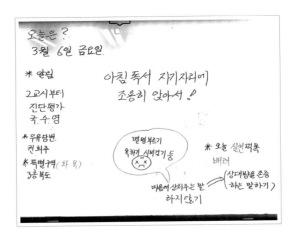

매일 아침에 교실에 들어서는 아이들에게 '오늘의 실천 덕목'을 제시합니다. 칠판 편지를 통해 한 주의 배움덕목을 제시하는 것도 좋습니다. 집중적으로 우리 반에 필요한 배움덕목에 대해 고민하고 다함께 실천하는 시간이 될 것입니다.

(3) 배움덕목 중 실천한 것과 반성할 것 발표하기

매 수업 시간마다 배움덕목 중 2가지만 함께 선정해 칠판에 붙여둡니다. 그런 후에 이번 시간에 그 배움덕목을 실천하기 위해 노력한 부분을 간단히 라도 이야기 나눕니다.

(4) 일주일 주기로 지키고 싶은 배움덕목 정하여 실천하기

매주 월요일이면, 아이들과 함께 이번 주에 자신이 노력할 덕목을 고르고, 한 주 동안 노력하도록 했습니다. 버츄 카드와 맞물려 활용해도 좋습니다.

(5) 지난 일주일간 자신의 실천 결과 발표하기

도덕 시간에 공부한 가치가 배움덕목과 맞물려 있다면, 일주일동안 실천하고 그 결과를 발표하도록 합니다.

(6) 배움덕목과 관련된 일기쓰기

억지로 쓰는 일기는 아이들에겐 정말 고역입니다. 매주 스스로 정한 '배움덕목'과 관련하여 일기를 쓰도록 하면 좀 더 초점을 맞추어 글을 쓸 수 있게 됩니다.

2. 아이들이 주체가 되어 놀이 수업하기

1. 활동명 : 숨은 글자 찾기 게임

아이들이 책을 읽기 싫어하는 가장 큰 이유는 모르는 단어가 많이 나오기 때문입니다. '숨은 글자 찾기 게임'은 아이들의 기본 욕구인 즐거움을 채워 주면서, 숨겨진 단어의 모습을 추리하는 지능형 게임입니다. 무엇보다 다시 또 해도 재미있다는 점 때문에 짬짬이 놀이로 강력하게 추천합니다.

활동 방법

❶ 모둠별로 모여 앉고, 종이카드를 2장씩 나누어 줍니다.

❷ 모둠별로 이야기 나눈 후, 4글자 단어를 종이카드에 적어 2장 모두 제출합니다. 반드시 다른 모둠 아이들도 모두 알고 있는 단어라야 합니다. 고학년이라면 좀 더 구체적으로 사자성어를 제출하도록 해도 좋습니다.

❸ 칠판에는 모둠 이름과 기본점수 100점씩을 주고 시작합니다. 위쪽에는 4개의 칸을 그려놓고, 아래쪽에는 '틀린 자음'과 '틀린 모음'이라고 기록합니다.

❹ 모둠에서 제출한 종이카드 중 한 장을 꺼냅니다. 3모둠의 쪽지라면 3모둠은 문제를 풀지 않고 3모둠+1, 즉 4모둠부터 한 모둠씩 아무 자음이나 모음을 부릅니다.

❺ 만약 3모둠의 쪽지 내용이 '타이타닉'이라고 할 때, 4모둠에서 'ㅈ'을 불렀다면 쪽지에 없는 관계로 10점을 감점합니다. 하지만 'ㄱ'을 불렀다면 마지막 '닉'의 받침에 'ㄱ'이 있으므로 30점을 받게 됩니다. 'ㅌ'을 불렀다면 그림처럼 두 번 나오니까 60점을 받아가게 됩니다. 맞춘 자음과 모음은 위쪽 네모 칸 안 정확한 위치에 써주고, 틀린 자음이나 모음은 칠판 아래쪽에 적어 다른 모둠의 아이들이 또 부르지 않도록 배려합니다.

❻ 확실히 정답을 알게 되었다면, 어떤 모둠이라도 바로 "정답"이라고 외친 후 도전할 수 있습니다. 이때 정답을 맞히면 100점을 받지만, 틀릴 경우에는 무려 50점의 감점이 있기 때문에 쉽게 도전할 수 없습니다.

❼ 정답이 나오면 칠판에 정답을 적고, 다음 모둠의 종이를 꺼내 게임을 진행합니다.

2. 활동명 : 아나그램 포스트잇 퀴즈

'아나그램(Anagram)'이란 한 단어의 철자를 분해해 다른 단어, 혹은 다른 문장으로 바꾸는 놀이를 뜻합니다. 같은 영어 알파벳을 가지고도 다른 뜻을 가지는 단어를 만들 수 있습니다.

'아나그램 포스트잇 퀴즈'는 지난 시간에 공부한 내용을 복습할 때, 모둠별로 간단히 포스트잇만 나누어주면 쉽게 활용할 수 있는 아나그램 수업놀이입니다. 모둠에서 만든 단어들을 포스트잇에 한 글자씩 쓴 후 뒤죽박죽 섞어 놓고 서로 바꿔 바른 단어를 찾아내면 된다.

아이들은 선생님이 내는 문제를 알아맞히는 것도 좋아하지만 아이들이 주체가 되어 직접 문제를 낼 때 더욱 흥미있게 참여합니다. 문제를 만들기 위해서는 그 내용을 정확하게 알고 있어야 가능하기 때문에 만드는 과정 속에서도 커다란 배움이 일어납니다.

활동 방법

❶ 모둠별로 모여 오늘 공부한 내용 중에서 가장 중요하다고 생각하는 낱말을 찾습니다.

❷ 포스트잇 한 장에 한 글자씩 씁니다. 미리 몇 글자 이내로 쓸지 통일하는 게 좋습니다. 초등학생이라면 5글자 이내 단어로 중고등학생이라면 10글자 이내의 문장을 만들도록 해도 좋습니다.

❸ 칠판에 선을 그어 모둠이 붙일 자리를 정해주고, 모둠 대표가 앞으로 나옵니다.

❹ 모둠 대표는 자기 모둠의 칠판 자리에서 포스트잇의 순서를 바꿔 붙입니다.

❺ 모둠별로 모여 다른 모둠에서 붙인 포스트잇을 보고 바른 순서의 단어를 찾습니다. 찾은 단어를 골든벨 판에 적습니다.

❻ 동시에 골든벨 판을 들어 정답을 확인합니다.

1모둠: 오대양 육대주	2모둠 태평양과 대서양	
4모둠 오세아니아	5모둠 아프리카 대륙	6모둠 북아메리카

❼ 정답을 많이 맞힌 모둠들을 칭찬하며, 공부한 내용을 정리하고 마치도록 합니다.

3. 활동명 : 문장퍼즐 게임

어떤 주제나 가치 또는 단어의 개념에 대하여 아이들의 주체가 되어 자기의 생각을 모아 문장 퍼즐을 만들고, 서로 풀어보며 더욱 주체적인 활동이 이루어지는 수업놀이입니다.

활동 방법

❶ 먼저 주제를 제시합니다. 예를 들어 공부한 내용과 관련하여 '배려란 ~ 이다.' 라는 주제를 제시합니다.

❷ 주제에 대한 자신의 생각을 모둠끼리 20글자 이내로 이야기합니다.

❸ 모둠의 생각을 모아 20글자로 주제를 정의합니다. 예를 들어 '슈퍼에 갈 때 뭐 필요한 거 없어? 라고 물어보는 것' 등으로 쓰면 됩니다.

❹ 포스트잇 한 장에 한 글자씩 주제를 정의한 것을 적도록 합니다.
  (이때 4개의 포스트잇에는 영어나 한자, 그림, 숫자를 써도 좋다고 허락합니다. 이러한 허용으로 문제를 더욱 맞히기 어렵고 재미있습니다.)

❺ 다 만든 포스트잇 문장을 섞어 퍼즐처럼 포스트잇의 위치를 바꿉니다.

❻ 그런 다음 다른 모둠과 바꾸도록 합니다. 받은 문장퍼즐을 풀어 포스트 잇으로 문장을 만들고 4절지에 붙이도록 합니다.

❼ 4절지에 붙인 내용을 서로 발표하며 주제에 대한 정의를 설명하게 합니다.

혹시 일정한 시간이 지나도록 풀지 못하면, 한 글자씩 서로 알려주는 시간을 가집니다. 결코 경쟁을 통해 상을 주는 수업놀이가 아님을 이야기하고, 일찍 문장퍼즐을 푼 모둠은 다른 모둠에게 찾아가 풀 수 있도록 도와줍니다.

㉑

메타인지를 활용한
친구 가르치기 - TPS

- 허승환 -

1. 미래 인재, 다이아몬드형 인간으로 키우기

18세기 산업혁명 이후에는 노동력을 통해 생계를 유지하던 노동자와 농민이 주요 세력이었습니다. 주로 공장에서 근무하던 노동자들이 청색 재킷을 입고 일했기 때문에 그들을 '블루칼라(Blue collar)'라고 불렀습니다. 20세기 초반 이후에는 지식을 통한 경영과 학문의 힘으로 사회를 리드해가는 새로운 세력이 나타났는데, 이들이 흰색 셔츠를 입고 사무실에서 근무했기 때문에 '화이트 칼라(White collar)'라고 부르게 되었습니다.

이스라엘의 젊은 석학, 유발 하라리(41) 히브리대 교수는 지금 가장 뜨거운 관심을 받는 학자입니다. 소설도 아닌 학자의 논픽션 『사피엔스』가 출간 3년 만에 45개 언어·500만부나 팔려나간 것도 전례를 찾기 힘들지만, 무엇보다 그에게는 통념을 깨는 파격이 있습니다. 중세를 전공한 역사학자가 유전공학과 인공지능(AI) 연구의 최전선을 인용해 인류의 진화와 미래를 예측하고, 옥스퍼

드에서 박사학위를 받은 서구 학자가 매년 두 달 가까이 모든 걸 끊고 '견고한 고독'(위파사냐 명상 수련)에 들어갑니다. 그런 그가 4차 산업혁명과 AI의 도래를 앞두고 이렇게 인터뷰했습니다.

> "수학·과학·중세전쟁사 등 개별 과목을 가르치는 건 의미 없다. 그런 공부는 AI가 훨씬 더 잘할 테니까. 우리가 후속 세대에게 가르쳐야 할 과목은 '감정지능(Emotional Intelligence)'과 '마음의 균형(Mental Balance)'이다. 지금까지는 20대까지 공부한 걸로 평생 먹고 살았다. 하지만 앞으로는 여든에도 끊임없는 자기계발을 해야 할 것이다. 구체적으로 무엇을 새로 배워야 할지는 알 수 없다. 하지만 경직된 사람, 마음이 유연하지 않은 사람은 버티기 힘들 것이다."
>
> -유발 하라리-

사회학자들은 21세기를 이끌어갈 리더는 지능지수가 높은 화이트칼라가 아니라 감성지수가 높은 '골드칼라(Gold collar)'가 될 거라고 말합니다. 골드칼라는 지적인 힘뿐만 아니라 마음의 힘이 매우 뛰어난 사람입니다.

이러한 역사적 흐름을 가만히 살펴보면, 블루칼라는 '체력', 화이트칼라는 '지력', 골드칼라는 '심력'이 강조된 집단이라는 것을 알 수 있습니다. 즉 체력에서 지력, 지력에서 심력으로 인간의 성공을 바라보는 관점이 달라지고 있습니다. 오차원 전면교육의 저자 원동연 교수는 체력을 중시하던 블루칼라의 시대와 지능지수가 높은 사람이 대우받던 화이트칼라의 시대가 가고, 21세기는 지적인 힘과 '마음의 힘'을 겸비한 골드칼라를 필요로 하는 시대라고 했습니다.

그런데 그의 교육이 도달하고자 하는 곳은 한 걸음 더 나아가 지력·심력·체력에다 '자기관리 능력'과 '인간관계 능력'까지 조화롭게 갖춘 '다이아몬드형 칼라'의 인간입니다. 4차 산업 시대를 살아갈 아이들이 다이아몬드형 인간이 될 수 있도록 도우려면 어떻게 해야 할까요?

⊙ 다이아몬드형 인간

1. 심성이 고운 어린이(심력)
2. 건강한 어린이(체력)
3. 지혜로운 어린이(지력)
4. 자율적인 어린이(자기관리 능력)
5. 사이좋은 어린이(인간관계 능력)

다이아몬드형의 인간상

원동연 교수님은 5차원 전면 교육을 통해서 학생들이 실력을 발휘할 수 없는 5가지 요인을 다음과 같이 정리했습니다. 교육의 열매를 결정하는 주요소로 가르침과 배움을 동반한 '배움의 능력'을 꼽고 수용능력 함양을 위해 5가지(지력, 심력, 자기관리, 인간관계, 체력) 전인적 교육에 힘을 쏟는 훈련입니다.

2015 개정 교육과정에서 추구하는 인간상은 자주적인 사람, 창의적인 사람, 교양 있는 사람, 더불어 사는 사람입니다. 아울러 추구하는 인간상을 구현하기 위한 6대 핵심역량으로 자기관리 역량, 지식정보처리 역량, 창의적 사고 역량, 심미적 감성 역량, 의사소통 역량, 공동체 역량을 꼽았습니다. 다이아몬드형 인간과 비교해보면, 지력(지식정보처리 역량, 창의적 사고 역량)/심력(심미적 감성 역량)/체력(공동체 역량)/자기관리 능력(자기관리 역량)/인간관계 능력(의사소통 역량, 공동체 역량)으로 연결지어 생각해볼 수 있습니다.

⊙ 지력 키우기

5차원 전면교육학습법 중 '지력'은 참과 거짓을 구별하는 능력이라고 합니다. 이러한 '지력'을 키우기 위해서는 어떻게 해야 할까요? 특히 '지력'을 길러주기 위해 교실에서 어떤 노력을 기울여야 할까요? 적어도 교사라면, 성적을 올리는 것이 목표가 아니라 학생들이 '배움'을 즐거워하게 해야 한다고 생각합니다.

우리 반 아이들은 아침마다 아침 자습 시간에 두 줄 쓰기 공책을 작성합니다. 매주 하루는 주제 글쓰기를 쓰게 해서 일기장을 대신 하는데, 2012년 한 학기를 마치며 우리 반 아이들이 써준 글입니다. 적어도 아이들에게 학교에서 공부하는 한 해를 돌아봤을 때, '배움'에 대한 이야기가 나올 수 있다면 반 아이들의 '지력'에 대한 지도는 성공적이라고 생각할 수 있지 않을까요?

"두줄 쓰기"에 대한 예시 사례

<내게 2012년 1학기는 _____ 였다. 왜냐하면?>

<한고은> 2012년 1학기는 내게 잊지 못할 기억이었다. 왜냐하면 처음으로 좋은 선생님과 좋은 친구들을 만났고 항상 재미있게 수업하기 때문이다. 5학년 때와 비교해 내가 달라진 점은 허승환 선생님을 만나고 성적이 더 올라갔고 욕은 좀 줄었다.6학년때부터 학교 가기가 너무 즐거워졌다.

<염다인> 2012년 1학기는 내게 '게임클리어'였다. 왜냐하면 처음엔 서먹서먹했어도 우리 반 모두와 친해지고 성적도 올랐고, 가장 중요한 것은 공부가 즐거워지고 또 오기 싫었던 학교가 즐거워진 것이다. 이건 엄청난 발전이다. 이렇게 큰 사건 없이 즐겁게 마친 1학기, 그러니 무사히 또 즐겁게 마친 1학기는 게임 클리어! 5학년때와 비교해 성적도 올랐고, 반 모두와 친해졌고, 또 지나치게 밝아졌다. 헤헤헤~ 레벨 업!

<손유진> 2012년 1학기는 내게 '운동기구'였다. 5학년 땐 체육시간에만 운동을 했는데, 6학년때는 점심시간에도 매일 체육을 했기 때문이다. 5학년 때와 비교해 달라진 점은 (1) 공부습관이 많이 달라졌다. (2) 운동량이 달라졌다.

<한휜> 2012년 1학기는 내게 '즐거움'이었다. 왜냐하면 허쌤과 함께 즐겁게 보냈기 때문이다. 5학년 때와 비교해 볼 때 5학년때는 아침에 학교에 와서 숙제를 했는데, 6학년때는 집에서 미리 숙제를 해오게 되었다.

<임승민> 2012년 1학기는 내게 '행복'이었다. 왜냐하면 허승환 선생님과 행복했기 때문이다. 5학년 때와 비교해 내가 달라진 점은 '복습하는 습관'이 생겼다.

<정해리> 2012년 1학기는 내게 '복습'이었다. 왜냐하면 1학기때 복습공책을 쓴 덕분에 성적이 많이 올랐기 때문이다. 5학년 때와 비교해서 성취도 평가 공부한 것보다 잘못봐 아쉽다. 2학기 때는 아자아자!!!

<이영진> 2012년 1학기는 내게 '희망'이었다. 이번 1학기는 정말 희망이었기 때문이다. 5학년 때와 비교해 내가 달라진 점은 좋은 선생님을 만나서 공부의 비결을 알고 달라졌다.

2. 메타인지를 활용한 친구 가르치기

◉ 메타인지란?

'지력'을 키우기 위해서는 미국의 왕, 해르텔, 그리고 월버그(Wang/Haertel/Walberg, 1993)의 공동 논문에서 '학습 성취에 대한 영향력의 순서'라는 요인들의 목록표를 주목할 필요가 있습니다.

성적에 가장 영향을 주는 1위는 예상한대로 학생의 인지적인 능력, 즉 타고난 머리입니다. 2위는 교사의 학급경영, 3위는 학생의 가정환경과 부모의 지원, 그리고 4위가 학생의 메타인지적인 능력이었습니다. 1, 3위는 교사가 미칠 수 있는 영향력이 아니고, 결국 2위, '교사의 학급경영'과 '메타인지'에 대한 집중이 필요하다는 것을 알 수 있습니다.

◉ '메타인지'란 무엇일까?

'메타인지(Metacognition)'란 자신의 '인지활동에 대한 인지' 즉, 자신의 인지 능력에 대해 알고 이를 조절할 수 있는 능력을 말합니다. 다시 말하면 내가 무엇을 모르고 무엇을 아는가를 아는 능력입니다. '메타인지'는 한 단계 고차원을 의미하는 '메타'와 어떤 사실을 안다는 뜻의 '인지'를 합친 용어입니다. 나의 사고 능력을 객관적으로 바라보는 또 하나의 눈, 메타인지는 결국 내가 아는 것과 안다고 착각하는 것을 파악하는 능력이라고 할 수 있습니다.

메타인지는 '메타기억(내가 무엇을 기억하고 기억 못하는지 아는 것)'과 '메타이해(텍스트를 읽고 내가 이해하는지 혹은 못하는지 아는 것)'으로 나뉠 수 있습니다. 세상엔 내가 설명할 수 없는 지식과 내가 설명할 수 있는 지식 등 두 종류의 지식이 있고, 단순히 아는 것 같다는 느낌이 아니라 내가 설명할 수 있는 두 번째 지식이 진짜 지식입니다. 그리고 내가 설명할 수 있는 진짜 지식이 바로 메타인지가 작동된 지식입니다.

⊙ 메타인지를 향상시키는 방법

내가 무엇을 알고 무엇을 모르는지를 안다면 자신의 한계를 알고 극복할 수 있는 전략을 세울 수 있습니다. 『완벽한 공부법』의 저자 고영성 작가는 메타인지를 높이는 세 가지 방법을 제안했습니다.

메타인지를 높이는 세 가지 방법

❶ 전략을 배운다.

전략을 배움으로써 자신을 객관적으로 알게 되기 때문에 메타인지가 올라가고, 이에 자신만의 전략도 나옵니다. 우리가 하고자 하는 각각의 것들에 대한 전략을 배우게 되면, 자연스럽게 왜 그 전략이 나왔는지 생각해보게 되고, 그럼으로 우리의 객관적인 모습을 알 수 있습니다.

예를 들어 '영어 회화'를 잘하고 싶다면, 영어회화를 잘 하기 위한 관련 서적읽기, 영어 원어민과 만나 이야기하기등의 전략을 배우면 됩니다. 어떻게 하면 이 문제를 풀 것인지 객관적인 상황 판단을 통해 효율적인 업무 수행 방법을 생각하게 됩니다.

❷ 피드백을 받는다.

공부하는 분야의 전문가에게 피드백을 받으면 좋습니다. 이를 통해 자신을 객관적으로 바라볼 수 있게 됩니다. 특히 학생들에게는 '셀프 피드백'을 할 수 있도록 도와주어야 합니다. 스스로 시험을 보거나, 공부한 내용을 요약할 수 있나 확인해보기 등이 필요합니다.

❸ 인지 과정을 인지한다.

메타인지를 높이기 위한 세 번째 방법은 심리학, 뇌과학, 행동경제학 등과 관련된 서적이나 강의 등을 자주 보는 것입니다. 이러한 관심을 통해 인간의 인지적 한계에 대해서 배우고 깨달음으로 메타인지를 높일 수 있습니다.

여기서 잠깐 ♡

<미국 UCLA 대학의 메타인지 기억인출 실험>

미국 UCLA 대학에서 진행된 기억인출 실험을 선생님과 진행해보려고 합니다. UCLA 대학 연구팀은 실험 참가자들에게 "애플 로고를 그려 보세요."라고 주문했습니다. 평소에 어디선가 많이 보았던 아이폰의 로고, 애플의 로고, 잠시 펜으로 직접 그려볼까요?

정답은 다음과 같습니다. 정확하게 그리셨나요? 실망하실 필요는 없습니다.

정답 : 애플 로고

대학생들에게 치러진 실험이었음에도 참가자 85명 중 1명만 정확히 그렸고, 8개의 변형된 로고 중 고르는 실험에서도 47%만 정답을 맞혔습니다. 재미있는 건 85명 중에서 아이폰 사용자는 52명이나 되었습니다.

⊙ 메타인지를 활용한 사전 게임

국어사전, 그리고 모둠별로 나누어줄 종이 카드(A4 쪽 크기)만 있으면 됩니다. 메타인지를 작동해 수업시간 마다 즐길 수 있는 '사전 게임'입니다.

활동명 : 사전 게임

활동 방법

❶ 책상을 모아 모둠별로 모여 앉습니다.

❷ 각 모둠에서 한 명이 출제자가 되어 어린이 국어사전에 있는 단어를 하나 고른다. 예를 들어 '배려'라는 단어를 제시합니다.

❸ 모둠 아이들끼리 상의한 후, 불러준 단어 '배려'에 해당하는 사전적인 뜻 (예 : 맡아서 해내야 할 것)을 A4용지 절반 크기의 카드에 적어 제출합니다.

❹ 국어사전의 단어를 출제했던 아이는 각 모둠에서 모아온 단어의 뜻과 실제 국어사전에 있는 단어의 뜻을 섞어 4지선다 객관식 문제를 냅니다. (① 아끼고 위해주는 것 ② 서로 귀중하고 소중하게 대해줌 ③ 도와주거나 보살펴 주려고 마음을 씀 ④ 어려운 일을 도와주는 것) 여자 아이-정답이 뭘까?

❺ 모둠별로 상의한 후에 정답을 골든벨 판에 적어 선생님의 "하나, 둘, 셋" 신호에 맞추어 들어 올립니다.

❻ 국어사전에 있는 단어의 정확한 뜻 '도와주거나 보살펴 주려고 마음을 씀' 이라 불러주고, 정답을 맞힌 모둠을 확인합니다.

◉ 메타인지와 학습 효율성 피라미드

그렇다면 메타인지를 향상시키는 최고의 방법은 무엇일까요? '설명'에 그 해답이 있습니다. 설명을 해보면 내가 아는 것과 모르는 것의 구분이 명확해지고, 내가 알고 있는 지식들이 인과관계, 즉 원인과 결과의 관계를 그리면서 명확하게 정리가 됩니다. 듣기만 하며 지식을 집어넣는 것과는 달리 말로 설명을 하면 내가 아는 것과 모르는 것, 필요한 것과 필요 없는 것이 생각으로 정리되는 것을 느낍니다. 바로 메타인지가 작동하기 때문입니다.

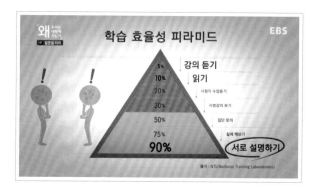

미국의 MIT 대학의 사회심리학자 레빈(Lewin)이 세운 응용행동과학 연구소인 National Training Lab. (미국행동과학연구소)에서 발표한 '학습 효율성

피라미드'는 외부 정보가 우리의 두뇌에 기억되는 비율을 학습활동별로 정리해 둔 것입니다.

학습 효율성 피라미드는 다양한 방법으로 공부한 다음에 24시간 후에 남아 있는 비율을 피라미드로 나타낸 것입니다. 이 피라미드를 보면 강의 전달 설명은 5%, 읽기는 10%, 시청각 교육은 20%, 시범이나 현장견학은 30%의 효율성을 갖습니다. 그런데 토론은 50%, 직접 해보는 것은 75%, 다른 사람을 가르치는 것은 90%의 효율을 갖습니다. 결국 일방적인 강의식 수업 후 24시간 뒤 기억에 남아 있는 비율은 5%인 반면, 설명하기는 18배인 90%까지 향상된다는 것을 알 수 있습니다.

기억에서 인출을 잘할 수 있도록 부호화(encoding)하는 방법 가운데 '남에게 가르치면서 학습하기'는 학습과 기억에 매우 효과적인 방법입니다. 교실 수업을 통해 혼자 속으로 이해한 것을 타인이 알아듣도록 예시나 설명을 곁들여 가르치는 기회를 가지면 더욱 정교하게 부호화되어 학습한 내용을 기억하는 데 도움이 됩니다. 강의하듯 설명하는 공부는 공책에 쓰기만 하는 학습보다 한 단계 사고 과정을 더 거칩니다. 공부한 내용이 비교적 오랫동안 머릿속에 남을 수밖에 없는 이유입니다.

◉ 메타인지 TPS 활용해 친구 가르치기

메타인지를 상승시킬 수 있는 열쇠는 '설명'입니다. 듣기만 하며 지식을 집어 넣는 것과 달리 설명을 해보면, 내가 아는 것과 모르는 것의 구분이 명확해집니다. 그리고 내가 알고 있는 지식들이 인과관계, 즉 원인과 결과의 관계를 그리면서 정리가 됩니다.

(1) 28% 성적을 올린 TPS 친구 가르치기

열심히 가르치고도 학생들의 성적이 좋지 않아 좌절한 경험이 있나요? 학생들은 듣는 것보다 자기가 말한 내용을 더 잘 기억합니다. 오늘 소개하는 복습방법은 구조 중심 협동학습을 만든 스펜서 케이건 박사가 주입식보다 무려 28%나 평균 점수가 높은 결과를 낳았다고 소개한 TPS(Timed Pair Share) 교수법입니다.

학생 한 사람에게만 발표 기회를 주면 경쟁이 벌어지게 되고 발표하는 학생이 실수하기를 바라게 됩니다. 또한 한 학생만 빛나게 됩니다. 하지만 짝을 정해서 서로 아이디어를 공유하고 코칭을 하게 하면 변화가 생깁니다. 경쟁자가 될 뻔했던 학생들, 배움에 대한 동기부여가 약했던 학생들이 동기부여를 받고 서로 돕게 됩니다. 2분 짝 나누기(Timed Pair Share)는 학생들이 짝을 정해서 A학생이 B학생에게 1분간 이야기하고, B학생은 A학생에게 감사의 표시를 한 후 1분간 이야기하는 복습 방법입니다. 그럼 2분 동안 교실의 모든 학생들이 의견을 서로 공유할 수 있습니다. 전통적인 교실 환경이었다면 2분 동안 3명의 학생들만 의견을 공유할 수 있었을 것입니다. 다른 학생들은 참여하지 못하고 떠도는 느낌을 받았겠지만 이 교수법을 사용하면 모든 학생들이 참여할 수 있게 됩니다.

학생들은 듣는 것보다 자신이 말하는 내용을 훨씬 더 잘 기억하지요. 말로 표현하면 기억도 오래 가게 됩니다. TPS로 복습을 하면, 모든 학생들이 수업에 적극적으로 참여하게 되기 때문에 전체적으로 시험 성적이 높아지게 됩니다.

(2) 친구를 가르치는 텔레폰 퀴즈

'텔레폰(Telephone) 퀴즈'는 마치 활동이 전화기의 기본원리와 비슷하다고 하여 지어진 이름입니다. 원래 캐롤크롬웰(Carol Cromwell)이란 알햄브라 고등학교 교사가 '듣기 및 말하기 기술'을 발전시킬 의도로 만들었습니다. 각 모둠에서 한 학생을 교실 밖으로 내보낸 후, 남은 모둠 학생들이 함께 단위 시간의 학습 활동을 하게 합니다. 밖에 나갔던 친구가 다시 자기 모둠으로 돌아오면 남아있던 모둠 아이들이 자기가 공부한 내용을 돌아온 학생에게 설명합니다. 이 과정에서 메타인지가 작동된다. 마지막으로 밖에 나갔던 학생을 대상으로 퀴즈 테스트를 하는 수업놀이입니다.

활동명 : 텔레폰 퀴즈

활동 방법

❶ 먼저 각 모둠의 학생 한 명을 교실 밖으로 내보냅니다. 만약 이질적인 모둠을 구성했다면, 1번 아동이 먼저 나가는 것이 남은 모둠원의 부담을 덜어줄 수 있습니다.

❷ 교사는 교실에 남은 2, 3, 4번 학생들과 그날 공부할 학습 내용을 영상이나 교과서를 읽는 과정을 통해 전체적으로 훑어 지도합니다.

❸ 선생님의 설명이 끝나면, 모둠 아이들끼리 모여 밖에 나간 친구에게 어떻게 나누어 설명할지 상의하고 준비할 시간을 줍니다.

❹ 일정한 시간이 지나면 교실 밖에 나갔던 학생들은 교실 안, 자기 모둠 으로 돌아갑니다. 교실에 남아있던 아이들은 밖에 나가 있던 학생에게 각자 공부한 내용을 설명해 줍니다.

❺ 교실 밖에 나갔던 아이들은 설명을 다 들은 후에 골든벨 판을 가지고 교실 뒤로 나가게 한 후, 골든벨 퀴즈 테스트를 실시합니다.

❻ 텔레폰 퀴즈 테스트를 마친 후에는 많이 틀린 부분들에 대해 좀 더 자 세히 설명하고 수업놀이를 마칩니다.

(3) 배움 지도 그리기

자신이 아는 내용을 친구에게 설명하면 그 내용의 90% 이상이 장기 기억됩 니다. 혼자서는 풀 수 없었던 문제가 친구와 함께 생각하면 술술 풀릴 수 있습 니다. 교사는 과밀학급에서 모든 학생들을 일일이 가르쳐줄 수 없지만, 모둠활 동에서 아이들끼리 서로 가르치는 것은 가능합니다. "너는 이것도 몰라?" 라는 꾸중을 들을까봐 선생님께 쉽게 하지 못했던 질문도 용기 있게 할 수 있습니다.

말하기는 '메타인지'와 깊은 관계가 있습니다. 말하다 보면, 어느 부분을 잘 알고 어느 부분이 부족한지 깨닫게 됩니다. 게다가 모둠학습을 통해 아이들은 서로의 차이를 받아들이고, 상대방을 배려하는 마음까지 기르게 됩니다.

친구 가르치기의 특별한 비법 중에서 광주한울초 장지혁 선생님(jangrider.com)께 배운 '배움 지도 그리기'는 우리 반 수학 수업을 바꾸기에 충분합니다.

활동명 : 배움지도 그리기

활동 방법

❶ 먼저 선생님이 제시한 학습 분량을 가장 먼저 푼 5명에게 3급 교사 자격증을 줍니다. 이 아이들이 또래 교사 역할을 하며 채점을 해주기도 하고 푸는 방법을 친절하게 설명해줍니다.

❷ 3급 교사 자격증을 받은 아이들은 고무자석을 붙인 자기 얼굴 사진(또는 이름표)을 칠판에 붙입니다.

❸ 3급 교사 자격증을 받지 못한 6번째 아이부터 칠판의 또래 교사를 확인하고 불러 채점을 받거나 도움을 요청합니다.

❹ 또래 교사에게 도움을 받은 아이는 자기 사진(또는 이름표)을 칠판에 붙이고, 도와준 친구와 분필로 선을 연결한 후, 도움 받은 내용을 선 옆에 따로 적습니다.

배움 지도 그리기 활동을 통해 친구들을 가르치며 볼 수 없었던 친절함을 눈으로 확인할 수 있습니다. 게다가 칠판에 적으며 배운 내용을 다시 복습하는 효과까지 얻을 수 있었습니다.

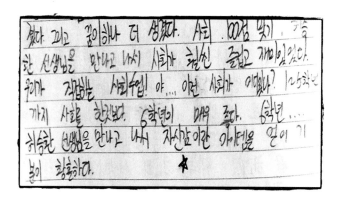

위의 메모는 아이가 '친구 가르치기'로 수업을 하며 적어준 일기입니다. 많은 교실에서 아이들이 친구들을 가르치는 경험들이 더욱 많아지길 바랍니다.

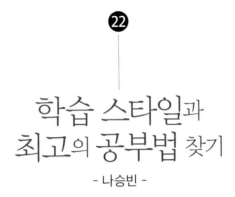

학습 스타일과
최고의 공부법 찾기

- 나승빈 -

1. 최고의 공부법 찾기

배움은 노력하면 더 잘할 수 있다는 마음이 좌우합니다. 교사도 수업을 하면서 내 수업이 잘 되고 있다는 느낌을 받아야 힘이 나고 즐겁게 수업을 준비할 수 있습니다. 이것을 수업 효능감이라고 합니다.

생활지도는 잘 되는 것 같은데 수업에서 의미를 찾기 어렵다면 교사로서 자존감은 떨어지게 되어 있습니다. 학생들도 학교생활은 만족스러운 데 수업은 재미없다고 표현한다면 교사는 수업의 반쪽만 달성하게 되는 것입니다.

◉ 아이들을 위한 수업 찾기

교사가 지금까지 아이들과 한 수업을 되돌아보는 방법이 있습니다. 바로 손바닥 스펙트럼입니다. 아이들이 손바닥을 가깝게 하면 점수가 낮은 것이고 멀리 하면 점수가 큰 것입니다. 아이들은 어느 정도로 손바닥을 벌릴까요?

다음으로 앞으로 진행할 수업에 대한 기대감을 손바닥 스펙트럼으로 표현해볼 수도 있습니다. 기대감은 상하로 손바닥을 벌리면 됩니다. 가까우면 가까울수록 기대가 되지 않는 것입니다. 멀면 멀수록 기대가 많이 되는 것입니다.

2학기 수업 상상하기
#손바닥 스펙트럼(상하)

1학기 수업 되돌아보기
#손바닥 스펙트럼(좌우)

◉ 우리 반 학문적 기술 만들기

교육선진국에서 공통적으로 중요하게 여기는 학문적 기술이 있습니다. 1학년부터 6학년까지, 수준 차이는 있을 수 있지만 함께 중요하게 생각하고 갖추어 나가는 능력입니다. 선생님이 근무하는 학교에는 공통적으로 중요하게 생각하는 학문적 기술이 있나요? 없다면 학년에서 중요하게 생각하는 학문적 기술이 있나요? 아래에 참고할 만한 학문적 기술 10가지를 소개합니다.

예시) 우리 반 학문적 기술 10가지

❶ 배운 내용을 자신의 말로 정리한다.

❷ 그림이나 글을 읽고 질문을 찾는다.

❸ 자신에게 맞는 학습법을 찾는다.

❹ 발표의 기술 5가지를 익히고 실천한다.

　- 자료는 보기 좋게 만든다. 글자의 수를 줄이고, 이미지로 표현한다. 하고 싶은 말은 직접 말로 해야 보는 사람이 집중한다.

　- 자신의 말로 바꿔서 발표한다. 자료를 조사하는 것은 좋으나 자신이 이해할 수 있는 말로 바꾸어서 여러 번 연습 후 어색함이 없어야 한다.

　- 명확한 발음과 목소리로 한다. 모두가 듣고 이해할 수 있는 명확한 발음과 목소리로 해야 한다.

　- 출처를 밝힌다. 참고했다면 출처를 분명하게 밝힌다.

　- 보고 읽지 않고 친구들을 보고 말한다. 조사한 자료를 보고 그대로 읽는 것은 발표가 아니다. 친구들을 보고 말로 이야기해야 한다.

❺ 바정반공질(바라보며 듣기, 정리하며 듣기, 반응하며 듣기, 공감하며 듣기, 질문하며 듣기) 경청을 한다.

❻ 과제를 완료 했으면 스스로 가치 있는 일(개인프로젝트)을 한다.

❼ 모르면 모른다고 하고 알려고 노력한다.

❽ 자신이 먼저 알게 된 것을 나누어 준다.

❾ 배우는 것을 가치 있고, 소중하게 여긴다.

❿ 수업을 더 의미 있고 재미있게 만들기 위해서 수업 성장회의를 한다.

아이들과 학급에서 공통으로 중요하게 생각하는 학문적 기술을 만든 후 위와 같이 달성해 나가면 좋습니다. 현실적으로 어렵다면 학년 공통의 학문적 기술을 만들어서 달성해 나가는 것을 추천합니다. 이것도 어렵다면 학급에서 1년 동안 달성해 나갈 학문적 기술을 만들어서 도전해 나가는 것을 권장합니다.

우리 반 학문적 기술 목록을 만들어 봅시다.

2. 배움으로 초대하기

아이들을 어떻게 배움으로 초대할 수 있을까요? 혹시 교실 기후를 아시나요? 성장 학교 별 교장 선생님이자 정신과 의사이신 김현수 교수님의 행복한 교실을 만드는 희망의 심리학 책에 잘 소개되어 있습니다.

교실 기후란 학급마다 가지고 있는 특별한 분위기라고 할 수 있는데, 크게는 긍정적 분위기와 부정적 분위기로 나눌 수 있습니다. 학급은 건조 기후, 온대 기후, 한대 기후, 열대 기후 등 다양한 학급 풍토가 존재합니다. 혹시 우리 교실은 어떤 기후를 가지고 있을까요?

교실 기후는 하루아침에 만들어지지 않고 의도된 활동으로 변화가 가능합니다. 적절한 활동이 지속적으로 제공된다면 교사와 학생 모두 학교에 가는 것이 즐거울 수 있습니다. 간혹 주말과 방학이 싫다고 말하는 학생도 생깁니다. 또한 말이 없는 소극적인 아이가 자발적으로 그룹의 리더가 되는 것도 경험할 수 도 있습니다.

교실 기후를 파악하는 방법에는 여러 가지가 있습니다. 먼저 글쓰기를 통해 파악하는 방법입니다. 주제가 있는 글쓰기를 통해서 아이들의 마음과 학급의 기후를 간접적으로 알 수 있습니다. <우리 반은 ~~이다. 왜냐하면 ~~이기 때문이다>의 주제를 가지고 다함께 글을 써보는 것입니다. "우리 반은 놀이동산이다. 즐거운 일들이 매일 가득하기 때문이다."라는 내용과 "우리 반은 창살 없는 감옥이다. 마음대로 할 수 있는 것이 없고 선생님의 눈치만 봐야하기 때문이다."라는 내용은 전혀 다른 교실 기후를 나타냅니다.

또 교실놀이를 통해 파악하는 방법이 있습니다. 학급에서 놀이를 하다보면

서로 비난하거나 반대로 격려하는 모습을 볼 수 있습니다. 사소한 것에 기뻐하는 경우도 있고, 열심히 하지 않으면서 보상만 바라는 모습도 볼 수 있습니다. 놀이라는 상황이 주는 즐거움 속에서 또 다른 모습이 보이는 것입니다. 놀이 회의나 학급 평화 회의 등을 통해서 이 부분을 중점적으로 이야기 해보는 것도 방법입니다. 또한 피라미드 모양을 종이에 그린 후 '우리 교실에서 나는?' 이라는 제목으로 교실 속 친구들 간의 역학 관계를 알아보는 것도 도움이 됩니다.

좋은 교실 기후를 만들기 위해서는 교실 기후에 대해 설명하고 아이들과 함께 만들기 위해 노력하는 것이 중요합니다. 존중하고 배려하는 학급 만들기를 학급 공동의 목표로 삼고 함께 노력할 때 공부도 더 잘할 수 있게 됩니다. 일관된 한계(가이드라인, 울타리, 안전망)로 안정감을 주는 것 또한 중요합니다. 선생님이 교실에서 자주 하는 말은 무엇인가요? 그리고 그 말을 했을 때 아이들은 어떤 생각을 할까요?

◉ 가르치고 배우기(학습 효능감)

아이들을 위한 수업을 구상할 때 서로 가르치고 배우는 수업, 칠판에 나와서 자신의 생각을 적거나 설명하는 수업, 수업에 필요한 도구를 함께 만들어서 활용하는 수업, 학습 도구를 활용하고 적용하면서 진행하는 수업 등 다양한 학습 스타일에 맞는 수업을 전개할 필요가 있습니다. 교사가 선호하는 학습 스타일을 아이들이 좋아하지 않는다고 해서 불편해하지 않아도 됩니다. 다양한 학습법을 통해 '나에게 맞는 최고의 학습법'을 찾을 수 있게 도와주어야 합니다.

코넬 공책, 마인드맵, 씽킹맵, 기호 활용 등 공책 정리 교육도 어느 정도 습관이 될 때까지는 함께 연습해야 합니다. 어휘력을 키워주기 위해서 어휘 Zone과 어휘 공책을 만들어서 학급의 환경 중 일부는 새로 나온 어휘를 익히는데 활용하면 좋습니다. 학습에 대한 자세를 교육하는 것도 도움이 됩니다.

一人能之 己百之(일인능지 기백지)
남이 한번에 잘한다면 나는 백번을 해야 하고
人十能之 己千之(인십능지 기천지)
남이 열번에 잘한다면 나는 천번을 해야 한다.
- 공자 -

不爲也非不能也(불위야비불능야)
하지 않는 것이지, 하지 못하는 것이 아니다.
즉, 능력이 부족한 것이 아니라 노력이 부족한 것이다.
- 맹자 -

이 2가지를 생각하면서 책을 읽고, 공부를 해보길 권합니다. 노력은 절대 배신하지 않습니다.

◉ 평가를 통한 성장의 기회

평가는 결과를 바탕으로 반성의 목적만 있는 것이 아닙니다. 학습을 의미 있게 하기 위한 형성평가, 배운 내용을 얼마나 알고 있는지 점검하고 부족한 부분을 보완하기 위한 수행 평가 등 과정이 더 중요하고 의미가 있습니다.

절대적인 기준을 가지고 전원이 성공할 수 있는 형태로 평가가 이루어지는 것이 가장 좋습니다. 또한 평가의 과정과 결과가 성장의 기회가 될 수 있도록 개인별 수준의 차이를 고려한 성장 평가가 진행되어야 합니다. 결과적으로 부족한 부분을 노력해서 절대 기준에 달성하면 모두가 성공할 수 있습니다. 노력하는 과정을 소중하게 여기는 평가를 추천합니다.

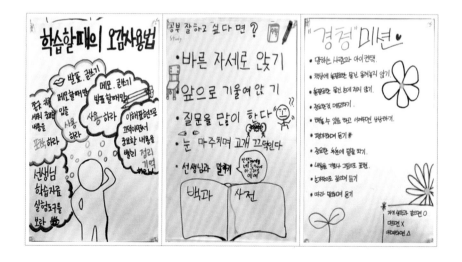

젊은 작가 되기

- 나승빈 -

1. 책을 좋아하는 사람이 되려면

　다니엘 페나크 선생님은 아이들에게 교과목을 가르치지 않고 책을 읽어주기 시작했습니다. 그러자 아이들이 귀를 기울이더니 다음 이야기에 관심을 갖기 시작했고 시키지 않았지만 저마다 책을 읽기 시작했습니다. 그리고는 아이들이 궁금한 점이나 자신의 의견을 선생님에게 묻고 답하게 되었습니다.

　어떻게 하면 아이들이 책과 친해질 수 있을까요? 그 방법을 친절하게 그의 책 『소설처럼』에서 이야기 합니다. 선생님 교실에는 책에 대한 권리가 있으신가요?

◉ **독자의 권리** (※참고: 소설처럼_다니엘 페나크)

　　1. 책을 읽지 않을 권리

　　2. 건너뛰며 읽을 권리

3. 책을 끝까지 읽지 않을 권리

4. 책을 다시 읽을 권리

5. 아무 책이나 읽을 권리

6. 보바리즘을 누릴 권리(몽상에 빠질 권리로 이야기의 내용을 상상해서 그 속에 빠져들 권리)

7. 아무데서나 읽을 권리

8. 군데군데 골라 읽을 권리

9. 소리 내서 읽을 권리

10. 읽고 나서 아무 말도 하지 않을 권리

평생 책을 좋아하게 되는 데 도움이 되는 독자의 권리를 반 아이들과 함께 만들어 보는 것을 추천합니다. 아이들이 꼭 혼자 조용히 책을 읽는 것만이 좋은 행동은 아닙니다. 먼저 책을 좋아하게 만들 방법을 찾는 것이 더 가치 있습니다. 매주 독자의 권리를 얼마나 누리고 있는지 중간 중간 피드백 하면서 서로 좋은 책을 추천하는 문화를 만들어보면 어떨까요?

◉ 학생-교사-학부모가 함께 하는 독서프로젝트

아이들이 꾸준하게 책을 읽는 시간을 만들기 위해서 아침 활동 시간에는 독서를 하도록 지도합니다. 이때 교사도 함께 독서를 진행하면 좋습니다. 잔잔한 피아노 음악을 더하면 독서에 집중하기 좋은 환경이 됩니다. 도서관에서 보내준 책이나 아이들이 추천하는 책을 사물함위에 독서대 등을 이용해서 전시해 두고 책을 보고 싶게 만드는 것도 방법입니다.

활동을 이용하는 방법도 있습니다. 자신이 읽은 권수와 쪽수를 누적해 나가는 방법입니다. 개인 목표로 100권 이상 읽기와 10,000쪽 이상 읽는 것 중에 하나만이라도 달성하면 성공하는 공동의 목표를 정하고 함께 달성해 나갑니다. 읽은 책의 권수와 쪽 수, 그리고 소감 (1줄 이상) 작성하는 것을 기본으로 하고 학급 홈페이지, 개인 독서록, 학급 게시판의 독서 게시판 등을 활용해서 누적해 나갑니다.

자신이 읽은 책 소개와 표시를 하는 것도 좋습니다. 책의 표지를 스캔하거나 이미지를 검색해 인쇄하고 코팅한 후에 독서 게시판에 붙여둡니다. 그 책을 읽었으면 포스트잇에 자신의 이름과 1줄 평 등을 적어서 붙입니다.

책 읽기와 관련해 가장 좋은 반응은 '서점 나들이'입니다. 100권 또는 10,000쪽 중 절반인 50권, 5,000쪽을 1학기에 달성한 경우는 서점에서 책을 1권 선물해 줍니다. 2학기에 100% 달성하면 부모님이 선물해 주는 것으로 하면 좋습니다. 달성하지 못했더라도 희망하는 경우에는 함께 갈 수 있습니다. 지역에서 가장 큰 서점에 대중교통을 이용해서 갑니다. 이때 교통비, 간식비는 개인이 준비해서 무엇을 사고, 어떤 책을 고를지 생각해 옵니다. 대중교통을 직접 돈을 내고 이용해 보지 않았던 아이들, 책을 직접 골라본 경험이 없었던 아이들은 잊을 수 없는 추억이 됩니다. 1시간 정도 서점에서 책을 골라보고 구경한 직접 고른 책을 자신의 용돈을 이용해서 구입해 보는 경험을 해보는 것입니다.

경험상 고른 책을 집에 돌아오기 전에 모두 다 읽은 경우가 많았습니다. 다 읽은 책은 자신의 이름으로 학급에 기부할 수 있게 하면 더 큰 가치가 있는 활동이 됩니다.

※ 어떻게 아이들이 책을 사랑하는 사람으로 성장하게끔 문화를 만들 수 있을까요?

2. 글쓰기 근육 키우기

선생님들은 꾸준하게 글을 쓰는 공간이나 시간이 있으신가요? 글쓰기가 어렵다면 글쓰기 근육이 발달하지 않아서입니다. 교실에서도 마찬가지입니다. 글을 쓰는 경험이 많지 않은 아이들에게 완성된 글을 써서 내라는 것은 굉장히 부담스러운 일입니다. 때문에 크게 부담스럽지 않으면서 다양하게 생각하고 자신의 생각을 쓰는 연습을 해야 합니다.

주제 글쓰기를 통해서 짧은 글을 자주 써보고, 생각의 끈을 유지하면서 종종 긴 글을 연습하면 글쓰기 근육이 길러집니다. 처음에는 부담을 줄이기 위해 2줄 주제 글쓰기로 시작하면 좋습니다. 익숙해지면 다음 달에는 3줄로 조금 늘립니다. 다음 달에는 4줄, 5줄로 해서 최종적으로 2~3문장으로 된 5줄 정도의 짧을 글을 주제에 맞게 쓰는 능력을 길러주어야 합니다.

그리고 교사도 아이들과 함께 글을 써보고자 노력하면 더 좋습니다. 공책을 걷어 글을 모두 읽고 한 명 한 명 정성스럽게 댓글을 달아주면 글쓰기 연습을 지속하는 데 큰 도움이 됩니다. 그럴 시간적인 여유가 없다면 짝과 공책을 바꾸거나 모둠에서 공책 돌리기를 해서 잘 쓴 부분이나 본받고 싶은 부분을 찾아서 댓글로 써주는 것과 교사의 피드백을 섞어서 하는 것도 좋습니다. 친구들이 읽는 다는 상황과 격려의 메시지를 받는 다는 것도 충분한 가치가 있습니다.

부록) 글쓰기 주제 예시

	주제 글쓰기 예시
1	(학기 초) 새 학년 새 친구들에 대한 느낌
2	(반복-시험 앞 둔) 시험을 앞둔 소감과 각오
3	(반복-새로운 달) 한 달을 보낸 소감과 새로운 달에 대한 나의 각오
4	(반복-자리 변경) 내 짝을 소개합니다. 짝이 없으면 앞 사람이나 뒷 사람
5	(반복-자리 변경 후)우리 모둠원을 소개합니다.
6	(반복-방학을 앞둔) 방학을 앞둔 소감과 각오
7	(반복-방학을 보내고 난 후) 방학을 보낸 소감과 새로운 각오
8	(반복-방학을 보내고 난 후)방학 동안에 좋았던 것 5가지 쓰기
9	(반복-방학을 보내고 난 후)방학 동안에 좋지 않았던 것 5가지 쓰기
10	기억에 남는 가장 끔찍한 악몽은?
11	도라에몽이 나에게 도구를 하나 선물해준다고 한다. 어떤 도구를 달라고 할까? 그 이유는?
12	창피스러운 순간을 지우개로 지울 수 있다면, 언제 어떤 순간을 지우고 싶은가? 그 이유는?
13	선생님께 하고 싶은 말과 그 이유는?
14	상장을 주고 싶은 친구와 어떤 상장을 왜 줄 것인지 쓰시오
15	과거로 돌아갈 수 있다면 언제 어느 때로 돌아가고 싶은가?
16	나쁜 사람이 죽어서 지옥에 간다면 무슨 벌을 받게 될까?
17	나를 두근두근 하게 하는 것과 그 이유는?
18	친해지고 싶은 친구와 그 이유를 쓰시오.

19	나는 다시 태어난다면 (이 동물)이 되어 (어떻게) 살 것이다.
20	나의 매력 포인트를 2가지 이상 말하면?
21	내일 죽는 다면 오늘 무엇을 하고 싶은가?
22	내가 하루 동안 엄마가 된다면?
23	30년 후의 나의 자식에게
24	만약 하루 동안 어른이 된다면?
25	내가 가보고 싶은 곳(국내, 국외)과 그 이유는?
26	내가 생각하는 가장 재미있는 놀이를 소개해 보세요.
27	천국이 있다면 어떤 모습일까?
28	내가 투명인간이 된다면 무엇을 하고 싶은가?
29	여름 방학에 하고 싶은 것은?
30	방학을 앞둔 지금의 나의 소감 또는 각오
31	내게 100만원이 생긴다면?
32	내게 가족들이란?
33	내게 쉬는 시간이란?
34	내게 공부 시간이란?
35	자기 기분 점수(1~5점) 주기 + 그 이유
36	학교에 왜 오니? 이유까지
37	우리 반 선생님이 학급에서 중요하게 생각하는 가치와 그 이유
38	내가 중요하게 생각하는 가치와 그 이유
39	내가 생각하는 좋은 친구의 조건은?
40	학교를 다시 세운다고 했을 때 반드시 필요한 것 10가지 쓰기+간단한 이유
41	나는 어떤 사람이 되고 싶은가 1탄(직업 + 그 이유)

42	내가 생각하는 나의 고칠 점 1가지와 그 이유
43	내가 생각하는 나의 장점 1가지와 그 이유
44	내가 친구들에게 듣고 싶은 말과 그 이유
45	내가 선생님에게 듣고 싶은 말과 그 이유
46	우리 반 선생님은 ~~~한 아이를 좋아한다. 그렇게 생각한 이유
47	선생님이 자주하는 말 또는 행동은? 그 말 또는 행동을 할 때 드는 생각
48	시험은 ~~이다.
49	가장 행복한 사람은? 그렇게 생각하는 이유는?
50	우리 반 두 명 정해서 칭찬하는 내용을 각각 써보세요
51	나 자신을 칭찬해 봅시다.
52	내가 존경하는 인물과 그 이유는?
53	선생님은 ~점 짜리 선생님인가? 그 이유는
54	나는 ~점 짜리 학생인가? 그 이유는
55	일주일 동안 혼자 지내야 한다면....
56	아무거나 상관없이 내가 제일 관심 있는 것을 소개하여 보세요. 이유가 드러나야 합니다.
57	좋은 친구란 어떤 친구일까요? 또 바람직한 친구의 모습은 무엇일까요?
58	내가 만약 우리나라 과거 역사로 돌아간다면 어느 시대의 어느 곳으로 가고 싶은지, 무슨 일을 하고 싶은지, 고른 이유는 무엇인지 써 볼까요?
59	내가 좋아하는 TV 프로그램을 소개해 봅시다.
60	타임머신을 타고 가고 싶은 곳은?
61	미래의 남편 or 부인에게 바라는 것 3가지와 이유
62	나의 마음을 다치게 했던 다른 사람의 말과 행동은?

63	내가 제일 싫어하는 소리는?(예를 들어 칠판 긁는 소리)
64	닮고 싶은 친구가 있다면 누구? 어떤 면을 닮고 싶은가?
65	살면서 저지른 잘못들을 용서 구해보자.
66	우리 집에 불이 난다면 꼭 챙겨서 대피하고 싶은 한 가지
67	쉬는 시간에 주로 하는 놀이 또는 활동은?
68	내가 발명하고 싶은 것과 그 이유
69	나 자신이 창피했던 순간은?
70	내가 실천한 아름다운 일 중 가장 기억에 남는 일을 써보자.
71	내가 남자(여자)로 태어났을 때의 가상 이야기를 써 봅시다.
72	내가 대통령에게 바라는 점을 편지 형식으로 쓰기
73	20년 후 나는 어느 곳에 어떤 얼굴로 서 있을까요? 20년 후의 나를 머리 속에 떠올리며 일기를 써보세요.
74	오늘 내가 선생님께 칭찬 받을 일이 있다면 스스로 선생님이 되어 마음껏 칭찬해 보기
75	나의 '베스트 프랜드'를 소개합니다.
76	내가 잘 하는 것 5가지 이상 자세히 쓰기
77	내가 좋아하는 물건 5개와 이유쓰기
78	승부욕에 불타오르는 순간이 있다면?
79	최근에 있었던 일 신문기사로 쓰기
80	양심의 가책을 느낀 적이 있다면?
81	나만의 징크스가 있다면?
82	요 근래에 가장 통쾌했던 순간은?
83	가장 기억에 남는 선생님은? 그 이유는?

84	나도 모르게 나오는 특이한 행동이나 습관은?
85	하기 싫은 데 억지로 하고 있는 것이 있다면?(예: 우유 먹기)
86	시간을 멈추고 싶은 순간이 있다면?
87	우울함을 날리는 나만의 방법은?
88	아침에 일어나자마자 하는 행동은?
89	나는 ~~~없이는 못산다! 이유도 쓰기
90	나는 어떤 사람이 되고 싶은가?
91	나중에 죽어서 묘비에 어떤 내용이 적혔으면 좋겠는가?
92	수업 중에 선생님께 듣고 싶은 말은?
93	교실에서 친구들에게 듣고 싶은 말은?

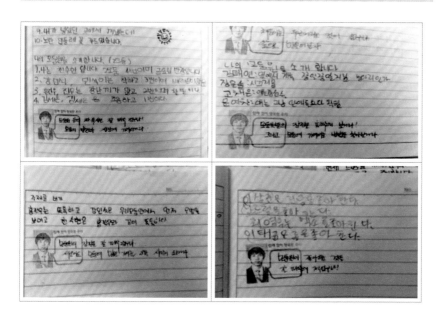

◉ 젊은 작가 프로젝트 : 인생 책, 인생 시 찾아서 소개하기

좋아하는 책이나 좋아하는 시가 있다면 책을 조금 더 사랑하는 사람으로 자랄 수 있습니다. 아이들이 도서관이나 학급에 있는 책 중에서 10번 이상 읽었거나 읽고 싶은 책을 찾아서 친구들에게 소개하는 활동을 했습니다. 친구들이 소개하는 책의 제목을 공책에 적고, 추천하는 이유의 한 문장을 적어 둡니다. 모든 소개가 끝나면 책 제목을 활용해서 빙고 활동을 하면서 즐겁게 책 놀이를 할 수 있습니다.

또 좋아하는 시를 찾아서 소개하고, 그 이유를 나누면서 서로에게 시를 추천하는 활동을 할 수 있습니다. 외울 수 없다면 보고 분위기를 살려서 낭송하게 하는 것이 좋습니다. 아이들은 시를 고르면서 많은 시를 접하게 되고, 멋지게 소개하기 위해서 시를 여러 번 읽고 연습합니다. 이 과정에서 자연스럽게 시와 가까워집니다. 가능하다면 시를 직접 써서 소개하는 것을 최종 목적으로 도전해 볼 수 있습니다. 1학기에는 찾아서 소개했다면 2학기에는 시를 직접 지어서 시화와 함께 소개하는 것까지 도전하면 좋습니다.

어제보다 더 나은 학급경영을 꿈꾸다

24

학부모와의 관계,
적당한 거리는 어디일까?

❓ 이런 게 고민이에요! ❓

선생님들의 고민 사례

❶ 학부모 상담 시 부정적으로 반응하시는 부모님을 만나면 제가 하고 싶었던 말을 이어나가기 어렵고 업무에 회의감이 듭니다.

❷ 학부모님들의 다양한 민원을 마주하다 보면 머리가 지끈거리고 한없이 우울해지는 4년 차 교사입니다. 이럴 땐 어떻게 해야 타인의 문제를 타자화할 수 있을까요.

❸ 어떤 학부모가 자녀가 벌을 섰다는 이유로 저를 비방하고 찾아오려고 했다는 걸 2학기 상담하다가 알게 되었습니다. 이런 문제 학생들은 영혼 없이 획일적으로 지도해야 할지 아니면 나름대로 교육관을 가지고 지도해야 할지 고민입니다.

1. 학부모와 상담하는 방법

어려운 학부모와의 상담, 어떻게 이끌어 가야 할까요?

 교사들은 흔히 '학부모'를 일컬어 '가깝고도 먼 당신'이라고 표현합니다. 같은 편인 것 같지만 자식의 이해관계 앞에서는 돌변하는 학부모님들을 종종 보기 때문에 더욱 많은 교사들이 공감하는 표현일 것입니다. 교사와의 만남을 '어쩔 수 없이 하는 것' 쯤으로 생각하는 학부모를 몇 번 겪고 나면 '학부모는 안 만나는 것이 낫다'라는 생각이 절로 생깁니다.

그럼에도 불구하고 교사와 학부모는 아이를 위해 한 팀이 되어야하는 관계입니다. 태어나서 성인이 될 때까지 아이에 대한 책임은 분명 부모에게 있습니다. 교사는 그 과정 중 1년 동안 아이를 바람직하게 성장시키기 위한 동일한 프로젝트에 참여하는 셈입니다. 특히 초임교사일수록 학부모와 엮이는 걸 싫어하는 경향이 있습니다만, 올바른 교육이 이루어지려면 서로에 대한 존중이 밑받침되어야 합니다.

나승빈 학부모는 자녀의 입을 통해 학교에서의 일상, 행동을 볼 수 있고, 그에 반해 교사가 자녀에게 어떻게 대하는지는 알 수 없습니다. 때문에 아이들이 과장하여 표현하고 자신의 잘못을 빼고 전달하는 경우엔 오해도 생기게 됩니다.

물론 학부모들은 소중한 자녀를 위해서라면 무슨 일이라도 할 것입니다. 그래서 자녀나 주변 사람의 이야기를 끝까지 듣지 않고 학교로 전화하거나 쫓아오기도 하는 것입니다. 이러한 학부모들의 불안과 아이를 사랑하는 마음을 먼저 공감하는 것에서부터 상담을 출발하는 것이 좋습니다.

그리고 많은 교사들이 학부모들이 교사를 전문가로 인정하지 않는 것에 대해서 고민합니다. 교사를 전문가로 인정하지 않는 다는 것은 배움도 없다는 것입니다. 의사를 인정하지 않고, 약에 대한 믿음이 없는 환자가 회복이 가능할까요?

이런 학부모의 경우 교사를 인정하지 않고서는 어떤 교육도 효과적일 수 없다는 것에서 출발하면 좋을 것 같습니다. 혹시 반말을 하거나 무시를 한다면 이 부분에 대해 명확하게 해야 합니다. 이 과정은 상담 이전에 신뢰의 문제이며, 신뢰를 쌓기 위한 노력과 래포를 형성할 필요가 있습니다. 부정적인 학부모와의 상담 시 다음 세 가지 스탭을 활용해 보면 좋습니다.

많이 듣기 - 많이 반영하기 - 의견 묻기

"우리 아이는 제가 제일 잘 압니다.", "그럴리가 없어요. 선생님이 우리 아이를 미워하는 겁니다."등으로 아이의 편을 들거나 방어 하는 학부모들은 그 마음을 인정해주고 공감하면서 감정을 누그러뜨린 후 사실(기록과 확인)을 가지고 상담을 진행하면 좋습니다. 또한 학생 개인별로 관찰 기록 카드 및 상담 기록 카드를 만들어 아이들의 학습 유형, 학습 습관, 각종 심리검사 결과, 좋아하는 과목, 과제해결 능력, 읽은 책, 친구 관계, 상담 기록 등을 기록해두면 상담에 용이할 것입니다.

허쌤 & 나쌤의 학부모 상담 tip

❶ 당황스러운 학부모의 마음을 충분히 이해한다.

❷ 학부모의 마음을 공감한 후 진정으로 아이를 위한 것이 무엇인지 알려준다.

❸ 객관적인 데이터(학급살이 되돌아보기 등)를 수집하고, 아이의 언어로 정리해둔다.

❹ 학생의 긍정적인 행동을 주기적으로 알려준다.

❺ 학부모도 노력하고 있음을 인정하고 지지한다.

❻ 학부모를 한 아이의 전문가로 인정한다.

❼ 학업 상담보다 학교 적응, 관계 상담을 우선으로 한다.

질문 02 자녀에게 무관심한 학부모, 교사의 역할은 어디까지일까요?

 "선생님, 우리 훈이가 집중도 못하고 너무 산만한 것 같아요. 어떻게 하면 좋을까요?"

실제 학부모 상담을 진행하다보면 학부모가 아이에 대한 조언을 구할 때 머릿속만 복잡할 뿐 대답이 잘 나오지 않는 경우가 많습니다. 바로 대답하지 못하는 자신이 부끄럽고, 교사라면 이럴 때 척척 대답이 나와야할 것 같은데 그게 쉽지 않죠. 이럴 땐 교사가 답을 주는 것이 아니라 그동안 학부모님이 해온 것들을 함께 이야기하면서 해결의 실마리를 찾는 것이 좋습니다.

"그동안 그 문제를 해결하기 위해 어떻게 해 오셨나요?"

학생의 문제는 과거부터 있어왔던 문제일 경우가 많기 때문에 학부모님이 시도한 노력들을 이야기할 수 있도록 대화의 시작을 여는 것이 좋습니다. 많은 학부모님들의 경우, 지금의 자녀 문제에 대해 얼마나 많은 노력을 기울였는지 교사에게 알리고 격려를 듣고 싶어 하기 때문입니다.

"비교적 효과가 있었던 방법은 무엇인가요?", "효과가 없었던 이유가 무어라 생각하세요?"등의 질문을 통해 교사의 평가보다는 학부모 스스로가 평가하고 되돌아볼 수 있는 기회를 주는 것만으로도 충분합니다.

나승빈 학부모가 자녀에게 무관심한 경우, 교사는 학부모도 힘들 수 있다는 전제에서 출발할 필요가 있을 것 같습니다. 더불어 아이에게 무관심해 질 수 밖에 없었음을 위로하고 격려하면서 상담을 시작하면 좋습니다. 이 경우 아이의 상황에 대해 학부모와 자세하게 이야기 하는 것이 포인트 입니다. 학교에 오기 힘든 경우라면 통신문이나 가정방문, SNS 등으로 소식을 주기적으로 알려주는 것이 신뢰를 쌓는 방법입니다.

함께 있어 행복한 우리 7기(학부모 밴드)
학부모 SNS

각종 안내문

2. 학부모와의 적당한 거리 유지하기

질문 01 밤늦은 시간 연락하는 학부모, 교사의 사생활을 고려하지 않는 학부모는 어떻게 대처하는 것이 옳은 것일까요?

허승환 교사도 일을 떠나 개인으로서의 삶을 존중받아야 합니다. 이 경우 아이들에게 미리 가르치는 것이 좋습니다. 보통 교사에게 오후 9시 넘어서 오는 전화는 2가지 밖에 없습니다. 하나는 누가 크게 다쳤다거나 사고가 났다는 것, 다른 하나는 학부모입니다. 늦은 시간에 오는 연락은 그것 밖에 없으니, 전화벨이 울리면 일단 '선생님이 깜짝 놀란다'고 말합니다. 그리고 아주 중요한 연락이 아니라면 9시 이후에 전화하는 것은 결례라고 가르칩니다. 몇 번 강조하면 중요한 연락만 6시 전에 문자로 연락됩니다.

나승빈 학부모의 시간이 소중하듯이 교사의 시간도 중요하다는 것과 충분히 확인하고 그 부분을 객관화할 수 있는 시간이 필요하다는 것에 대해 충분히 합의가 필요합니다. 가능하다면 사전에 합의(상담 가능한 시간, 상담을 요청하는 절차 등)를 하는 것이 좋습니다.

질문 02 내 아이만 특별히 대해 주기를 바라는 학부모, 어떻게 해야 할까요?

허승환 학교 공부의 목표를 아들러는 '자립'이라고 했습니다. 부모와 아이의 과제를 분리해야 합니다. 아이가 스스로 해결해야할 과제를 부모님이 나서서 해결해주는 경우, 아이는 미래 교육에 가장 필요한 문제해결 능력을 상실하게 될 것입니다.

 나승빈 더불어 부모의 자존감이 낮거나, 부모의 불안감이 큰 경우 아이에게 집착하고 특별대접을 받기를 원하는 경우가 많습니다. 허승환 선생님의 조언과 마찬가지로 부모의 삶과 아이의 삶을 분리(과제 분리)하고 아이가 자립할 수 있도록 함께 도와주는 교육에 대해 안내하고 함께 노력할 필요가 있습니다.

더욱이 아이를 편애할 경우 오히려 자녀에게 생기는 여러 부작용 사례를 들려주는 것도 좋습니다. '과연 선생님이 특별하게 생각하는 아이를 친구들이 좋아할까요?' 등의 질문을 던져 학부모가 스스로 생각해보는 시간을 갖는 것도 좋습니다.

또한 자녀가 특별한 대우를 받길 원하는 부모들의 감정에는 분명한 이유가 있을 것입니다. 이 부분에 공감을 해주되 꼭 모두를 공평하게 대하겠다는 이야기를 함께 해서 특별한 대우가 아니라 모두를 특별하게 여기면서 공평하게 대하겠다고 하는 것이 필요합니다.

질문 03 시도 때도 없이 쏟아지는 학부모의 불평과 불만, 모든 것을 교사 탓으로 돌리는 학부모는 어떻게 대해야 할까요?

허승환 제가 학기 초부터 학부모에게 가장 강조하는 것이 바로 '아이들 앞에서 교사에 대한 불평이나 불만을 하지 않는 것'입니다.

교육은 에머슨의 말처럼 '존중'외에는 방법이 없습니다. 혹시나 서운한 점이 있을 때 그것이 정말 서운한 일이라면 가감 없이 사과하는 모습을 보이는 것이 맞습니다. 하지만 오해의 소지가 있는 불평이라면,

'어기바' 대화법으로 선생님의 감정과 바람을 이야기할 수 있어야 합니다.

나승빈 이야기의 주제를 최대한 명확히 하되, 화를 내거나 불편한 감정을 드러내지 말고 아이의 말과 행동 그리고 교사의 말과 행동 등 사실에 한정해서 이야기 나누는 것이 좋습니다. 상담을 할 때 학년 선생님들이나 관리자와 함께 하는 것도 방법입니다. 너무 심한 경우 동학년 협의체, 교권보호위원회에 도움을 요청하는 것도 좋습니다.

| 대화의 주제를 초점화하기 | 마음이 맞는 선생님이나 관리자와 함께 하기 |

3. 학부모와의 긍정적 관계 형성을 위한 방법

1. 학생밴드와 학부모 밴드의 분리
: 꼭 운영해야하는 것은 아니지만 어렵지 않을 때 시작하는 것이 좋다.

2. 학급신문의 발행
: 한 달에 한번으로 시작해서 격주, 매주로 늘려나가는 것이 좋다.
반 아이들의 글이 모두 들어갈 수 있도록 배려한다.

3. 학부모와의 소통 통로를 마련
: 꼭 SNS나 신문이 아니더라도 학부모들과 대화의 통로를 마련한다.

4. 칭찬 문자
: 아이가 한 말이나 행동, 그로 인하여 받은 생각이나 느낌을 학급 신문,
가정통신문, 학급 SNS 등으로 객관적으로 알릴 수 있도록 한다.

5. 어머니회, 아버지회 만들기

6. 좋은 책 돌려 읽기

25

학생과의 관계,
적당한 거리는 어디일까?

❓ 이런 게 고민이에요! ❓

교사 고민 사례

❶ 교사를 친구처럼 생각하는 아이들. 가까운 건 좋지만 그래도 선생님은 친구가 아니라 어른이라고 느낄 수 있게 해주고 싶어요.

❷ 종종 예의 없고 수업을 방해하는 아이들을 마주할 때면 어떻게 지도해야할지 고민입니다.

❸ 저는 아이들의 마음을 이해하는 게 부족한 것 같습니다. 아이들이 바르지 못한 행동을 할 때 쉽게 분노하고 화를 내게 되는데, 아이들은 금새 잊어버리고 다가와 대처하는데 어려움이 많습니다.

❹ 아이들을 사랑과 이해로 포용하는 것이 좋을지, 아니면 지나친 친절이 교사의 권위를 낮추는 것은 아닐지 고민입니다.

❺ 학생들이 저를 어려워하는 것 같아 걱정입니다.

1. 친절한 교사 VS 단호한 교사

질문 01 학생들에게 친절하게 대하는 것이 교사의 권위를 낮추는 것은 아닐까요?

허승환 해리 왕의 교사 4단계를 보면 좀 더 이해가 쉬울 것 같습니다. 먼저 첫 번째 단계는 환상 단계(Fantasy level)입니다. 환상 단계의 특징은 좋은 친구가 되려고 친절함에만 머물 때 '친구같은 하인'으로 전락하게 되어 있다는 것입니다. 친절함을 지나 단호함으로 빠질 때에도 역시 '두려움'을 기반으로 한 학급운영으로 인해 아이들과의 관계가 무너지는 문제에 빠지게 될 것이니 이 부분을 주의해야 합니다.

나승빈 아들러의 명언 중에 "기분 좋을 때 더 잘할 수 있다."는 문구가 있습니다. 대입해 보자면 기분 좋을 때 더 잘할 수 있다는 믿음으로 아이들과 교사의 연결 관계를 만드는 것이 교사의 권위가 낮아지는 것이 아니라 신뢰할 수 있는 관계가 만들어지는 방법이라고 이해하는 것이 좋을 것 같습니다.

다만 친절한 것과 간섭하는 것은 다른 부분입니다. 일관성 없이 아이들을 대하다가 필요할 때만 잔소리하는 것은 친절한 것이 아니며 더 역효과를 불러올 수 있습니다.

질문 02 화를 내지 않고 교사의 권위를 지킬 수 있는 방법은 없을까요?

허승환 본질적으로 화는 2차 감정입니다. 화는 나는 게 아니라 보통 낸다고 말합니다. 위험한 창가에 올라간 아이에게, 수학여행지에서 10분 늦게 온 아이에게 만약 1차 감정으로 대한다면 교사의 권위를 지킬 수 있습니다.

교사에게 중요한 것은 화를 내지 않는 방법이 아니라, 화를 내되 인격은 건드리지 않는 방법을 익히는 것입니다. 화를 내지 않고 교사의 권위를 지키려면 감정은 친절하게 받아주되 행동은 원칙대로 책임지게 해야 합니다. 특히 노부카 가부유키 교수의 조언대로 '씨실과 날실'의 조화를 가져야 합니다.

씨실(친절함)은 쉬는 시간, 점심시간, 청소시간, 수업 후에 날실(단호함)은 수업시간에 가져야 합니다. 수업에 예외가 늘어날수록 교실은 무너지게 되어 있습니다.

나승빈 화를 내는 것은 권위를 지키는 것이 아니라 오히려 권위를 잃게 되는 방법일 수 있습니다. 교사들은 평소에도 "상대방을 존중합시다.", "자신의 감정을 스스로 조절합시다."라는 말을 많이 합니다. 그런데 교사가 학생에게 소리를 지르거나 화를 낸다는 것은 평소에 하는 말과 반대되는 행동입니다. 그 자체로 권위가 떨어지는 것입니다. 또 감정 조절에 대한 부분도 화를 낸다는 것 자체에서 이미 잘 되지 않고 있다는 것을 스스로 증명하는 것입니다.

평소 그 부분에 대해 학급에서 합의를 하고, 비언어적인 신호를 정하는 것이 좋습니다. 교사도 감정이 있고, 때로는 화가 나는 것이 당연합니다. 그것을 조절하고 상대방을 존중하는 모습을 보일 때 권위가 세워집니다.

화를 내면 학생에게 3가지 두려움(The Wisdom of the Body, 1932, Walter Bradford Cannon 지음)을 줍니다. Freeze 얼어붙음, Flight 도

망, Fight 싸움입니다. 결과적으로는 어떤 배움과 성장도 없습니다. 화를 통해서 교육한다면 아이들은 힘이 강한 사람이 힘이 약한 사람을, 권위가 높은 사람이 권위가 낮은 사람을 힘으로 통제해도 된다는 것을 배우게 될 것입니다.

교사들의 자기 조절을 도와주는 스트레스 볼 / 감정을 조절하는 공간 만들기

2. 학생들이 주는 상처

질문 01 학생들이 주는 상처, 어떻게 반응하고 관리해야 할까요?

 허승환 학생들이 주는 상처는 기본적으로 선생님을 공격하기 위한 것이 아니라는 것을 전제하에 바라봐야 합니다. 아이들의 문제행동의 기저에는 빙산이라는 '신념'이 있고, '신념'은 이미 가정에서 길러진 '자존감'과 '소속감'에 의해 형성됩니다. 따라서 아이들의 문제행동을 개인의 성품으로 접근하지 않고, 학급의 문화로 변화시키려는 태도가 필요합니다.

나승빈 '저 아이가 나를 화나게 하려고 학교에 오나?'라는 생각은 상처받은 교사가 가질 수 있는 어긋난 신념입니다. '교사를 화나게 하려고 학교에 오는 학생은 없다.'는 생각을 객관화할 필요가 있습니다. 교사의 여유와 적절한 생각의 필터링이 필요한 부분입니다.

불편한 마음을 전하고 도움을 요청하는 것도 좋습니다. 때로는 상처를 주는 아이에게 질문을 해 보세요. 어떤 부분 때문에 그렇게 말하고 행동하는지 묻고 답을 찾는 과정에서 많은 부분이 오해였고, 해결이 가능하다는 것을 알 수 있을 것입니다.

질문 02 학생들이 미울 때, 어떻게 대해야할지 모르겠어요.

  3단계 '힘의 오용', 4단계 '보복' 유형 아이들에게 상처를 받으면 교사들이 학생들에게 미움이 생기는 게 당연합니다. 3단계라면, 감정을 읽어주되 행동은 선생님의 뜻대로 관철하는 상황일 것이며 만약 4단계라면, 이미 선생님의 손을 벗어났고 선생님이 상처받기만을 바라고 있는 경우가 많습니다. 이럴 때는 아이의 상처를 바라보며 시간을 두고 선생님의 진심이 전달되기를 노력해야 합니다. 4단계 학생의 경우에는 아이와 뜻이 통하는 선생님의 도움이나 상담 전문가의 도움이 절실할 것입니다.

나승빈 상처를 주는 학생과 같은 유형인 것 같습니다. 학생이 하는 말과 행동이 불편하다면 그것은 교사의 마음을 되돌아보라는 신호입니다. 교사의 마음을 되돌아봐야 합니다.

교사의 자기조절과 학생들의 자기조절 방법을 만들고 신호를 정하면 좋습니다. 저는 3단계 자기 조절을 합니다. 1차로 거울을 바라봅니다. 거울 속에 비친 표정을 보면서 긴장한 표정을 이완시킵니다. 2번째로 턱과 뒷목을 손으로 마사지합니다. 긴장할 때 턱과 뒷목 부분이 굳어서 내는 소리는 날카롭고 상대방에게 위협을 준다고 합니다. 3번째로 자리를 옮겨서 교재연구실 등에서 뜨거운 차를 텀블러에 가득 채워 옵니다. 그리고 모두 마실 때까지 아무런 말을 하지 않습니다. 거울도 보고 마사지도 함께 하면서 자기 조절을 하는 동안에 이미 불편함을 주던 학생은 알아차리고 되돌아오는 경우가 더 많았습니다. 그러면 생각과 감정을 정리한 후 웃으면서 다시 말할 수 있게 됩니다.

선생님들도 자신만의 자기조절 방법을 만들고, 학생들도 기분이 나쁠 때 사용하는 자기 조절 방법 1단계, 2단계, 3단계를 만들어서 활용하게 하는 것을 추천합니다.

감정을 표현하는 비언어적 장치를 만들고 활용하기

3. 교사와 학생, 서로의 자존감을 지키는 적당한 거리는?

허승환 교사의 자존감을 지켜주려면, 학생들에게도 선생님에 대한 기본적인 존중에 대해 교육해야 합니다. 특히 '고마워'와 '미안해'에 대한 의사소통 교육이 먼저 진행되어야 합니다. 또한 아이들의 자존감을 지켜주기 위해서는 '자존감'을 올려주기 위한 일련의 지도가 실시되어야 합니다. 아이들이 가진 장점을 인정하기, 단점의 또 다른 면을 장점으로 이해시키기, 우리가 서로 필요한 존재라는 것을 '협력'의 사회적 기술을 통해 지도하기 등이 필요합니다.

<행동의 목표>
❶ 자립할 것
❷ 사회와 조화를 이루며 살아갈 것

<행동을 뒷받침하는 심리적 목표>
❶ 내게는 능력이 있다는 의식을 가질 것
❷ 사람들은 내 친구라는 의식을 가질 것

나승빈 서로간의 자존감을 지키기 위해서는 먼저 선생님의 마음(기분)과 욕구(필요)를 알려줄 필요가 있습니다. 학생이 정말 몰라서 그렇게 말하고 행동할 수 있다는 생각으로 행감바(행동, 감정, 바람) 형태로 말해주는 것이 좋습니다.

또한 주기적으로 생각과 마음을 나눌 수 있는 시간과 공간 만들어야 합니다. 월요일 아침 시간에 한 주를 시작하는 일주일 열기, 금요일 마지막 시간에 한 주를 마무리하는 일주일 닫기, 학급 평화 회의 등으로 서로의 마음을 나눌 시간과 공간을 만드는 것이 좋습니다. 가능하면 하루 열기와 하루 닫기를 통해 그날 있었던 일은 그날 모두 이야기 나누고 가는 방법도 추천합니다.

하루 열기(하루 선생님)

회의 결과 기록

회의 결과 기록

교사로서 해야 할 역할을 했다면 그것을 잘 받아들이는 것은 학생의 과제입니다. 물론 아이들에게 교사를 믿고 끝까지 할 수 있도록 지원하는 역할과 관심 그리고 노력을 계속해야겠지만 적절한 거리를 유지하는 것도 필요합니다. 어쩌면 교사가 관여를 많이 할수록 학생은 더 의존하게 되는지도 모르겠습니다. 학생들이 자립할 수 있도록 믿고 기다려주는 여유도 필요합니다.

26

잃어버린 자존감을 찾아라!
교사에게
의미있는 수업이란?

❓ 이런 게 고민이에요! ❓

교사 고민 사례

❶ 자극적인 것에 노출된 아이들이 점점 재미없는 것은 흥미와 관심을 잃어갑니다. 진지한 주제라던지 덜 자극적인 것들은 지루하고 불필요한 것이라고 말할 때도 있어 고민입니다.

❷ 경청에 대한 태도와 습관을 잡아주기가 힘들어집니다.

❸ 저는 학생들에게 의미 있는 수업을 하고 있다고 스스로 느끼지 못하고 있습니다. 좋은 방법이 있을까요?

❹ 많은 아이들이 배움을 위해 학교에 오는 것 같지 않습니다. 배우는 즐거움으로 아이들을 초대하는 방법이 있을까요?

1. 의미 있는 수업

 우리는 '재미'와 '의미'가 함께 공존해야 좋은 수업이라고 말합니다. 의미만 있으면 너무 진지하고 재미없으며, 재미만 있으면 의미 없이 뒤에 남는 것이 없습니다. 의미 있는 수업이란, 무엇보다 아이들의 삶과 연결되어야 합니다. 예를 들어 '주장하는 글'을 가르친다면, 아이들이 원하는 것들을 어떻게 부모님께 주장할까 고민하게 한 후 실습해보는 것입니다.

독일의 교육학자 힐베르트 마이어(Hilbert Meyer)의 좋은 수업이란 무엇인가(Was ist guter Unterricht?, 2004)에서 그는 좋은 수업에 대한 설득력 있는 기준들을 제시하고 있습니다. 그는 "좋은 수업은 민주적인 수업 문화의 틀 아래서, 교육 본연의 과제에 기초하여, 그리고 성공적인 학습 동맹이라는 목표를 가지고, 의미의 생성을 지향하면서, 모든 학생의 능력의 계속적인 발전에 기여하는 수업이다(p.30)."라고 말합니다. 이것을 토대로 아래와 같이 좋은 수업의 10가지 특징을 제시해 보겠습니다.

이 특징은 단순히 교사와 학생들의 인격적 특성이나 행동과는 거리가 있는 것으로, 어떤 수업이 좋은 수업이 될 수 있을지 수업이 갖춰야 할 객관적인 특징들을 말합니다. 많은 교사들이 마음속에 새겨야 할 특징들이라고 할 수 있습니다.

좋은 수업의 10가지 특징 (힐베르트 마이어)

❶ 수업의 명료한 구조화 　❷ 학습 몰두 시간의 높은 비율

❸ 학습 촉진적인 분위기 　❹ 내용적인 명료성

❺ 의미 생성적 의사소통 　❻ 방법의 다양성

❼ 개별적인 촉진 　❽ 지능적 연습

❾ 분명한 성취 기대 　❿ 준비된 환경 등

나승빈 사람이 '의미'라는 감정을 느끼는 조건은 '내가 필요할 때'와 '즐겁다'고 느낄 때라고 합니다. 그러나 교사들이 매 수업마다 필요하다는 생각과 느낌을 갖게 하기는 어렵습니다.

'아이들에게 수업이 필요하다고 느끼게 할 수 있을까요?', '아이들이 너무 많은 수업(학습)의 기회가 주어지지는 않나요?', '삶 속에서 내가 배우는 것이 필요(의미)하다고 느낄 수 있을까요?'등. 이러한 고민들로 많은 교사들이 교육과정 재구성, 삶과 연결 짓는 수업에 대한 관심이 커지고 있습니다. 그렇다면 아이들은 수업 중에 언제 즐겁다고 느낄까요?

- 성장 : 모르는 것을 알게 되었을 때
- 기여 : 내가 할 수 있는 것이 있을 때
- 참여 : 참여할 수 있을 때
- 인정 : 잘해서 칭찬 받을 때

즐거움을 느끼는 감정은 아이들의 참여와 성장, 기여, 인정과 직접적인 관계가 있습니다. 그러나 매시간 아이들에게 성장을 느끼게 하기

는 쉽지 않습니다. 대신 참여와 기여, 인정은 가능합니다.

기여하는 기회, 인정을 주고받는 학급 문화를 만들고, 참여하는 수업을 만들어야 합니다. 되도록 많은 아이들이 참여하고 그 과정에서 성장과 성취를 느끼는 수업을 하게 된다면 학생들에게 의미 있는 수업이 될 수 있을 것입니다.

 의미 있는 수업을 하기 위해서 교사는 무엇을 해야할까요?

> **허쌤 & 나쌤의 꿀tip!**
>
> ❶ **아이들이 수업의 주체로 서도록 돕기** : 아이들의 삶 속에서 구체적인 수업을 이끌려고 노력해야 한다.
>
> ❷ **교과서보다 아이들의 삶에 의미 부여하기** : 특별히 교과서에 지나치게 얽매이는 교육을 통해서는 배움이 일어나기 어렵다. 성취기준을 중심으로 교육과정 재구성이 따라야 한다. 삶과 수업이 연결될 수 있도록 해야 하며 '존중'과 '참여'를 키워드로 학생들이 배움의 즐거움을 느낄 수 있도록 도와야 한다.
>
> ❸ **배움으로 초대하기** : 생각을 만들고-나누고-생각을 키울 수 있는 시간과 공간 그리고 심리적 공간을 만들어주어야 한다.

질문 03 의미 있는 수업을 하지 않고 있다고 교사 스스로 느낀다면,
교사만의 잘못일까요?

 허승환 의미 있는 수업이 이루어지지 않는다고 느낀다면, 어떤 지점에서 그런 생각이 드는지 나를 '성찰'해야 합니다. 사실 업무로 인해서 수업 준비를 하지 못하는 경우라면, 스스로 업무 경감을 위한 시스템을 갖추어야 합니다. 그런데 수업을 준비하고도 그런 무력감을 느낀다면, 좀 더 심층적으로 나의 상황을 진단해 보는 것이 좋습니다.

> "모든 훌륭한 교사가 같은 교육 방법을 사용하는 것은 아니다. 그러나 내가 느낀 훌륭한 교사들의 공통점 하나는 강렬한 개인적 정체성이 그 수업에 배어들어 있었다는 것이다."
>
> - 파커 파머 <가르칠 수 있는 용기>

수업에 대한 근본적인 공포를 없애기 위해서는 수업의 형식뿐만 아니라 수업에 참여한 교사의 마음이 새로워져야 합니다. 파커 파머는 이를 위해 교사가 세 가지 집착에서 벗어나야 한다고 말합니다.

첫째, 학생들에게 내가 얼마나 똑똑한 교사인지 보여주는 것.
둘째, 학생들에게 내가 얼마나 지식이 많은지 보여주는 것.
셋째, 학생들에게 내가 얼마나 수업 준비를 충실히 하는지 보여주는 것.

이처럼 파커 J.파머가 말한 잘못된 집착에서 벗어나려면 있는 그대로의 나를 인정해야 합니다. 기질적으로 가르치는 능력이 부족하고, 교

과 전문성이 떨어지더라도 교사로서의 나를 있는 그대로 믿고 신뢰하는 것이 중요합니다. 교사는 스스로에게 과도한 욕심을 부릴 때가 많습니다. '좋은 교사란 이래야 한다.', '좋은 수업이란 이래야 한다.'는 생각은 스스로를 옥죄는 것입니다. 물론 이런 생각을 통해 성장하기도 하지만, 대개 스스로 세운 이런 기준은 교사 자신을 지나치게 낮게 평가하는 결과를 낳습니다. 충분히 잘 하고 열심히 하고 있음에도 수업을 통해서 뭔가를 해야 한다는 강박감이 있으면 지치게 마련입니다.

우리는 현재의 나에 대해서 충분히 너그러울 필요가 있습니다. 그런 여유를 가지고 학생들을 바라봐야 합니다. 그때 학생들은 '타자(他者)'가 아니라 진실한 돌봄이 필요한 '제자'로 변할 것입니다. 배움의 분위기가 이렇게 정서적으로 친밀해지면 교실은 학생들과 삶을 나누고 유대 관계를 맺어가는 따뜻한 배움이 있는 공간으로 바뀌어 갈 것입니다.

나승빈 수업과 배움은 교사 혼자서 하는 것이 아닙니다. 교사가 디자인을 하는 노력을 하겠지만 그 디자인을 조금 더 가치 있게, 또는 더 나은 디자인을 할 수 있게 하는 것은 모두의 노력이 필요합니다. 그 중요한 그 판을 만드는 것이 교사의 역할이라고 생각합니다. 교사가 모든 것을 해야 한다는 생각을 내려놓고, 함께 만들어가는 것이 좋습니다.

2. 따라 하기 수업

질문 01 좋은 수업 방법을 보고 우리 학급에 적용하는 것은 나만의 방법이 아닌 '따라 하기 수업'인 것 같습니다. 과연 옳은 방법일까요?

허승환 처음에는 백화점식 학급운영이나 백화점식 수업도 도움이 될 수 있습니다. 다만 그런 과정을 통해 내게 맞는 것과 맞지 않는 것을 교사 스스로가 걸러내야 합니다. 그런 후에 '기록'과 '사유'를 통해 나만의 것을 만들 수 있어야 합니다. 인디스쿨 등에 있는 수업 자료를 쓰더라도 교실에 맞게 재구성할 수 있어야 합니다. 만약 계속적으로 자료만 이용하다 보면, 언제나 자신의 정체성에 대한 무력감을 가지게 될 것입니다.

나승빈 무작정 따라 하는 것도 도움이 됩니다. 그렇지만 지향점(철학)을 세우고, 그것에 도움이 되는 것을 선별해서 하는 것이 더 좋다고 생각합니다. 가능하다면 내 성향과 우리 반의 실태에 맞게 변형해서 하는 것을 추천합니다. 지향점에 맞춰서 선별하고 변형하는 과정에서 <나만의 방법>이 만들어 질 것입니다.

수-파-리 (불교에서 나온 것으로 전해지나 검도 등 무술 수련에서 성장하는 3단계를 뜻하는 용어)

수(守) : 가르침을 지킨다는 의미로 스승이 가르쳐 주는 기본을 끊임없이 반복하고 연습하여 몸에 체득하는 것

파(破) : '깨트리다'라는 의미로 충실히 연마한 기본기를 바탕으로 자신에게 알맞은 독창적인 응용기를 만들어 내는 것

리(離) : 수와 파의 단계에서 습득한 기술들에 연연하지 않고 검리에 벗어나지 않는 더욱 고차원적인 단계로 나아가는 것

질문
02 좋은 수업 방법을 우리 반에 적용했지만, 기대만큼 반응이 없을 때는
어떻게 해야 할까요?

 허승환 수많은 연수가 도움이 되지 않는 이유는 교사의 고민은 반영되지 않은 채 껍데기만 가져오기 때문입니다. 오랜 사유를 거친 수업은 신념을 만들어주기 때문에 내 학급에 적용하는 과정 속에서 생기는 사유를 기록하고 돌아봐야 합니다.

한번 적용해보고 '역시 우리 반엔 안 맞네'라고 판단해버리면 교실에서 아이들도 원칙이 없어 혼란스러워 질 수 있습니다. 자기 정체성에 맞지 않는 수업을 무작정 따라 하기 보단 내게 맞는 수업들을 찾을 필요가 있습니다.

나승빈 "나는 선수 시절 900번 이상의 슛을 놓쳤고 300번의 경기에서 졌다. 또 게임의 승부를 결정짓는 중요한 슛을 맡았지만 26번이나 놓쳤다. 나는 인생에서 실패를 거듭해 왔다. 이것이 정확히 내가 성공한 이유다." 마이클 조던의 이야기입니다. 잘 안 되고 있다는 것을 아는 것은 중요한 시도를 하고 있다는 것을 뜻합니다. 하는 것마다 다 잘되고 모두 성공한다는 것은 매우 신기한 일입니다. 같은 활동도 아이들에 따라 전혀 다른 결과를 가져오기도 합니다. 그것보다 잘 안되면 그 부분에 대해 함께 고민하고 더 성장하기 위해 노력하는 것이 필요할 것입니다.

수업도 같은 맥락이라고 생각합니다. 무작정 적용하는 것이 통하지 않는다면 교사 스스로가 철학을 가지고 수업을 만들어 가면 됩니다. 처음에는 서툴지라도 가장 효과적인 방법을 찾는 지름길이 될 것입니다.

3. 잃어버린 교사의 자존감 찾는 방법

아이들과 함께 했던 수업 중에서 실패했던 수업도 가치가 있습니다. 에디슨은 전구 발명을 실패하고 "실패라니요. 나는 절대로 실패한 적이 없습니다. 다만 전구를 만들 수 없는 140가지 방법을 발견했을 뿐입니다."라고 했습니다. 다음을 함께 따라해 볼까요.

❶ 자신이 한 수업 중에 좋았던 것 찾아보기

❷ 수업 성장회의로 수업을 함께 만들어가기

❸ 수업 비밀병기 만들고 목록화하기

❹ 내가 좋아하는 것과 수업의 연결고리 찾기

❺ 실패를 고백하고, 왜 실패했는지 사유하기

❻ 수업이 끝난 후에라도 다음을 위해 수업 자료를 수정해 두기

❼ 좋았던 수업을 교사 커뮤니티를 통해 공유하기

실패하는 교실
VS 성공하는 교실
차이는 무엇일까?

1. 실패하는 교실과 성공하는 교실

질문 01 실패하는 교실과 성공하는 교실의 의미가 무엇인가요?

 실패하는 교실과 성공하는 교실의 의미를 생각해 보기 위해서는 실패와 성공에 대한 개념부터 정립해야 합니다. 무엇보다 교실에서 아이들의 실패에 대한 교사의 가치와 태도를 분명히 해야 합니다. 실패에 대한 교사의 태도와 가치는 아이들에게 그대로 전해지기 때문에 아이들에게 영향을 미칠 수 있습니다. 학급운영의 가장 중요한 주춧돌은 '학생들이 배워야할 성품과 사회적 기술은 학생들이 문제행동을 할 때만 지도할 수 있다.'는 사실입니다. 실패가 반복되는 교실과, 실패를 허용하며 변화하는 교실의 차이는 분명히 있을 것입니다. 진도를 나가기 바쁜 수업이 아니라 모둠 신문을 만들더라도 처음에 만든 신문과 다음에 만든 신문이 확연히 다를 수 있도록 지도하는 것이 더 중요합니다.

나승빈 실패와 성공을 판단하는 사람이 누구인지 생각해 볼 필요가 있습니다. 벽에 기대서서 비판자가 되는 것은 쉽습니다. 혹시 비판을 듣게 되면 그것을 평가할 시간을 가져야 합니다. 그 비판이 성장을 위한 기회라면 배우고 성장할 점을 찾으면 됩니다. 비판을 위한 비판이라면 그냥 무시해도 좋습니다. 학생들을 위해 옳다고 생각하는 일을 끝까지 밀어붙여서 해내기 위해서는 두둑한 배짱과 자신감 그리고 열정이 필요합니다.

관점의 차이

한 번도 실수한 적이 없는 사람은
한 번도 새로운 것에 도전해 본 적이 없는 사람이다.
-알버트 아인슈타인-

> ▶ **성공하는 교실** : 지향점을 정하고 함께 성취해 나가는 교실. 조금 느릴 수는 있지만 방향을 함께 정하고 나아가는 것이 좋습니다.
>
> ▶ **실패하는 교실** : 지향점이 없거나 일방적으로 정해져 있고, 공유되거나 피드백하지 않는 교실. '방법'을 가르치지 말고 '방향'을 제시해야 합니다. 가르치면 '모범생'을 기를 수 있고, 가리키면 '모험생'을 기를 수 있습니다.
>
> – 유영만 (한양대 교육공학과 교수)

질문 02 실패하는 교실과 성공하는 교실의 차이점은 무엇인가요?

허승환 실패하는 교실에는 없고 성공하는 교실에만 있는 것은 무엇일까. 일단 처음으로 꼽고 싶은 것이 '여유'입니다. 여러 가지 기준점이 있겠지만, 아래와 같은 교실이 되는 것을 지향할 필요가 있습니다.
더불어 타고난 '능력'보다 '노력'이 강조되는 교실이 되어야 합니다. 아울러 아이들이 함께 원하는 공통적인 지향점, 이상적인 교실에 대한 이미지가 공유되어야 할 것입니다.

나승빈 함께 기뻐하고 격려하는 따뜻한 학급문화, 어려움을 나누고, 기여하는 문화와 장치 등이 성공하는 교실에 있어야 할 기본적인 요소라고 생각합니다. 교사가 높은 기대감을 가지고 있고, 그 기대감을 공유하려는 노력도 필요합니다. 변화할 수 없는 환경에 좌절하기보다는 지금 나와 우리가 할 수 있는 것에 초점을 맞추는 것이 성공하는 학급에서 함께 갖추어야 할 조건이라고 생각합니다.

<실패에 대한 두려움>

'무엇이 우리를 가로막는가?'에 대한 이유를 써보고 그 주에 대표적인 것을 다섯 가지 골라서 분석해보면 대부분 우리가 극복할 수 있는 것이 많을 것이다.

교실에서 승리하기 위해 우리는 믿음을 가지고 힘차게 도약하는 능력을 키워야 한다. 수업 계획이 실패했을 때 치러야 하는 대가는 크지 않다. 다음날 바로 잡으면 된다. 더 중요한 점은, 실패의 대가는 가만히 제자리에 서서 모든 발전 가능성을 놓쳐버리는 대가보다 훨씬 더 작다는 것이다.

- 참고 문헌 : 도서 『무엇이 수업에 몰입하게 하는가』 221p 중에서 -

질문 02 나의 학급운영 방식이 잘못되었다고 느낄 때,
교사는 무엇을, 어떻게 해야할까요?

 허승환 일단 관계가 세워지지 않고 학급운영이 제대로 이루어졌다고 볼 수 없기 때문에 이런 경우 나의 학급운영 방식이 아이들의 '두려움'을 기반으로 하는지 존중과 격려를 바탕으로 한 '신뢰'에 기반을 두는지 돌아봐야 합니다.

만약 이 모든 것들이 학생들의 탓이라고만 느껴진다면 우리 반 아이들을 다른 선생님이 가르치신다면, 그래도 이런 모습일지 상상하고 성찰하는 과정을 가져야 합니다. 그 선생님이라 해도 어쩔 수 없었다고 생각된다면 교사로서 방법이 없겠지만, 대개의 경우 에는 아이들의 문제행동에 대한 서투른 대처가 학급 문화를 불신과 두려움으로 가져왔을 가능성이 높습니다.

나승빈 문제라고 느끼는 부분에 대해 교사만 그렇게 생각하는지, 아니면 아이들도 그렇게 생각하는지 확인하고 함께 성장회의를 통해서 공동의 문제로 만들고 개선해 나가는 것이 좋습니다. 또한 함께 격려하고 기뻐하면서 지속적으로 실천하는 것이 좋습니다. 문제점과 그것을 해결하기 위한 방법들을 시각화해서 학급에 게시하고 중간 중간 스티커 투표, 이야기 나누기, 글쓰기 등으로 시각화하는 것이 좋습니다. 그러나 교사가 최선을 다했다고 생각했음에도 학생들이 잘 따라와 주지 않을 경우, 그 마음을 솔직하게 인정하고 어떤 부분이 문제인지, 어떤 학생이 자꾸 떠오르는 지 정리하는 것이 좋습니다. 정리한 결과를 객관적으로 보았을 때 그 학생의 문제로 인하여 학급에 좋지 않은 영향을 주고 있다면 단호하게 대처(단호)하고 그 학생과 인간적인 연결(친절)되기 위한 노력을 함께 하는 것이 필요합니다.

소행성프로젝트로 함께 성장하기

2. 실패를 통해 배워나가는 학급생활 만들기

질문 01 '반성할 줄 아는 교사되기' 어려워요.

허승환 다른 사람의 지적으로 달라지는 교사는 거의 없습니다. 학급운영이나 수업을 볼 때 가장 중요한 건 '학급운영이나 수업을 하고 난 후 본인의 생각을 놓치지 않는 것'입니다.

어떤 지점에서 학급운영과 수업이 어려웠는지, 어떻게 하면 더 좋은 수업을 만들어낼 수 있을지, 그리고 누군가의 학급운영이나 수업을 참관하게 된다면 이 교실에서 내가 배울 점은 무엇인지, 어떤 부분을 우리 반에서 적용해야 좋을지에 대한 대화가 있어야 합니다.

무엇보다 첫 걸음은 교실 수업을 타인에게 열 수 있어야 합니다. 학부모님과 동료 교사에게 일상을 열 수 있을 때 비로소 '성장'이 찾아올 것입니다.

나승빈 저는 개인적으로 수업 일기(개인 수첩, 학급 홈페이지, 학급 SNS, 개인 SNS나 블로그) 쓰는 것을 추천합니다. 시작은 어려울 수 있으나 매일 수업 일기를 기록하는 과정에서 수업을 되돌아볼 수 있습니다.

다음 수업을 계획하게 되고, 더 나은 수업을 위해 부족한 부분을 보완할 방법, 잘하고 있는 부분을 발전하고 유지할 방법들이 눈에 그려지게 되며 자신의 언어로 수업에 대한 기록을 하다보면 자연스럽게 성찰하는 기회도 가질 수 있습니다. 만약 공개가 부담스러우면 비공개(나만 보기)로 기록하는 방법도 있습니다.

3. 성공하는 교실을 위한 학생과 교사의 역할

성공하는 교실을 위해서 교사와 학생 간에는 무엇보다 '존중'이 있어야 합니다. 그리고 배움에 대한 열정이 있어야 합니다. 가르침이 배움으로 그대로 연결되면 좋겠지만 현실은 그렇지 않다는 것은 교사들은 잘 알고 있습니다. 그 부분을 인정하고 그 간격을 줄이기 위한 노력을 하는 것이 필요합니다.

아이들의 이야기를 듣는 장치 만들기

아이들의 이야기를 듣는 공식, 비공식 장치를 만드는 것이 좋습니다. 공식적으로는 주기적으로 수업과 학급운영에 대해 이야기를 주고받는 성장회의를 하는 것이 좋으며, 비공식적으로는 글쓰기나 안건 게시판 등을 활용하면 좋습니다. 관심이 있는 과목별로 팀을 만들어서 수업에 대해 기여할 수 있는 장치를 만드는 것도 좋은 방법입니다.

주기적인 피드백과 소통

좋은 수업을 하기 위해서는 서로의 호흡이 잘 맞아야 합니다. 서로의 표정을 볼 수 있어야 하고, 생각을 읽을 수 있어야 합니다. 학생들과 소통의 기회를 많이 만들고, 수업 중 언제라도 모르는 것에 대해 이야기 나눌 수 있는 학급이라면 배움이 있을 수밖에 없습니다.

성공하는 교실을 위한 학생의 역할

교육 선진국에서는 학교나 학급의 가치를 하나의 지향점으로 만들어서 함께 달성해 나갑니다. "우리 반을 배움이 있고, 성장이 있는 반으로 만들기 위해서는 어떤 노력을 해야 할까?"등의 주제로 토의하고 토론해서 많은 지지를 받은 항목을 학급의 배움 덕목으로 만들고 함께 달성해 나간다면 성공하는 교실이 될 수 있습니다.

에필로그

훌륭한 교사는
무엇이 다를까?

- 멘토 허승환, 멘티 나승빈 -

**
교사 성장의 의미

'해리왕의 교사 성장 4단계(환상-생존-숙달-영향)'를 통해 교사 성장의 의미에 대해 생각해 보겠습니다. 새로운 근무지로 발령난 교사는 친절함으로 머물며 '환상'단계에 머뭅니다. 다음은 단호함으로 머무는 생존 단계에 도착합니다. 이 단계를 지나고 나서야 '단호함과 친절함'을 함께 갖추는 숙달형, 숙련형 교사가 됩니다. 그 후에야 오랜 시간이 흘러도 아이들의 마음속에 영향력을 끼치는 '영향' 단계의 교사로 성장할 수 있습니다.

여기서 가장 중요한 것은 '두려움'을 기반으로 한 학급 운영을 버리고 '존중과 격려'를 기반으로 한 새로운 학급운영으로 접어들어야 한다는 것입니다. 학급은 선생님 중심이 아니라 학생들이 스스로 주체가 되어 민주주의를 경험할 수 있도록 돕는 공간이 되어야 비로소 행복한 학급이라고 할 수 있습니다.

교사에게 성장이란, 교실 속 문제를 해결하거나 해결할 수 있도록 도와주는 열쇠(마스터 키)를 만들어 가는 과정이라고 생각합니다. 처음에는 열리는 문이

별로 없을 수 있지만 성장하는 과정에서 더 많은 문을 열수 있게 될 것입니다.

**

성숙한 교사의 문제해결 방식은 무엇이 다를까

1967년 독일의 Tausch 교수의 실험(44명의 교사를 대상으로 51차시 관찰한 결과)에 의하면 어떠한 문제가 발생했을 때 교사의 개입은 매우 독재적으로 느껴지며 효과가 없었다는 결과가 있습니다.

문제해결을 하려면 교사는 아이가 무엇을 목표로 문제행동을 하는지 충분히 이해해야 합니다. 그렇지 않으면 교정 방법은 비효과적일 수밖에 없습니다. 그런 후에 학급운영의 하수·중수·고수의 차이점을 알고 중수, 고수에 맞게 지도하는 것이 좋습니다.

1. 학급운영의 하수 : 해야 할 일만을 말한다.
2. 학급운영의 중수 : 취지와 함께 해야 할 일을 말한다.
3. 학급운영의 고수 : 취지는 질문으로, 할 일은 스스로 선택할 기회를 제공한다.

더불어 훌륭한 교사는 문제행동에 따른 처벌에 초점을 맞추지 않고 아이들에게 바라는 행동에 초점을 맞춥니다. 고함이나 비꼬기 같은 위협은 효과가 매우 한시적일 수 있음을 알아야 합니다.

자신을 통제하는 것이야말로 교사의 훌륭한 핵심 기술입니다. 학생에게 어떤 가이드라인을 제시하고 그것을 교사가 무시한다면 학생들도 곧 무시하게 됩니다. 부적절한 행동이 일어나면 우리는 즉각 반응하기보다 우선 생각할 시간을 가져야하며, 아이들에게 어떠한 지시를 내렸다면 우리는 말한 그대로 행동해야만 합니다.

> 훌륭한 교사들은 '희망'에 초점을 맞춘다.
> 보통의 교사들은 규칙에 초점을 맞춘다.
> 가장 무능한 교사들은 규칙을 어긴 결과, 즉 벌칙에 집착한다.
>
> -토드 휘태거-

**
교사가 성장하는 방법

교사로서 성장할 수 있는 방법은 독서를 통한 사유, 기록, 전문적 학습공동체 이렇게 3가지 외에 없다고 생각합니다.

▶ 교사 성장을 위한 3가지 제안

1. 독서를 통한 사유:

자신의 교육철학을 만들어갈 수 있는 좋은 책들을 많이 읽어야 한다. 교육관, 아동관이 달라지면 교실에서 아이들을 대하는 태도가 달라진다.

2. 기록 :

기억을 더듬어 좋은 교사가 된 사람은 없다. 좋은 선생님들은 모두 공통적으로 기록하는 습관을 가지고 있다. 기록만이 나만의 것을 만들어낼 수 있기 때문이다. 처음에는 일주일에 한번이라도 성근 기록을 남기자. 3년만 지나면 촘촘하게 된다. 기록은 스스로 사유하는 과정을 거치는 것이 좋다. 먼저 스스로 생각할 때 좋았던 점부터 생각하자. 우리 마음의 긍정적인 프로세스가 먼저 작동해야 한다. 교실의 에너지가 부정적으로 가지 않도록 한다. 두 번째 아쉬웠던 점을 사유하고, 세 번째로 바라는 점, 바꾸고 싶은 점을 문제해결을 위해 고민해 정리해보자.

3. 전문적 학습공동체 :

> 여러 번에 걸친 Marzano의 연구결과, 좋지 않은 학교에서 탁월한 교사가
> 아이들을 변화시킬 확률을 조사한 결과 2년 후 63%였다. 하지만 동학년
> 이 전문적 학습공동체를 이뤄 좋은 학교를 만들어가면 평균적인 교사가
> 아이들을 변화시킬 확률은 78%였다.

공부하면 할수록 우리가 알게 되는 것은 '우리가 얼마나 모르고 살았는가?'
라는 깨달음입니다. 적당히 '직업인으로서 학급을 이끄는 태도'는 큰 문제를 만
들어내지 않을지 모릅니다. 하지만 이런 태도는 아이들에게 진정한 배움이 일
어날 수 없도록 만듭니다. 아이들은 선생님의 말이 아니라 선생님의 실천을 보
고 배우기 때문입니다.

아이들은 본능적으로 선생님이 나의 삶에 관심이 있는지, 없는지를 알아차
린다고 합니다. 그저 아이들과 잘 지내는 게 목표가 아니라 아이들의 삶에 영
향력 있는 교사로 성장하고 싶다면, 아이들에게 가르치려 하기 이전에 나 자신
의 삶에 의미를 부여하는 작업부터 시작해야 합니다.

교사의 높은 자존감은 수업과도 연결됩니다. 자존감과 성취감, 열정은 선순
환이 되어 더 좋은 교육과 관계로 돌아오는 반면 교사의 낮은 자존감과 좌절감,
무력감은 악순환이 되어 더 낮은 교육과 단절된 관계를 가져오기 때문입니다.

그러니 교사가 성장하고자 하는 의지와 노력이 매우 중요합니다. 프로교사
가 되어 아이들을 가르치는 일에서 보람을 찾을 수 있어야 하고 '기록'과 '소모
임'을 통해 교사가 전문가로 거듭나야 합니다. 그럴 때 대한민국 교육은 희망이
있을 것입니다.

[출처 및 참고 자료]

- 가르침의 프로 무꼬야마 요이치 전집 (4권), '첫 사흘 만에 학급을 편성한다' 편
- 강점에 올인하라, 도널드 클리프턴, 솔로몬북, 2007년 05월 25일
- 공동체가 새로워지는 회복적 생활교육을 만나다, 박숙영 저, 좋은교사, 2014년 12월 19일
- 교과 수업, 틀을 깨다!, 김성현 저, 지식프레임, 2017년 04월 28일
- 교사와 학생 사이, 하임 G.기너트 저, 양철북, 2003년 11월
- 교실 속 자존감, 조세핀 김 저, 비전과리더십, 2014년 04월
- 구글 검색, '10 social skills every kid should know'
- 그 많은 똑똑한 아이들은 어디로 갔을까?, 권재원 저, 지식프레임, 2015년 06월
- 긍정의 훈육, 제인 넬슨 저/김선희 역, 프리미엄북스, 2010년 02월 28일
- 기쿠치 선생님의 말 샤워의 기적, 기쿠치 쇼조/세키하라 미와코 공저, 봄풀출판, 2015년 06월 01일
- 김춘수 시인, <꽃>
- 내 아이를 위한 감정코칭, 조벽/존 가트맨/최성애 저, 한국경제신문사(한경비피), 2011년 01월
- 네이버 국어사전, '책임감'
- 노나카 노부유키, 문구 인용, 2016년 수업 능력 및 학급경영 능력(4월호)
- 논어, 공자 저, 홍익출판사, 2016년 02월 15일
- 대통령의 글쓰기, 강원국 저, 메디치미디어, 2014년 02월
- 독립심이 강한 아이로 키우는 부모의 지혜, 제인 넬슨/스티븐 글렌 저, 아침나라, 2003년 04월 09일
- 루돌프 드라이커스, 문구 인용
- 만화로 보는 NLP, Philip Miller저, 학지사, 2010년 08월
- 맹자, 맹자 저, 홍익출판사, 2005년 04월 11일
- 무기력의 비밀, 김현수 저, 에듀니티, 2016년 05월
- 무엇이 수업에 몰입하게 하는가, 데이브 버제스 저/유영만 감수, 토트출판사, 2013년 10월
- 무자퍼 셰리프, 연구 인용
- 뮤지컬 '사운드 오브 뮤직', 대사 인용
- 미움받을 용기 1, 기시미 이치로, 고가 후미타케 저, 인플루엔셜, 2014년 11월
- 미움받을 용기 2, 기시미 이치로,고가 후미타케 저, 인플루엔셜, 2016년 04월
- 버츄프로젝트 워크숍, '울타리치기'
- 버츄프로젝트 워크숍, '선 위에 살기'
- 비폭력대화, 마셜 로젠버그 저/캐서린 한 역, 한국NVC센터, 2017년 11월

- 사피엔스, 유발 하라리 저/조현욱 역, 김영사, 2015년 11월
- 사회적 기술, 김현섭 저, 한국협동학습센터, 2014년 02월 08일
- 샘 글럭스버그(Sam Glucksberg), 실험 인용
- 서클 프로세스, 케이 프라니스 저, KAP, 2012년 12월
- 성공을 코칭하라, 박진희 저, 건강다이제스트사, 2007년 09월 30일
- 성공의 새로운 심리학, 캐롤 드웩 저/정명진 역, 부글북스, 2011년 07월 20일
- 성공하는 교사의 첫걸음, 엘렌 저, 시그마프레스, 2009년 01월
- 성공하는 사람들의 7가지 습관, 스티븐 코비 저/김경섭 역, 김영사, 2017년 05월 02일
- 세계 최고의 학급경영, H.ウォン 저R.ウォン 저, 東洋館出版社, 2017년 03월
- 소설처럼, 다니엘 페나크 저, 문학과지성사, 2004년 04월
- 수업, 하나만 바꿔 보자, 김대권 저, 즐거운학교, 2017년 04월 30일
- 수업으로 단련한다, 노구찌 요시히로 저/한형식 역, 교육과학사, 2010년 03월 30일
- 스위치 대화의 힘, 한영진 저, 에듀니티, 2014년 06월
- 아들러 심리학을 읽는 밤, 기시미 이치로 저, 살림출판사, 2015년 01월 15일
- 아들러, 문구 인용
- 아들러, 문제행동의 패턴 3단계
- 아이들이 열중하는 수업에는 법칙이 있다, 무코야마 요이치 저, 즐거운학교, 2012년 12월 28일
- 아이의 사생활, EBS 아이의 사생활 제작팀 저, 지식채널, 2009년 07월 29일
- 엄선생의 학급운영 레시피 만남과 소통으로 꽃피는 교실, 엄은남 저, 맘에드림, 2014년 02월 21일
- 에스퀴스 선생님의 위대한 수업, 레이프 에스퀴스 저, 추수밭, 2007년 12월 18일
- 오마이 뉴스, 꿈틀 비행기(덴마크로 떠나는 행복여행) 7기 체험, 2017년 1월
- 완벽한 공부법, 고영성/신영준 저, 로크미디어, 2017년 01월 06일
- 왕, 해르텔, 그리고 월버그(Wang/Haertel/Walberg, 1993), 공동 논문 인용
- 우리도 행복할 수 있을까, 오연호 저, 오마이북, 2014년 09월 05일
- 원동연 박사, '학생들이 실력을 발휘할 수 없는 5가지 요인'
- 유시민의 글쓰기 특강, 유시민 저, 생각의길, 2015년 04월
- 유튜브, '말의 힘 - 고맙습니다 와 짜증나 의 비밀'
- 이영근 선생님의 초등 따뜻한 교실토론, 이영근 저, 에듀니티, 2014년 10월 15일
- 장지혁 선생님, '배움 지도 그리기'
- 존스(Jones), 연구 결과 인용
- 좋은 교사 되기, 해리 왕/로즈매리 왕 공저, 글로벌콘텐츠, 2013년 03월
- 좋은 수업이란 무엇인가(Was ist guter Unterricht?, 2004), 힐베르트 마이어

- 초임교사의 학급 만들기 3원칙, 노나카 가부유키
- 최서연 선생님, 문구 인용
- 콜버그, '도덕성 발달 단계' 인용
- 퀀텀 교수법, 바비 드포터 등저, 멘토르, 2012년 03월 20일
- 크리슈나무르티, 문구 인용
- 키즈스킬, 벤 푸르만 저, 김진경 역, 에디터, 2009년 01월
- 토의 토론 수업방법 56, 정문성 저, 교육과학사, 2013년 05월 25일
- 파커J.파머, 문구 인용
- 하임.G.기너트, 문구 인용
- 학교폭력, 멈춰!, 문재현 등저, 살림터, 2016년 07월
- 학급긍정 훈육법, 'PDC 교사의 10계명' 인용
- 학급긍정훈육법, 제인 넬슨/린 로트/스티븐 글렌 저, 에듀니티, 2014년 09월 01일
- 학급운영시스템, 정유진 저, 에듀니티, 2015년 3월 4일
- 핵심 역량을 키우는 수업 놀이, 나승빈 저, 맘에드림, 2017년 08월 17일
- 행복하고 탁월하며 민주적인 학급을 위한 학급운영시스템, 정유진 저, 에듀니티, 2015년 3월 4일
- 행복한 교실을 만드는 희망의 심리학, 김현수 저, 에듀니티, 2014년 03월 19일
- 허쌤의 학급경영 코칭, 허승환 저, 즐거운학교, 2015년 03월
- 형성평가 101가지 기법, 김규진 저, 교육과학사, 2013년 07월
- 황선준 박사와 함께 떠나는 북유럽 교육 탐방 2기 체험, 2015년 1월
- 훌륭한 교사는 무엇이 다른가, 토드 휘태커 저/송형호 역, 지식의날개(방송대출판문화원), 2015년 05월
- 1-2-3 매직, 토머스 W. 펠런,세러 제인 쇼너 공저, 에듀니티, 2016년 09월
- Nice Guys Finish First paperback , Doug Sandler, March 15. 2015
- NLP 입문, 조셉 오코너 저/ 설기문 역, 학지사, 2010년 04월 30일
- NLP코칭, '프랙티셔너 과정'
- Silent Messages, 캘리포니아대학교 로스앤젤레스캠퍼스(UCLA) 심리학과 명예교수 앨버트 메라비언
- Tausch, 연구 결과 인용
- Ted 강연, '위대한 리더들이 행동을 이끌어내는 법'
- The Wisdom of the Body, 1932, Walter Bradford Cannon : Freeze, Flight, Fight
- William Howell, Empathic Communicator, 1981

허승환 나승빈의
승승장구 학급경영
ⓒ허승환, 나승빈

초판   1쇄 발행 | 2018년 2월 19일
        8쇄 발행 | 2023년 3월 2일

지은이 | 허승환, 나승빈
기획 | 안주희, 장인영
편집 | 장인영
디자인 | 가인플랜 www.gainplan.co.kr

펴낸곳 | ㈜아이스크림미디어
출판등록 | 2013년 12월 11일
신고번호 | 제2013-000115호
주소 | 경기도 성남시 분당구 판교역로 225-20 시공빌딩
전화 | 1544-3070
팩스 | 02-6280-5222
홈페이지 | http://teacher.i-scream.co.kr

ISBN   979-11-5929-018-3   03370